근대의 시선에서 보는
식물, 동물, 행성 서사

· 한국근대영미소설학회 ·

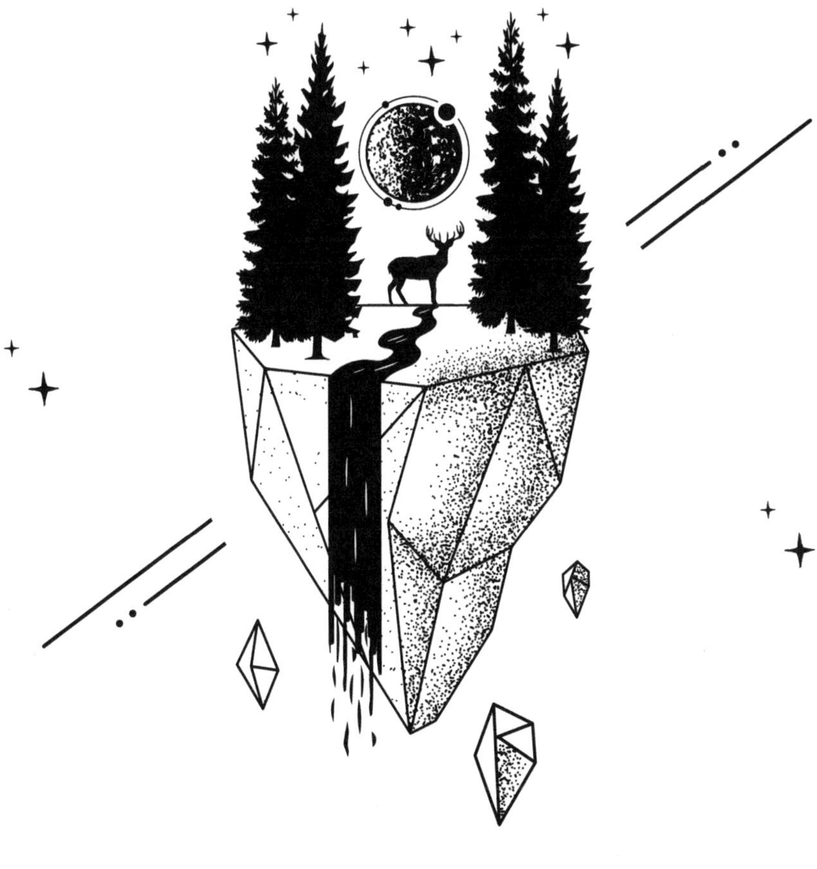

신아사

발간사

한국근대영미소설학회는 매년 학술대회를 개최하고 학회지 『근대 영미소설』을 발간하면서 관련 있는 시의적절한 주제를 선정하여 영문학 전공자뿐만 아니라 문학에 관심 있는 대중을 대상으로 다수의 저서를 발간해 오고 있다. 이전의 성과물 이외에도, 2023년에는 시의성을 담은 『근대 영미소설 속 질병, 재난, 공동체』와 『근대의 여행과 모험 그리고 서사』를 출간하는 성과를 거두었다. 특히, 『근대의 여행과 모험 그리고 서사』 저서는 2024년 세종도서에 선정되는 쾌거를 이루기도 했다. 이에 힘입어, 본 학회는 지속적으로 연구 성과를 공유하고 독자의 인문학적 감수성을 함양하고자 하는 일환으로서 2024년 시의적이고 대중적 관심을 받는 주제어로 '식물'과 '동물' 그리고 '행성'을 선정하고 저서 출간을 기획하게 되었다. 이 저서는 최근의 팬데믹을 거치고 사회적, 정치적, 문화적 격동기에 직면해서 인간 개인이 주변의 식물이나 동물로 눈길을 돌리고 나아가 지구를 포함한 우주의 행성으로까지 시야를 확대하는 데 의의를 두고 있다. 독자들이 이 저서를 통해 주변을 돌아보며 삶의 다양한 의미를 살펴보는 계기를 갖기를 바란다.

이 저서가 나오기까지 많은 분의 헌신과 도움이 있었음을 밝힌다. 먼저 연구와 교육으로 분주한 가운데 기꺼이 저서 출판 작업에 참여해 주신 필자들께 감사드린다. 두 해에 걸쳐 진행된 저서 발간 작업 과정에서 추가 사항을 요구할 때마다 두말없이 참여하여 빠르게 진행되도록 도와주신 것에 감사드린다. 현재의 연구 풍토에서 저서 작업에 참여하는 것 자체가 쉽지 않은 데도 학회를 위한 봉사에 참여해 주신 것에 특별히 감사드린다. 또한, 바쁜 학기 중에 방대한 분량의 저서를 꼼꼼히 교차 읽기하고 수정 작업을 도와주신 학술이사 오봉희, 이혜수 교수께 진심으로 감사드린다. 더불어 이 저서 출간 지원을 흔쾌히 수락해 주시고 긴 시간 동안 편집과 출간을 도와주신 신아사의 정현걸 사장님, 김금란 실장님, 그리고 남궁연 팀장님을 비롯한 편집진에게도 감사의 마음을 전한다.

2025년 7월

한국근대영미소설학회 제 16대 회장

박선화(건국대학교)

머리말

빅토리아 시대의 동물 서사

박선화(건국대학교)

케네스 그레엄(Kenneth Grahame, 1859-1932)의 『버드나무에 부는 바람』(*The Wind in the Willows*, 1908)은 모험심이 왕성한 두꺼비(Toad)가 엉뚱한 행동으로 웃음을 자아내는 이야기로 읽을 수 있지만, 조셉 조르나도(Joseph L. Zornado)가 지적하듯이, 빈번하게 "일상을 뒤흔드는"(124) 두꺼비의 역할로 인해 위기감과 긴장이 감도는 이야기로도 볼 수 있다. 그래서 이 작품에는 천방지축의 두꺼비를 통제하고 순화시키는 물쥐(Water Rat), 두더지(Mole), 오소리(Badger)와 연관한 우애와 도덕이 강조되는 동시에, 모험에 따르는 책임을 지거나 벌을 받는 등 다소 무거워 보이는 소재가 등장한다. 영국 아동문학에서 즐거움과 교훈을 모두 선사하는 작품으로 알려진 이 작품은 1929년 A. 밀른(A. A. Milne)에 의해 연극 『토드 홀의 두꺼비』(*Toad of Toad Hall*)로 상연된 적이 있고, 이안 빌링스(Ian Billings)에 의해 영국 전역의 투어 무대에 올려지기도 했다. 또한 1949년 월트 디즈니사에 의해 애니메이션 <버드나무에 부는 바람: 토드 씨의 모험>(*Wind in the Willows: The Adventures of Mr. Toad*)으로 각색된 이래로 영화와 텔레비전을 통해 다양한 버전으로 꾸준히 소개되어 오고 있다.

대부분의 아동문학이 지향하듯이, 수잔 쿠퍼(Susan Cooper)를 포함한 국외 비평가들은 이 작품을 누구나 어린 시절에 꿈꿀 수 있는 이상향을 대변한다고 지적하고, 메간 거돈(Meghan Cox Gurdon)은 이 작품을 전원문학의 범주에 포함한다. 세라 스미드먼(Sarah M. Smedman)은 아동문학의 독자가 삶의 시작 단계에 놓여 있고, 아직 어른의 영역에 도달하지 않았으며, 여전히 성장과 변화의 단계에 놓여 있기 때문에 "아동문학의 생명은 희망"(91)이라고 언급한다. 그래서 아동문학으로서 동화는 주로 즐거움을 노래하거나 항상 해피엔딩으로 이야기의 끝을 마무리함으로써 독자에게 희망을 제시한다. 그러다 보니 아동문학은 유토피아와 같은 환상적 세계를 주로 다루고, 아동은 목가적 전원문학에서 볼 수 있듯이 고통, 상처, 죽음 등과 같은 사건을 자각하지 못하는 존재로 간주된다. 그래서 19세기 중반 영국 아동문학의 황금기에 나온 아동문학 작품은 전적으로 아동에게 즐거움을 선사하는 내용으로 이루어져 있으며, 또 판타지 요소들을 포함하고 있다.

하지만 에드워드 길리아노(Edward Guiliano)를 비롯한 아동문학 비평가들이 아동문학 작품이 삶에 대한 심도 있는 통찰을 보여준다고 재해석하게 되면서 아동문학에 대한 해석의 새로운 장이 열리고 있다. 즉, 아동문학의 대상이 아동뿐 아니라 어른을 포함하게 되면서 아동문학에서 '삶의 비평'을 엿볼 수 있다는 것이다. 다시 말하자면, 이 시기의 아동문학이 단지 즐거움만을 선사하는 것이 아니라, 좀 더 면밀하게 들여다보면, 환상적 세계로의 탈출을 찬양하는 동시에 산업혁명 이전의 자연 세계로 복귀하고자 하는 꿈을 추구하고 있음을 볼 수 있다. 이러한 점에서, 전원문학으로서의 아동문학이란 어른의 시각으로 한 번 걸러져 나온 결과물이라고 보는 주장을 살펴볼 필요가 있다.

> 전원의 삶, 복귀, 그리고 소박함의 전반적 규범들은 아동문학의 탄생을 이끈 것으로 보인다. 하지만 아동문학에서 주로 사용된 애매한 상징, 이미저리, 인유로서의 비유는 아동문학이 현재 삶에서 결여한 것과 결핍된 것을 다루는 전복적 문학임을 암시한다. 아동의 경험, 심정, 또는 감정이 아무리 잘 재현되었더라도, 거기에는 어쩔 수 없는 운명이나, 갈등 또는 타협에서 벗어나려 하는 어른의 욕구가 반영되어 있다. 사실, 아동문학에 나타난 활달함이나 도덕성의 이면에는 어른의 죄책감이 품은 신랄함이 감추어져 있다. 표면상으로 있는 그대로 보여주는 전원문학은 그 이면에 어른의 이해와 지성에 의해 걸러진 아이러니, 성욕, 갈등 그리고 사회적 권력 서열을 담고 있는 것이다. (Gilead 146)

이처럼, 아동문학은 즐거움을 선사하는 것 이외에도, 현실에서 벗어나거나 자신의 갈등이나 좌절을 눈가림하고자 하는 어른에게 탈출구의 한 수단으로 기능했다는 것이다. 이는 20세기로 들어서면서 순수한 아동문학으로만 간주되던 루이스 캐롤(Lewis Carroll)의 앨리스 시리즈(The Alices)가 "삶의 비평"(Guiliano vii)을 담은 작품으로 재평가를 받게 된 것과도 맥을 같이한다.

이러한 아동문학을 페리 노들만(Perry Nodelman)은『아동문학의 즐거움』(*The Pleasures of Children's Literature*)에서 "문학 동화"(literary fairy tale, 320)라 칭하는데, 문학 동화는 원래 전래동화에 바탕을 두고

있지만 동화 코드를 그대로 차용하여 문학의 역할로서 작가가 자신의 이야기로 새롭게 창조한 작품이다. 판타지가 가득한 이야기 속에서 작가는 당대 사회를 완곡하게 비판하거나 반영할 수 있는 장치를 찾은 것이다. 물론 문학 동화 또한 동화처럼 아동에게 즐거움과 교훈을 주기 위한 수단으로 사용되지만, 영국인의 물질적, 정신적 조건에 근거해서 전개된 당대의 리얼리즘 소설처럼, 문학 동화 역시 어른에게 이러한 문학적 논의를 전달하는 역할도 담당하기에 이른다.

이 지점에서,『버드나무에 부는 바람』이 집의 가치를 강조함으로써 가부장제의 권력 구조를 잘 보여주는 아동문학 작품으로 읽을 수 있다는 주장을 상기할 필요가 있다. 이에 대해서는 후에 다루겠지만, 이러한 작가의 메시지를 담은 작품은 즐거움과 교훈의 동화로서의 목적을 선사하면서, 동시에 아동의 시각을 통해 당대의 이념이나 가치관을 전달하고자 한 의중을 담고 있다고 볼 수 있을 것이다. 시대의 이념과 가치관을 담고 있는 아동문학은 아동과 시대에 대한 분명한 인식을 통해 삶의 의미를 담아내고, 이러한 아동문학의 독자는 아동뿐 아니라 어른까지도 포용하는 것으로 확대된다.

이런 점에서 그레엄을 비롯한 동화 작가들은 문학 동화를 통해 동시대의 삶에 대해 논함으로써 시대의 비평가 역할을 하게 된다. 문학 동화가 빅토리아 시대 중기에 발전하게 된 것은 이 시기의 동화 작가들이 산업혁명의 영향 후 사회 계층 간의 분리와 사회적인 인식을 제기하기 위해 동화 형식을 새롭게 사용한 것에서 그 이유를 찾아볼 수 있다. 이들은 중대한 사회적 변화를 거치고 있는 영국을 문학 동화에 반영시키고, 이 형식을 통해 자신이 속한 사회 현실을 아동기에 상상했던 세계로 바꿀 수 있는 탈출구를 찾고자 한 것이다.

문학 동화의 형성에는 영국의 산업화 이후 이 진보의 추진력이었던 "중산층의 형성과 가족 개념의 변화"(Butts 153)와 맞물려 있다. 필립 아리에스(Philippe Ariès)가 『아동의 탄생』(*Centuries of Childhood*)에서 설명하듯이, 영국에서 17세기, 18세기를 거치면서 아동기에 대한 의식의 변화가 일어나고(227-37), 가족 개념이 강조되면서 중산층에서 자녀 교육에 대해 많은 시간을 할애하게 된다(573-75). 여기서 교육에 대한 관심은 자신들의 문화를 공고히 다지기 위한 노력의 일환이기도 했고, 이를 위해 상류층의 도덕성에 이의를 제기하는 반면 자신들이 지키고자 하는 가족의 가치를 중시함으로써 중산층 문화의 가치를 강조한다. 자녀 교육을 통해 계층 상승할 수 있는 가능성을 품게 되면서, 중산층의 계층 상승 욕구는 교육과 연계되어 곧 아동문학이 탄생하는 기반이 된 것이다. 이러한 중산층의 노력은 문학 동화의 발달을 가져오게 된다. G. 플럼(G. H. Plumb)은 이 시기의 문학 동화가 "어른을 공경하고 덕을 베풀면 사회적 보상을 받는다"(83)는 내용을 담고 있음을 지적하는데, 이 내용에는 이러한 중산층 가치의 일면이 반영되어 있음을 보여준다.

이 시기의 문학 동화의 내용에서 주목해야 할 점은 등장인물의 개성이나 개인의 특성이 배제되어 있다는 점이다. 자신의 고유한 권리를 확보하기 위해 등장인물들은 유형화된 품성을 지녀야 하고, 사회적으로 중시되는 가치와 태도를 갖추어야 하는 것이다. 결과적으로 중산층의 문학이었던 이 시기의 문학 동화는 한편으로 가난한 자가 사회적으로 성공하는 것을 장려하면서도, 한편으로는 이미 안정된 기반을 갖춘 중산층의 인간적 성숙을 강조하는 것에 초점을 맞추고 있다. 잭 자이프스(Jack Zipes) 또한 『동화와 전복의 기술』(*Fairy Tales and the Art of Subversion*)에서 동화가 "사회제도 순응, 문명화, 사회적 규율 수용의 목적"(9)으로 사용된 것을 지적하는데, 이러한 면모는 그레엄의 『버드나무에 부는 바람』에서 네 명의 등장인물 중에서 한 명이 제도권 틀을 반복해서 깨려고 하자 나머지 세 명이 합심하여 이 망나니를 다시 제도권 안으로 안전하게 들어오도록 도와주는 것에서 잘 드러난다.

또한, 문학 동화로서 『버드나무에 부는 바람』에서 주목할 것은 아동을 대상으로 한 작품이지만 이 작품에서는 고유한 어린이의 이미지를 찾아보기 힘들다는 점이다. 아동을 대체하기 위해 몸집이 작고 귀여운 동물 이미지를 사용하고 있지만, 그들의 행동이나 사고방식은 영락없이 어른의 그것과 흡사하다. 피터 헌트와 밀리센트 렌즈(Peter Hunt and Millicent Lenz)는 『판타지 소설에 나타난 대안적 세계들』(*Alternative Worlds in Fantasy Fiction*)에서 이 작품이 아동을 위한 동화로 보기 어렵고 오히려 "그레엄 자신의 좌절과 욕망에 대한 소망 충족의 판타지를 구체화한 것"(29)이라고 주장한 바 있다. 존 무어(John D. Moore) 또한 이 작품은 아동문학에 속하지만 "엄밀히 말하자면 이 작품에는 어린이가 존재하지 않는다"(47)라고 일침을 가한다.

사실, 『버드나무에 부는 바람』에서 주인공인 네 명의 동물은 각각 외모와 성격에 있어서는 다르지만 모두 집을 소유하고 있고, 마음이 내키는 날에는 소풍을 나가서 맥주를 마시며 경치를 즐긴다. 강가와 그 근처에 모여 사는 이들은 노를 저으며 뱃놀이를 즐기고, 저녁이면 느긋하게 난롯가에 앉아 담배를 피우며 하루를 되짚어보거나, 여유가 되면 성대한 파티를 열기도 한다. 또한 안전한 집과 다정한 친구들에 둘러싸인 생활에서 지루함을 느낄 틈도 없이 새로운 모험 거리로 마차와 자동차를 몰고 다니다가 사고를 내기도 하는데, 이러한 모습은 아동이라기보다는 어른의 모습과 닮아있다.

결코 아동이라고 볼 수 없는 이 동물들에게 있어 시간은 이들이 지향하는 세계가 앞으로 다가올 미래가 아닌, 이미 흘러가 버린 옛것에 관한 것이기 때문에 과거 지향적 의미를 갖는다. 이 중에서 새로운 변화에 대한 욕망을 주체할 수 없어 강마을을 떠나 이리저리 떠도는 두꺼비를 다른 동물들이 안정시키기 위해 위험도 불사하는 모습은 사회의 위계질서에 불러올 변화를 두려워하는 모습을 반영한다. 결국 두꺼비가 세 명의 조언을 충실히 따르고 다시 제자리로 되돌아오는 것은 변함없는 강마을에서 또한 변하지 않는 전통과 가치를 지키려 하는 서술자이자 작가의 바람이 반영되어 있는 것이다.

이런 점에서 본다면, 영국의 문학 동화는 아동에게 웃음을 제공하는 동시에 도덕적, 이성적 가르침을 전달하면서 중산층의 성장 신화 창조에 일조한 중산층의 담론이 된다. 즉, 이 시기의 문학 동화는 중산층이 가정을 중심으로 정체성을 모색해 가는 장이며, 이 과정에서 중시되는 가치를 아동에게 주입하여 사회화시키는 기능을 담당하는 것이다. 이러한 견해는 『버드나무에 부는 바람』에서는 아동이 아닌 동물 두꺼비가 사회화되어 가는 과정을 보여주는 양상을 띠고 있지만, 다시 생각해 본다면 결국 중산층의 가치를 고수하려는 자세가 함축되어 있음을 알 수 있다.

이처럼 『버드나무에 부는 바람』이 단순히 아동에게 즐거움을 선사하기 위해 쓰인 것이 아니라, 또한 중산층의 정체성을 모색하는 장으로 사용되었다는 것은 두꺼비의 역할을 살펴보는 것에서 분명히 드러난다. 겉으로는 두꺼비가 주위와 주위 사람들을 혼란에 빠뜨리고 제도권을 위협하지만, 그는 최종적으로는 그러한 행동이 사회 질서에 얼마나 큰 위협을 가져오며 주위 사람들의 생활을 방해하는지를 보여주는 하나의 장치로 사용된다. 그러므로, 『버드나무에 부는 바람』에서 두꺼비는 기존 사회 질서를 무너뜨리는 파괴자가 아니라, 오히려 이러한 질서 유지의 중요성을 돈독히 하는 촉매자로서의 역할을 담당하고 있다.

∞ ∞ ∞

조르나도는 『아동 창조하기: 문화, 이데올로기, 그리고 아동기의 이야기』(*Inventing the Child: Culture, Ideology, and the Story of Childhood*)에서 『버드나무에 부는 바람』의 두꺼비가 이야기가 끝날 때까지 장난꾸러기 특성을 여전히 지니고 있음을 보여주는 데, 이는 무슨 일을 하든지 간에 "현존 상태를 불안케 하는 하나의 세력 같은 존재"(124)라고 주장한다. 여기에서 두꺼비는 앞뒤를 분간하지 못한 채 자신의 욕망이 이끄는 대로 좌충우돌하며 행동한다. 한편으로는 이러한 우스꽝스러운 두꺼비의 행동 이면에 두꺼비가 웃음을 통해 이러한 불안정한 요인을 어떻게 잠재울 수 있는지를 우회적으로 보여주고자 하는 작가의 의도가 숨어 있음을 엿볼 수 있다.

『버드나무에 부는 바람』에서 두꺼비는 우선 새로운 무엇인가에 이끌려서 대책도 없이 여기저기로 떠도는 방랑벽을 지니고 있다. 두꺼비의 친구 물쥐는 따스한 봄날에 친구로 갓 사귀게 된 두더지에게 두꺼비에 대해 "단순하고, 마음씨 곱고, 또 정이 많아. 영리한지는 모르겠어. 하지만 우리 모두 천재일 수는 없잖아? 하지만 그는 거만하고, 허풍이 심한 면이 있기는 해"(42)라고 설명한다. 동시에 물쥐는 두꺼비가 대연회장을 갖춘 대저택 토드 홀(Toad Hall)의 주인으로서 보트와 마구간을 지닌 대단한 부호라는 것도 빼놓지 않고 언급한다. 허풍이 심한 성격이라는 물쥐의 말을 증명이라도 하듯, 두꺼비는 두더지의 간청에 의해 자신을 방문한 물쥐와 두더지에게 노랑 몸체에 빨강 바퀴가 달린 새 마차를 보여주며 떠벌인다.

> 마차를 타고 너희의 진짜 인생을 구체화하는 거야. 큰길, 먼지가 이는 고속도로, 황무지, 공원, 관목 숲을 누비며 달리는 거야! 오늘은 여기에서, 내일은 또 다른 어딘가에서 머물겠지! 여행, 변화, 흥미, 흥분! 온 세상이 너희들 앞에 펼쳐져 있지. 풍경은 끊임없이 바뀌고 말이야! 이 마차는 이제까지 만든 마차 중에서 최고품이야. 이보다 더

좋은 마차는 절대 없을 거야. (45)

두꺼비의 허풍을 어느 정도 알고 있는 물쥐는 이 마차 여행에 동참하기를 완강하게 거부하지만, 순진하고 호기심 많은 두더지는 눈앞에 펼쳐진 아름다운 마차와 숨이 막히도록 전율이 이는 여행에 대한 욕구로 두꺼비의 제안에 동의한다. 하지만 이들의 거창한 여행은 마차보다 훨씬 빨리 달리며 장엄한 몸체를 지닌 자동차로 인해 이틀 만에 산산조각이 나고 만다. 두꺼비는 급히 스쳐 가는 자동차를 피하려다 웅덩이에 처박힌 마차는 안중에도 없이 이제는 자동차에 대한 환상과 자동차를 타고 다니는 여행에만 관심을 쏟는다.

이 사건이 벌어진 뒤 일 년이 지난 어느 초여름날 두꺼비는 빨간색 자동차를 구매하고 여행에 나설 만만의 준비를 갖춘다. 하지만 물쥐, 두더지, 오소리의 방해로 여행이 무산되고 만다. 세 친구는 두꺼비가 구매한 자동차를 반납하고 그가 여행에 대한 미련을 버릴 때까지 침실에 가두고 감시하기로 한다. 자동차에 대한 미련을 버리지 못한 두꺼비는 잔꾀를 부려 창문을 통해 탈출하고, 우연히 어느 호텔 앞에 정차된 자동차를 몰고 떠나버린다. 결국 두꺼비는 자동차 절도, 공공 재산과 생명을 위협하는 난폭 운전, 경찰관에게 반항한 죄목으로 20년 형을 받고 영국에서 가장 외진 지하 감옥에 수감되고 만다.

두꺼비가 황당무계한 방랑벽으로 인해 감옥에 갇히는 것은 『버드나무에 부는 바람』의 동물들이 모두 "집을 회복하고자 하는"(Wullschlager 148) 노력과 뚜렷이 대조된다. 물론 이 집들은 평온한 강마을 주변에 있고, 온화한 자연과 벗하며, 평화를 즐기는 곳에 위치하고 있다. 여기에서 집의 안락함과 방랑의 불안정함의 경계가 그어진다. 즉, 두꺼비는 자신의 처지에 합당한 역할을 수행하지 못하고, 즉 "땅을 소유한 귀족의 전통적이고 이상화된 역할을 위반"(Moore 56)함으로써 다른 친구들의 안정을 위협하고, 이로 인해 생긴 균열 때문에 감옥에 갇히게 되는 것이다.

두꺼비가 품은 여행에 대한 열망은 주변 이웃들에 의해 하나의 병으로 간주된다. 그래서 성실하고 착실한 물쥐가 현재 살고 있는 집에 대한 공허감과 지루함을 털어버리기 위해 나그네 물쥐를 따라 잠시 여행하겠다고 했을 때, 주변 이웃들은 갑작스러운 여행이 평소의 물쥐 다운 성향이 아니라는 이유로 역시 병으로 취급한다. 물쥐가 나그네 물쥐의 "부름에 응답하고 모험을 시작하는 거야. 이렇게 꾸물거리다가는 돌이킬 수 없는 귀중한 순간은 지나가 버린단 말이야"(159)라는 재촉을 따라 여행하려고 하는 것은 집을 지키려는 태도와 상반되기 때문이다. 결국 물쥐 또한 감금되어서 환상에서 벗어날 때까지 두더지의 감시를 받으며 지내게 된다.

두꺼비는 위급한 때에 변장을 통해 자신의 성별을 바꿀 줄 아는 능력을 지닌 존재이다. 한 예로, 두꺼비는 감옥을 탈출하기 위해 여성 세탁부로 가장한다. 물론, 『버드나무에 부는 바람』에서 두꺼비의 성별은 당연히 남성으로 묘사되어 있다. 이 작품에서 오직 "미혼 남성들로 구성된 등장인물의 성별은 비판을 일으키는 요인"(Bingham 252)이기도 하면서, 한편으로는 뚱뚱하고 못생긴 두꺼비가 여성 세탁부로 변신함으로써 두꺼비의 영악함과 익살의 특성 둘 다를 잘 재현하는 요소가 되기도 한다. 예로, 두꺼비가 감옥에서 무사히 탈출한 후 옷을 바꿔 입어야 하는 것을 잊어버리고 없는 돈을 찾기 위해 주머니를 뒤지며 기차표를 사려고 할 때, 역무원은 그를 "마담"이라고 부르고, 어떤 노신사는 자신의 "정부(情婦)"(138)가 되어 볼 생각이 없느냐고 물어보는 장면에서는 누구든지 박장대소할 것이다. 거룻배를 조종하는 아주머니가 변장한 두꺼비를 자신과 동일한 여성으로 생각하고 용의주도하게 세탁일을 시키는 장면은 폭소를 자아내고도 남는다.

두꺼비의 여성 변장이 가장 빛을 발하는 순간은 그가 고속도로에서 자동차를 얻어 타야겠다고 생각하고 다가오는 자동차를 세운 사건에서 벌어진다. 두꺼비는 겨우 세운 자동차가 바로 자신이 훔치고 달아났던 자동차라는 것을 알고 혹시 발각되면 다시 감옥으로 되돌아가야 한다는 생각에 절망으로 길 위에 나동그라지고, 이때 자동차 주인인 두 신사는 두꺼비를 불쌍한 여성 세탁부로 여기고 그를 편안하게 원하는 곳까지 태워다 준다. 게다가 두꺼비는 꾀를 부려 자신이 앉고 싶어 했던 운전석 옆에 앉고, 나아가 운전대를 잡아보겠다고 부탁해서 운전까지 하는 신나는 경험을 한다. 마침내 모험을 마치고 물쥐의 집에 구사일생으로 도착했을 때, 두꺼비는 거울에 비친 자신의 세탁부 모습이 멋지다고 생각하면서도, 한편 깨끗한 물쥐의 옷을 차려입고 다시 거울을 들여다보면서 자신을 잠시나마 여성 세탁부로 보았던 이들이 어리석은 바보라고 생각하기도 한다(184). 이처럼 두꺼비는 여성 세탁부로 변장한 후 무모하면서도 자유자재의 술수를 부려

가면서 모험을 즐기는 면모를 보여준다.

"선천적으로 유창한 말솜씨를 타고 났으며, 항상 자신의 상상력에 쉽사리 빨려 들어가는"(46) 두꺼비는 난처함과 어려움에 처한 상황을 모면하기 위해 자연스럽게 거짓말을 하게 된다. 친구들이 자신의 방랑벽을 잠재우기 위해 침실에 감금했을 때 두꺼비는 물쥐에게 아프다고 거짓말을 하고 죽기 전에 변호사를 불러다 달라고 부탁한다. 물론, 두꺼비는 물쥐가 변호사를 부르러 간 사이 창을 넘어 달아나 버린다. 두꺼비는 감옥에서 탈출하는 동안 자신을 공짜로 도와준 거룻배 아주머니, 기관사, 자동차 주인 등을 보기 좋게 속아 넘기고, 친구들을 혼란에 던져놓고도 자화자찬하기에 바쁘며, 전혀 반성하는 기미를 보이지 않는다. 더 나아가 두꺼비는 자동차를 훔치고, 거룻배 아주머니로부터 말을 훔치고, 아침을 먹기 위해 그 훔친 말을 집시에게 팔아넘기기까지 한다.

이처럼 온갖 술수를 부려 자신의 이익을 꾀하는 두꺼비는 때로 자신의 꾀에 넘어가기도 하는데, 이 작품에서 대표적 예는 두꺼비가 무모한 모험을 즐기고 남을 속이며 돌아다니는 동안 자신의 대저택 토드 홀을 빼앗기는 경우이다. 여기에서 토드 홀은 두꺼비에게 의미심장한 영역이자 자신의 긴 방랑을 끝내고 언제든지 돌아갈 수 있는 안식처와 같다. 두꺼비는 모험에서 생명을 잃을 수 있는 순간까지 경험한 후 다시 예전의 자신으로 돌아가고자 소망하면서, "품위 있는 생활"(184)로 돌아가려 하지만 자신의 집이 흰족제비와 족제비들에 의해 점령당했다는 청천벽력 같은 소식을 듣는다. 지금껏 술수를 부리고 타인이 자신의 꾀에 넘어가는 것을 호탕하게 웃어넘기던 두꺼비는 집을 되찾는 일에 대해선 아무런 조치도 취하지 못한다.

두꺼비는 또한 그가 기존의 사회 질서 유지가 얼마나 중요한가를 간접적으로 전달하는 역할을 담당한다. 여기서 흥미로운 점은 두꺼비는 이러한 교훈을 근엄하고 위엄 있는 자세가 아닌, 충동적이고 불합리한 행동을 통해 보여준다. 우선, 집-모험-집의 여정을 거친 두꺼비는 자신의 집이 타인들에 점령되어 엉망이 된 것을 보고 나서야 집의 소중함을 깨닫는다. 이 작품의 마지막 장의 제목 「율리시즈의 귀향」("Return of Ulysses")에서도 암시되어 있듯이, 호메로스(Homer)의 서사시 『오디세이』(*Odyssey*)에서 율리시즈가 방황 끝에 마침내 가정과 왕국을 되찾는 것처럼, 두꺼비는 우여곡절 끝에 자신의 집으로 되돌아온다. 물쥐, 두더지, 오소리도 모두 집에서 누릴 수 있는 평화가 어떤 다른 것보다도 더 소중하다는 것을 강조하고, 또한 강마을 주변에서 가장 웅장하고 위엄 있는 두꺼비의 토드 홀이 상징하는 의미를 알기 때문에, 두꺼비의 집을 되찾는 일에 적극적으로 나선다.

천방지축인 두꺼비는 사회를 혼란케 만드는 엉뚱한 여러 행동을 저지르는 것을 보여줌으로써 이러한 행동은 교정되어야 한다는 교훈을 전달한다. 물론 장난꾸러기 두꺼비가 이 교훈을 직접 전달하지는 않는다. 대신 영국 빅토리아 시대 중산층 가정의 아버지 역할의 대변자라 할 수 있는 오소리가 이 역할을 대신한다. 먼저, 오소리는 빨강 자동차를 구매한 후 운전하려는 두꺼비를 물쥐와 두더지의 도움을 받아 붙잡아 놓고 "한계를 넘어서면서까지 자신을 바보로 만드는 것을 두고 볼 수만은 없어. 너는 한계에 이르렀어."(105)라며 설교한다.

여기서 "한계에 이르렀다"는 말에는 이미 한계가 정해져 있다는 의미가 함축되어 있고, 사회는 한계를 정함으로써 일정한 안전을 확보한다는 것을 암시한다. 한계를 넘는 것은 분열이나 혼란을 초래하므로 처벌받아야 한다고 보는 것이다. 그래서 오소리는 두꺼비를 교정시키기 위해 도움을 베풀어야 한다고 역설하는데, 이러한 오소리는 어린아이의 잘못을 엄격하게 훈육하는 빅토리아 시대의 아버지를 상징한다. 그가 수호하고자 하는 것은 강마을의 위계질서이자 평화이다. 그리고 오소리는 토드 홀을 탈환한 것에 대한 축하 연회를 베푸는 과정에서 두꺼비가 이전처럼 연설, 강연, 노래 등을 모두 자신이 하겠다고 고집을 피우자, 단호하게 이를 반대하고, 동료에게 두꺼비가 "모두의 존경을 받을 수 있어야 해. 그가 비웃음의 대상, 특히 족제비들에게 코웃음의 대상이 된다면 우리도 견딜 수 없잖아."(214)라고 그 이유를 말한다. 그는 두꺼비가 사회 신분에 어울리는 점잖은 행동을 하고 더 이상 안전을 위협하거나 질서를 깨뜨리는 일은 해서는 안 된다고 보는데, 이는 두꺼비가 속한 사회에서 계속 살아가려면 정해진 규범을 따르고 위계질서에 순응해야 한다는 것을 은연중에 암시하고 있는 것이다.

∞ ∞ ∞

세스 르레르(Seth Lerer)는 논문 「스타일과 두더지: 『버드나무에 부는 바람』에서의 가정 미학」(“Style and the Mole: Domestic Aesthetics in *The Wind in the Willows*”)에서 『버드나무에 부는 바람』이 가정 미학을 강조한 작품으로서 “빅토리아 시대의 삶의 양식에 대한 향수”(59)를 묘사하고 있다고 지적한다. 이 작품이 과거 기억과 관련되어 있다고 보는 르레르의 지적은 흥미롭게도 과거에 대한 기억을 잠시 되살렸다가 다시 앗아가는 역할을 하는, 이 작품의 제목이기도 한 ‘버드나무에 부는 바람’의 역할과도 연결된다. 어느 고요한 달밤에 물쥐와 두더지는 길을 잃은 어린 수달 포틀리(Portly)를 찾기 위해 보트를 타고 강가를 올라가다가 기억할 수는 없지만 “가슴 속의 갈망을 일깨워주는”(124) 피리 소리를 듣는다. 이들이 잠시 공포가 아닌, 놀랄 정도의 평화와 행복을 느끼며 피리를 불고 있는 반신반인인 판(Pan)을 바라보는데 갑자기 산들바람이 스쳐 지나간다.

> 그들은 순간이지만 보았다. 사라져 버린 광경의 의미를 서서히 떠올리며 비참해하면서 멍하니 바라보는 동안, 수면으로부터 불어오는 변덕이 심한 산들바람은 버드나무를 지나치고, 이슬 젖은 장미를 흔든 다음, 그들의 얼굴을 가볍게 어루만져 주었다. 그리고 그 부드러운 바람의 손길은 일순간에 모든 것을 잊게 해주었다. 그 바람의 손길은 도움을 주기 위해 모습을 나타냈던 반신반인이 그의 모습을 일별한 자들에게 마지막으로 안겨 주는 최고의 선물이었다. 망각이라는 선물 말이다. (124-25)

작품의 서술자는 이러한 경외감을 일으키는 기억이 계속 남아 있다면 물쥐와 두더지가 이 순간 이후로 살아가는 데 힘들어할 수 있기 때문에, 이들이 예전처럼 행복하고 가벼운 마음으로 살도록 산들바람을 통해 망각의 선물을 선사했다고 설명한다. 그렇다면 여기에서 순간이지만 물쥐와 두더지가 일별한 것은 빅토리아 시대의 조용하고 평화로운 삶이라 할 수 있을 것이다. 그러니 굉음을 내는 자동차를 몰고 종횡무진하는 두꺼비가 살고 있는 세계는 그 이후의 시대라 할 수 있다.

이와 연관해서, 르레르는 『버드나무에 부는 바람』이 사회적 격변과 전쟁으로 와해된 "빅토리아 시대의 가정적인 전원적 삶을 회상하는 에드워드 시대의 한 작품"(53)이라고 언급하는데, 이 작품이 빅토리아 여왕의 치세 기간인 1837~1901년과 에드워드 7세의 치세 기간인 1901~1910년에 걸쳐 있는 1908년에 발표되었다는 사실은 르레르의 주장을 뒷받침한다. 또한, 르레르는 그레엄이 "빅토리아 시대를 상상하며 조용하고 목가적인 삶을 꿈꾸는 작가"(53)였을 것이라고 상상하는 데, 이러한 스타일을 꿈꾸는 작가에게 흙먼지를 휘날리며 요란한 소리를 내는 자동차를 몰고 다니는 두꺼비나, 대대로 물려받은 두꺼비의 토드 홀을 강탈해서 마시고 먹고 노는 난장판으로 만든 족제비나 흰족제비는 어울리지 않는 대상이라는 것이다. 나아가, 르레르는 두더지는 "빅토리아 시대의 조용한 신사"(gentleman), 두꺼비는 "에드워드 시대의 남성다운 귀족(aristocrat) 스타일을 재현하고 있다"(51)고 규정하는데, 이는 소박하고 청결한 두더지의 집과 화려하고 사치와 낭비를 누리는 두꺼비의 집의 스타일과 들어맞는다.

빅토리아 시대가 산업혁명으로 인해 눈부신 성장과 발전을 이루는 과정에서 등장하여 기반을 갖추게 된 중산층에게 자신의 세력을 유지할 수 있는 가장 중요한 부분은 바로 가정이라 할 수 있다. 따라서 『버드나무에 부는 바람』은 주요 등장인물 동물들의 집에 관한 이야기라 해도 과언이 아니며, 이들의 집은 각자의 정체성을 규정하는 기본적 요인이기도 하다. 두꺼비의 웅장한 토드 홀, 물쥐의 안락하고 편안한 집, 두더지의 보금자리와 같은 집, 오소리의 다소 소박하지만 견고한 집은 두꺼비가 "현명한 오소리, 영리하고 지성적인 물쥐, 도리를 아는 두더지"(131)라고 평하는 것과도 맞물린다.

무엇보다도 이 작품의 첫 장에서 부지런한 두더지가 봄맞이 대청소를 하는 장면은 빅토리아 시대의 스타일과 일치하고 있는데, 봄맞이 대청소를 의미하는 'spring-cleaning'은 19세기 후반부에 생성된 어휘이며, 그 당시 영국과 미국에서 사회 개혁의 일환으로 청결이라는 개념이 부상하게 된 것과 관련이 있다(Lerer 53). 또, 두더지의 정원 안마당 벽에 걸려 있는 바구니에 담겨 있는 빅토리아 여왕의 석고상(56)과 빅토리아 시대의 집이 갖춘 일반적 요소로 두더지의 집 안마당 한가운데에 있는 연못도 빅토리아 시대의 스타일을 잘 보여준다. 아울러, 19세기 후반에 템즈 강가 그리고 그 강에서의 뱃놀이는 중산층의 전유물이자 유행한 오락 거리여서, 사람들은 배를 타고 노닐다가 강둑 아무 곳이나 보트를 대놓고 소풍을 즐기거나 펍, 즉 영국 선술집에 들르기도 했듯이(Lerer 54), 두더지와 물쥐가 처음 만나 즐기는 놀이가 바로 뱃놀이라는 것도 빅토리아 시대 스타일의 한 중요한 요소로 꼽을 수 있다. 그래서 『버드나무에 부는 바람』의 동물들의 집과 정원 묘사를 접하게 되면 작가 그레엄의 빅토리아 시대에 대한 향수가 반영되어 있음을 엿볼 수 있을 것이다.

이처럼 그레엄은 『버드나무에 부는 바람』의 내용 곳곳에 빅토리아 시대의 소박한 생활과 안정적 삶에 대한 향수를 묘사하고 있다. 이런 의미에서, 마지막 장 「율리시즈의 귀향」에서 집의 수호자이자 "사회의 위계질서를 합리화시키는"(Zornado 121) 물쥐, 두더지, 오소리가 노력해서 난장판과 무질서가 난무하는 토드 홀을 탈환하고 두꺼비를 다시 주인으로 앉힘으로써 '정상성' 회복을 강조한 것은 의미심장한 사건이라 할 수 있다. 여기에서 토드의 복귀가 율리시즈의 귀향에 비유되는 이유는 명백하다. 대대로 물려받은 토드 홀의 주인인 두꺼비가 절제의 미덕을 되살리고 신분에 맞는 우아함을 다시 갖춰야만 강마을의 질서가 회복되고 안정을 찾게 되기 때문이다.

하지만, 자동차로 인해 무수한 고생을 겪고 난 뒤에도 모터보트에 대한 새로운 생각을 짜내고, 토드 홀 탈환을 위한 축하연에서 동료들의 만류로 노래를 부를 수 없게 된 것을 안타깝게 여긴 두꺼비가 가상무대를 만들어 놓고 혼자서 자작곡을 목청 높여 불러대는 것(215)은 그가 여전히 장난꾸러기 특성을 완전히 버리지 못했음을 보여준다. 한편으로 그는 자신의 실력 발휘를 할 수 없게 된 것에 긴 한숨을 내쉬지만, 모든 동물이 그의 용기, 현명함, 투쟁심에 대해 찬사를 퍼부어대자 그는 "이런 칭찬은 오소리가 받아야만 합니다. 두더지와 물쥐의 투쟁 정신도 높이 칭송받아 마땅합니다."(216)라고 공을 친구들에게 돌린다. 이에 대해 서술자는 "그는 진정으로 변화된 두꺼비였다!"(217)라고 선언한다. 그렇다면 진정 두꺼비는 동료의 노력에 의해 교정되고 교육된 것일까?

두꺼비는 감옥 탈출을 도와주었던 간수의 딸에게 편지와 진주 장식이 달린 금목걸이를 보내고, 자동차 주인에게는 그가 겪었을 고통과 손실에 대해 사과하고 그에 적절한 보상을 해주고, 거룻배 아주머니에게도 사과의 뜻을 전하고 훔친 말에 대해 보상해 준다. 나아가 강마을의 모든 동물은 두꺼비에게 공손하게 대하고, 길을 지나가는 두꺼비를 보고 어미 족제비는 어린 족제비들에게 "저분이 위대한 두꺼비님 이란다"(218)라고 말하기도 한다. 이러한 두꺼비 모습은 도둑질하고 거짓말을 늘어놓던 이전의 두꺼비가 아니다. 두꺼비는 사회 질서를 무너뜨리는 일탈을 통해 자신의 만족을 잠시 누리기는 했지만, 반면에 자신의 영역을 안전하게 수호하고 질서에 순응하는 것이 얼마나 소중한 것인가를 역설적으로 깨달은 것이다.

『버드나무에 부는 바람』은 표면상으로 아동에게 즐거움을 선사하는 역할을 하지만, 작가의 빅토리아 시대에 대한 향수가 반영되어 있으며, 동시에 빅토리아 시대의 중산층 가치의 재확인을 위한 동물들의 눈물어린 노력이 투사되어 있음을 보여준다. 그러므로 이 작품은 문학 동화가 "사회제도 순응, 문명화, 사회적 규율의 수용" 목적으로 기능한다는 자이프스의 주장을 방증하는 예로 읽을 수 있을 것이다. 이와 연계해서 보면, 작가 그레엄은 문학 동화 『버드나무에 부는 바람』를 통해 자신이 꿈꾸고 그리던 세계를 창작하는 탈출구를 찾은 것이다.

∞ ∞ ∞

근대의 시선에서 바라보는 식물, 동물, 행성에 관한 9편의 글들은 여러 학술지에 수록되었던 논문들을 선별하여 본 저서의 기획 취지와 목적에 맞게 수정하고 내용을 추가한 것이다. 식물, 동물, 행성이라는 세 범주에서 각 글은 작품의 출간 연대순으로 배치한 것으로, 각 글의 세부 내용은 다음과 같다. 박형신의 「존 러스킨과 버지니아 울프의 꽃 이야기로 듣는 생태주의」는 빅토리아 시대의 대표적인 사상가 존 러스킨(John Ruskin, 1819-1900)과 20세기 모더니즘과 페미니즘을 대표하는 버지니아 울프(Virginia Woolf, 1882-1941)가 전유하는 꽃 이데올로기를 중심으로 두 사람의 글을 비교·분석한다. 울프의 에세이 「러스킨」("Ruskin")과 「후원자와 크로커스」("The Patron and the Crocus") 그리고 러스킨의 『프로서피나』(*Proserpina*)와 「여왕들의 정원」("Of Queens' Gardens")을 병렬해서 읽으면서 꽃과 여성, 그리고 그 둘 사이 친연성의 재현으로부터 생태주의와 관련된 원형적 특성을 찾는다. 이 글에서 주장하는 바는 러스킨이 꽃과 가정을 가꾸고 돌보는 것, 즉 보살핌은 여성만의 특성이자 의무로 규정하고 여성의 장식적 및 가족적 기능을 강조하는 것에 비해서, 울프는 꽃의 상징적 의미로서 여성의 도덕적 품성을 훈육하려고 하는 러스킨의 시도를 비판하는 동시에 꽃의 의미 체계를 교란하는 방식을 통해서 빅토리아 시대의 가부장주의적 꽃 이데올로기의 해체에 도전한다는 것이다.

김소연의 「안쪽으로, 위쪽으로!: 식물의 침입과 변종화, 동화를 통해 읽는 『비밀의 정원』」은 고딕 문학 장르의 전통과 영국 원예 문화의 교차점을 살피기 위해 프랜시스 버넷(Frances Hodgson Burnett, 1849-1924)의 『비밀의 정원』(*The Secret Garden*)의 등장인물들과 식물이 공통적으로 보이는 안쪽/위쪽으로의 움직임에 주목한다. 제국 외부로부터의 침입에 대한 불안, 이와 공존하는 다양한 외부 요소를 들여와 수집·전시하고자 하는 충동은 『비밀의 정원』에서 유리 온실 같은 속성을 띤 정원 공간과 가드닝 행위를 통해 표출된다. 퇴화 관념이 원예 모티프에 의해 전복됨에 따라, 고딕 문학에 자주 등장하는 '무덤'을 닮은 공간은 식물을 키워내는 '화단'처럼 바뀐다. 이와 함께 변종의 성격을 띠던 인물들이 영국의 '안쪽'으로 동화되고 땅 '위쪽'으로 솟아나는 식물과 겹치게 되는 결말은 제국 팽창이 야기한 변종화·퇴화에 대한 불안을 해소하고자 하던 시대적 욕구를 반영한다.

전세재의 「『블랙 뷰티』로 읽는 빅토리아 시대: 제국주의, 여성, 동물에 담긴 숨겨진 이야기」는 애나 슈얼(Anna Sewell, 1820-1878)의 『블랙 뷰티』(*Black Beauty*)를 통해 19세기 빅토리아 시대의 제국주의, 여성 억압, 동물 학대 문제의 상호 연관성을 분석한다. 슈얼은 블랙 뷰티(Black Beauty)라는 말을 주인공이자 화자로 설정해, 침묵하는 타자의 관점에서 당대의 사회적 억압을 고발한다고 본 것이다. 『블랙 뷰티』는 말에 대한 학대를 노예제, 여성 차별, 식민지 지배의 은유로 제시하며, 동물권 운동과 여성 작가들의 인도주의적 글쓰기를 연결한다. 그러나 슈얼은 말의 고통을 신학적·법적 근거로만 제한하며, 인간 중심적 질서를 근본적으로 비판하지는 않는다. 작품 속 블랙 뷰티는 억압에 순응하는 이상적인 피지배자이며, 진저(Ginger)와 메리레그스(Merrylegs) 처럼 저항하는 말들은 결국 길들여지거나 소외된다. 이는 슈얼의 개량주의적 관점, 즉 체제의 근본 개혁보다는 '좋은 주인'에 의한 개선을 강조하는 한계를 드러낸다. 그럼에도 이 작품은 동물과 인간, 중심과 주변의 관계를 조명하며, 빅토리아 시대의 제국주의적 가치관과 도덕적 딜레마를 통찰하게 한다. 결과적으로, 이 글은 『블랙 뷰티』는 단순한 동물 소설이 아니라, 사회·문화적 권력 구조를 성찰하는 중요한 텍스트로 읽을 수 있다고 제안한다.

최성희의 「동물에 '대한' 시선과 동물'의' 시선: 포의 「검은 고양이」와 데리다의 고양이는 어떻게 다른가?」의 글은 에드거 포(Edgar Allen Poe, 1809-1849)의 「검은 고양이」("The Black Cat")와 자크 데리다(Jacques Derrida)의 『동물, 그러니까 나인 동물』(*The Animal That Therefore I Am*)을 교차해 읽으면서 우리가 동물을 바라볼 때 발생하는 문제와 이를 극복할 수 있는 가능성을 모색한다. 이를 위해 먼저 동물을 바라보는 두 가지 방식을 분석한다. 하나는 「검은 고양이」에서처럼 어떤 동물을 동물의 '상'(figure)을 통해 보는 방식이다. 이 소설의 주인공과 이 소설에 대해 비평하는 평자들은 이 소설에서 등장하는 고양이가 두 마리라는 점에 대해 별로 주목하지 않고, 그것들이 다만 '검은 고양이'라는 점에만 초점을 맞춘다. 그것은 동물을 보는 일반적인 시선의 습관과 무관하지 않을 것이다. 다른 하나는 데리다처럼 벌거벗은 채로 고양이의 시선 앞에 선 자아가 고양이를 바라보는 방식이다. 여기서, 데리다는 벌거벗은 채 고양이의 시선에 노출된 것에 부끄러움을 느끼는데, 그는 자신의 이 느낌에 대해 질문하며 그것이 '동물의 절대적 타자성'을 마주하며 생긴 것으로 풀이한다. 동물의 시선 아래 벌거벗은 상태, 그 수동성의 경험을 통해 데리다는 지금껏 인간의 모든 글쓰기가 '동물의 시선으로 바라봐진 적이 없는 듯이', 즉 배제된 상태로 진행해 왔음을 상기시킨다. 이를 통해 그는 '동물이라는 이름'을 넘어 내 앞의 동물을 독특한 존재로 대할 필요성을 강조한다. 이는 「검은 고양이」에서는 두 마리 고양이가 서술자의 시선 아래 하나의 형상, 즉 '그' 검은 고양이로 점차 통합되어 가는 현상과 대조적인 주장이다. 그밖에 이 글에서는 데리다가 동물에 대한 일반화를 거부하며 동물이라는 명칭을 바꿀 것과 동물에 대한 질문을 바꿀 것을 어떻게 주장하는지를 살펴본다.

서정은의 「상처 입은 동물과 재현의 윤리: 토마스 하디의 『더버빌 가의 테스』」는 토마스 하디(Thomas Hardy, 1840-1928)의 대표 소설 중 하나인 『더버빌 가의 테스』(*Tess of the d'Urbervilles*)를 읽으며 하디가 고통을 겪는 당사자의 경험을 전유하지 않으면서 그 고통에 공명하고, 고통의 경감을 위해 개입할 당위를 표현할 방법을 모색하는 방식을 검토한다. 더 구체적으로는 이 글은 하디가 '상처 입은 동물'의 형상을 통해 유정(有情)한 존재 간 고통의 공유 가능성과 함께 타자의 고통이 가진 절대적 타자성을 동시에 상상하는 방식을 분석한다. 이를 위해 『더버빌 가의 테스』에서 주인공 테스가 상처 입은 동물과 동일시되는 경우를 주목한다. 그리고 작품이 테스와 상처 입은 동물 모두의 고통을 살아 있는 존재의 신체적 취약성이라는 차원에서 연결하는 한편, 동물로 대변되는 타자 일반에 대한 인식론적 단절을 강조하며 그들의 고통에 대한 인식적, 해석적 전유를 경계한다는 사실을 예증한다. 이를 통해 결론적으로 하디가 공유된 신체적 취약성과 인식론적 단절을 고통받는 타자 일반에 대한 재현 윤리의 조건으로 제시한다고 제안한다.

박선화의 「도리스 레싱이 고양이를 보는 시선」은 영국 작가 도리스 레싱(Doris Lessing, 1919-2013)이 서술자의 목소리를 빌어 아프리카 농장과 런던의 서민 아파트에서 체험한 다양한 고양이 이야기를 다룬 것에 주목한다. 서술자는 집고양이뿐만 아니라 입양한 고양이들과 서로 소통하고 사랑하다가 죽음을 맞이하는 과정을 서술한다. 하지만 서술자는 이러한 표면적인 고양이 이야기 이면에, 어떤 고양이는 이전 주인으로부터 구타당하거나 또 버림받는다는 것을 서술한다. 특히, 서술자는 주인이 말못하는 고양이에게 중성화를 비롯한 수술을 받게 하는 것이 얼마나 잔인한 행위인가를 고발한다. 이에 의해, 연구자는 고양이가 인간의 주권에 의해 통제받는 희생양이라고 본다면, 이러한 고양이를 벌거벗은 생명(bare life)의 한 예로 읽을 수 있음을 제안한다. 나아가 연구자는 동물 학대나 살해가 얼마나 잔인한 행위인가를 보여주는 레싱의 메시지를 강조하면서, 우리는 인간 사회에도 존재하는 벌거벗은 생명과 같은 존재에 대해 책임을 져야 한다고 제안한다.

임지원의 「19세기에 메리 셸리의 지구 재녹화를 꿈꾸다: 메리 셸리의 『최후의 인간』 다시 읽기」는 메리 셸리(Mary Shelley, 1797-1851)의 『최후의 인간』(*The Last Man*)을 인구 감소 서사이자 종말 후 재녹화 서사로 파악한다. 처음으로 인구와 생태의 관계에 관심을 가진 이론가 중 하나인 셸리의 동시대인 토마스 말서스(Thomas Malthus)가 인구 과다로 악몽처럼 된 지구를 상상했다면, 셸리의 상상력은 극적으로 인구가 감소한 미래 지구에 가 닿는다. 『최후의 인간』이 집필된 19세기에 이 문제가 현실로 될 가능성은 특히 낮았다는 점에서, 어떻게 보면 셸리의 상상의 산물은 거의 완전히 이론적이고 목적 없는 사고실험인 셈이다. 하지만 이 순전히 가설적인 사고 실험은 지구라는 생태계의 억압된 생태적 가능성에 대한 진지한 고찰이기도 하다. 『최후의 인간』에서 인간이 사라진 지구는 비인간 존재들에게 있어 사실상의 생태 낙원으로 변한다. 동식물을 위한 공간이 되는 이상하고도 아름다운 지구를 그리면서, 『최후의 인간』은 현실 속 지구가 인간 문명을 위해 치르고 있는 생태적 비용을 가시화한다.

송은주의 「녹색 유토피아: 페미니스트 유토피아 소설 『허랜드』의 생태주의적 비전과 과학기술」은 샬럿 길먼(Charlotte Perkins Gilman, 1860–1935)의 페미니스트 유토피아 소설 『허랜드』(*Herland*)에 나타난 생태주의와 과학기술을 분석한다. 이 작품은 여성만의 사회가 자급자족이 가능한 생태 공동체를 구축했다는 설정 아래, 전통적 유토피아의 구조를 따르며 당시 여성 해방운동과 맞닿아 있다. 길먼은 자연과 여성을 동일시하는 본질주의적 에코페미니즘을 넘어서, 과학기술을 활용한 자연의 개선과 인간 향상을 긍정적으로 묘사한다. 허랜드의 자연은 '순수한 자연'이 아니라 인간에 의해 효율적으로 관리된 문명화된 자연으로, 이에 의해 과학기술이 유토피아 유지에 필수적이라는 것을 보여준다. 길먼은 과학기술에 대한 낙관주의를 통해 여성도 기술 활용의 주체가 될 수 있음을 주장하며, 이로써 젠더 권력 구조를 전복하고자 한다. 하지만, 이 유토피아는 단성생식과 우생학적 인구 통제를 통해 인종적·유전적 순수성을 유지하며, 배제와 규율의 생명 권력적 성격을 띤다. 이 점에서『허랜드』는 트랜스휴머니즘적 인간 향상과 통제된 진보의 이상을 담고 있으며, 디스토피아적 요소를 동시에 내포한다. 길먼의 자유주의 페미니즘은 과학과 진보를 신뢰했지만, 젠더·인종·계급의 구조적 불평등을 간과했다는 한계를 가진다. 허랜드는 타자와의 상호주체적 관계가 부재하며, 폐쇄적이고 통제된 사회를 유지함으로써 백인 여성 중심의 제한된 비전을 드러낸다. 그런 점에서『허랜드』는 생태주의와 과학기술, 페미니즘의 교차점에서 유토피아적 가능성과 동시에 위험성을 내포하고 있음을 드러낸다.

9편의 글에서 엿볼 수 있듯이, 살아가는 세상이 더 복잡해지고 과학기술 발전이 더욱 정교해질수록, 일부 학자는 근대영미소설에 재현된 식물과 동물, 나아가 행성에 대해 다른 관점으로 바라보게 된 것이 사실이다. 마찬가지로, 수 도널드슨(Sue Donaldson)과 윌 킴리카(Will Kymlika)는 2011년『주폴리스』(*Zoopolis*)에서 동물 권리를 위한 정치 이론을 펼친다. 저자는 1824년 마차용 말의 학대를 막기 위해 결성된 동물학대방지협회에서 시작된 운동이 현재 수많은 동물 애호 단체가 생겨나게 했고, 동물에 대한 윤리적 대우를 논하는 공적 논의와 학문적 이론도 형성해 왔음을 설명한다. 하지만, '동물 복지론', '생태주의', '기본 권리론'의 논의에도 불구하고, 저자는 그 어느 것도 동물 착취 체제에 근본적 변화를 일으킬 만하다고 입증된 것이 없다고 지적한다. 다시 말하면, 동물 존재의 중요성과 복지를 주장하지만, 우리는 여전히 동물이 인간의 이익에 종속된 것으로 바라보고 있다는 것이다. 이러한 체계에서, 인간은 동물 위에 있을 수밖에 없다. 그래서 저자는 동물 복지론이나 생태주의 및 기본 권리론을 벗어나, 우리가 주장하는 인권과 마찬가지로, 동물을 "특정한 불가침 권리의 보유자"(23)로 인정해야 한다고 주장한다. 이 지점에 이르면, 인간과 동물 관계를 사회·문화적 권력 구조에 비추어 다룬 글들을 포함한 이 저서에 이어 후속 연구에서는 인간과 동물의 새로운 형태의 관계 맺음이 어떻게 제시될지 자못 궁금하다.

참고 문헌

도널드슨, 수 & 윌 킴리카. 『주폴리스』. 박창희 옮김. 서울: 프레스 탁!, 2024.

아리에스, 필립. 『아동의 탄생』. 문지영 옮김. 서울: 새물결, 2003.

Bingham, Jane M., ed. *Writers for Children: Critical Studies of the Major Authors since the Seventeenth Century*. New York: Charles Scribner's Sons, 1988.

Butts, Denis. "How Children's Literature Changed: What Happened in the 1840s?" *The Lion and the Unicorn* 21 (1997): 53-62.

Gilead, Sarah. "The Undoing of the Idyll in *The Wind in the Willows*." *Children's Literature* 16 (1988): 145-58.

Grahame, Kenneth. *The Wind in the Willows*. New York: Singet Classic, 1969.

Guiliano, Edward, ed. *Lewis Carroll Observed: A Collection of Unpublished Photographs, Drawings, Poetry and New Essays*. London: Random House Value, 1988.

Hunt, Peter & Millicent Lenz. *Alternative Worlds in Fantasy Fiction*. London: Continuum, 2001.

Lerer, Seth. "Style and the Mole: Domestic Aesthetics in *The Wind in the Willows*." *The Journal of Aesthetic Education* 43.2 (2009): 51-63.

Moore, John D. "Pottering About in the Garden: Kenneth Grahame's Version of Pastoral." *The Journal of the Midwest Modern Language Association* 23 (1990): 45-60.

Nodelman, Perry. "Take One Before Bed time and Wake Up on Another Level." *Children's Literature Association Quarterly* 15.3 (1990): 154-55.

_____. *The Pleasures of Children's Literature*. Boston: Longman, 1992.

Plumb. G. H. "The New World of Children in Eighteenth-Century England." *Past and Present* 67 (1975): 64-93.

Smedman, Sarah M. "Springs of Hope: Recovery of Primordial Time in 'Mythic' Novels for Young Readers." *Children's Literature* 1 (1988): 91-107.

Wullschlager, Jackie. *Inventing Wonderworld*. New York: Free, 1995.

Zipes, Jack. *Fairy Tales and the Art of Subversion*. New York: Routledge, 1983.

Zornado, Joseph L. *Inventing the Child: Culture, Ideology, and the Story of Childhood*. New York: Garland, 2001.

* 이 글은 『영어영문학 연구』 51권 4호(2009년)에 발표한 논문을 일부 수정한 것이다.

목차

존 러스킨과 버지니아 울프의 꽃 이야기로 듣는 생태주의

박형신(경북대학교)

존 러스킨과 버지니아 울프의 꽃 이야기로 듣는 생태주의

Ⅰ. 작가 소개

존 러스킨(John Ruskin, 1819-1900)은 정치 경제학, 미술, 문학, 건축, 역사, 식물학, 조류학, 교육 등 다방면에 걸친 지식과 방대한 저술로 가히 르네상스적 교양인이라 할 만한 인물이자 빅토리아 시대의 대표적인 지식인이다. 그의 영향력은 19세기 후반부터 제1차 세계 대전까지 정점에 도달한 후 점점 쇠퇴하는 듯했으나 1960년대 이래로 많은 학술 연구물의 출판이 이어지면서 그의 노작은 환경보호, 지속 가능한 성장, 윤리적 소비주의와 같은 21세기를 살아가는 우리가 직면한 문제들을 예견한 것으로 평가받고 있다. 특히, 자연-예술-사회의 유기적 관련성을 주창한 러스킨의 통찰은 원형적 생태주의의 일면으로 평가할 수 있다. 러스킨의 초기 생태주의자다운 특징은 자연물에 대한 정서적인 교감으로부터 찾을 수 있다. 그는 5권의 『근대 화가론』(*Modern Painters*)을 저술한 미술 평론가이면서도 미학 이론에만 머물지 않고 직접 식물과 꽃을 관찰하여 상세하게 묘사한 스케치와 그림을 그리기도 했다. 정원과 꽃 그리고 신화는 러스킨의 사상을 잘 내장한 또는 함축한 핵심어들이다. 러스킨의 「여왕들의 정원」("Of Queens' Gardens")은 돌봄(care)을 여성의 권력이자 도덕적 책임으로 규정하고 여성이 정원의 꽃을 가꾸고 돌보듯이 가족을 돌보아야 한다고 청중들을 훈화하기 위해서 기획되었다. 이와 같이 러스킨은 순종적이고 장식적인 아내로서 "길러진" 빅토리아 시대의 여성의 성적 신화를 양산하는 데 공헌한 바가 크다.

20세기를 대표하는 페미니스트이자 모더니스트인 버지니아 울프(Virginia Woolf, 1882-1941)의 삶과 예술을 논할 때 그녀가 직업적으로 글을 쓰기 이전의 삶(울프가 스무 살이 되기까지 빅토리아 시대의 규범과 관습 아래에서 살아왔다는 사실)은 상대적으로 덜 주목해왔다. 울프는 빅토리아 시대 상위 중산층 가정의 여성으로 교육받고 자랐다. 빅토리아 시대 대가족의 가장인 울프의 아버지, 레슬리 스티븐(Leslie Stephen)과 빅토리아 시대의 미인이자 '집안의 천사'의 전형으로 화가들의 모델이 되기도 했던 어머니 줄리아 스티븐(Julia Stephen), 그리고 울프 자신을 포함해서 8명의 자녀가 함께 살던 어둡고 폐쇄적인 하이드파크 게이트(Hyde Park Gate) 22번지에서의 삶으로부터 자유분방한 블룸즈버리(Bloomsbury)에서의 독립적인 삶은 울프의 삶과 예술에 있어서 일대 전환기가 되었다. 울프가 작가로서 자신의 정체성을 확립하기 위해서 아버지와 어머니로 대표되는 빅토리아 시대의 유령 죽이기가 필요하다고 일기와 편지에서 여러 차례 밝힌 것으로부터 유추할 수 있듯이, 울프에게 전 시대의 정신적인 유물들, 즉 빅토리아 시대의 가부장주의와 성차별주의, 제국주의적 군국주의는 타파해야 할 대상이었다. 아버지 세대에 속하는 러스킨의 사상과 글, 특히 여성과 꽃의 친연성을 이용한 그의 훈육에 대해서 울프가 강한 거부감을 보이는 것은 어떻게 보면 당연한 귀결이라 할 수 있을 것이다.

Ⅱ. 작품 소개

『프로서피나』(*Proserpina*)는 1875년 최초로 출판된 러스킨의 식물학 연구서로 "알프스산맥 사이에서, 하느님 아버지께서 아셨던 스코틀랜드와 잉글랜드에서 공기가 아직 오염되지 않았던 동안, 길가의 꽃들에 관한 연구"(Studies of Wayside Flowers, While the air was yet pure among the Alps, and in the Scotland and England Which my Father knew)라는 긴 부제가 붙어 있다. 이 책은 식물학에 대한 러스킨의 개인적인 경험을 소개하는 것으로 시작해서 1장 "뿌리", 2장 "잎", 3장 "꽃" 등과 같이 식물의 부분들을 탐구하는 내용으로 각 장이 구성되어 있다. 러스킨은 자신이 직접 그린 스케치와 함께 길가의 꽃에 관한 세부 사항들에 초점을 두고 식물학을 탐구하는 한편, 식물 명명법의 복잡함으로 인한 식물학에 대한 이해의 어려움을 독자들의 입장에 논한다. 저자인 러스킨은 식물에 관한 자연과학적 탐구뿐만 아니라 철학적 성찰까지 결합하여 식물학에 대한 독특한 관점을 제공하면서, 독자들이 자연의 복잡한 작용과 식물 생명의 상호 연결성을 숙고하기를 장려한다. 『프로서피나』는 식물학에 대해 많은 생각을 하게 하는 탐구이자 식물 생명의 경이로움에 바쳐진 헌사이다.

『참깨와 백합』(*Sesame and Lilies*)은 1865년 처음 출판된 이래로 남성과 여성의 본성과 의무에 관한 진술로 대중에 널리 보급되어서 19세기의 고전으로 자리 잡아 왔다. 그러나 여성의 영역을 집안으로 제한하고 양육과 돌봄을 여성 본연의 의무이자 특권으로 규정한 러스킨의 여성관에 관한 부분들이 20세기 중반부터 페미니스트 비평가들에 의해서 비판받아 왔다. 책은 두 부분—러스킨이 빅토리아 시대의 남성성을 비판하는 「왕의 보물」("Of Kings' Treasuries")과 여성이 남성의 도덕적 인도자가 될 수 있도록 부모가 딸들을 교육하기를 촉구하는 「여왕들의 정원」—으로 구성되어 있다. 『참깨와 백합』은 비평가들이 상대적으로 덜 주목한 「왕의 보물」을 포함하면서 독자들에게 러스킨의 복잡하고 때로는 모순적인 남성과 여성에 대한 견해에 더 완전하게 접근할 수 있는 기회를 제공한다. 『참깨와 백합』에서 러스킨은 조화롭고 균형 있는 세상을 만들기 위해서 여성의 역할 및 친환경적인 활동과 올바른 교육의 가치와 독서의 필요성을 강조하는데, 이는 시대를 넘어서 보편적인 가치에 대한 깊은 울림을 주는 것이라고 볼 수 있다.

『댈러웨이 부인』(*Mrs Dalloway*)은 1925년에 출판된 울프의 소설로 제1차 세계대전이 끝난 후의 어느 하루와 런던을 시·공간적 배경으로 펼쳐지는 댈러웨이 부인의 하루를 보여준다. 소설은 "꽃은 자기가 직접 살 거라고 댈러웨이 부인은 말했다"(3)로 시작되고, 댈러웨이 부인이 부어턴(Bourton)에서 보낸 과거에 대한 회상과 현재 런던에서 삶의 모습들이 플래시백(flashback)과 등장인물들의 다층적 시점, 그리고 의식의 흐름 기법과 같은 모더니스트 서사 기법을 통해 재현된다. 이 소설의 중심에 댈러웨이 부인과 제1차 세계대전 참전군인이며 포탄 충격(shell-shock)으로 인한 트라우마(trauma)를 가진 샙티머스 스미스(Septimus Warren Smith)의 실제 만남이 아닌 섬세하고 신비로운 의식적 만남과 삶과 죽음, 이성과 비이성의 이분법에 대해 강한 의문이 자리 잡고 있다.

「후원자와 크로커스」(“The Patron and the Crocus”)는 1924년 4월에 출판사, 네이션 앤 아테네움(The Nation & The Athenaeum)에서 처음 출판된 후 다음 해에 『일반적인 독자』(*The Common Reader*)에 포함되어 재출판되었다. 이 에세이에서 울프는 켄싱턴 공원(Kensington Gardens)에서 크로커스를 본 것이 그녀의 창작에 어떻게 영감을 주었는지를 서술하면서 저자와 독자의 관계, 그리고 누구를 위해 글을 써야 할지 아는 것의 중요성을 탐구한다. 「후원자와 크로커스」의 끝부분에서 후원자는 강의하거나 지시하지 않아야 할 뿐만 아니라 작가를 고양하거나 개선하려고 하지도 않아야 하는데, 그렇게 하는 나쁜 후원자들 둔 작가들을 거명한다. 울프는 작가에게 진정한 크로커스 하나만으로도 충분하다고 느끼게 하는 바람직한 후원자를 선택하는 방법과 글을 잘 쓰는 방법을 어떻게 찾을 것인지 질문하면서 「후원자와 크로커스」를 끝맺는다.

「러스킨은 삶을 되돌아본다」(“Ruskin Looks Back On Life”)는 “천둥의 메아리와 함께 고요한 생각들”(serene thoughts with the echoes of thunder)이라는 부제가 붙어 있다. 울프는 1927년에 출판된 러스킨의 미완의 자서전인 『프라테리타』(*Praeterita*, 1885-1889)에 대한 서평으로 이 글을 썼다. 울프는 러스킨의 감성이 성장해 온 역사를 읽는 즐거움을 독자들에게 상기시키는 한편, 그의 독특한 심미적 감수성과 청교도적 금욕을 대조한다.

「러스킨」("Ruskin")은 「러스킨은 삶을 되돌아본다」와 마찬가지로, 울프가 러스킨의 자서전 『프라테리타』에 대해 서평으로 쓴 에세이이다. 「러스킨」에서 울프는 빅토리아 시대의 대표적인 작가 러스킨의 영향력은 시대가 바뀌면서 그 많은 부분이 '풍자와 개혁'의 대상이 되었지만, 러스킨으로부터 순수하게 좋은 것을 얻고 싶다면, 독자들은 『근대 화가론』(*Modern Painters*), 『베니스의 돌』(*The Stones of Venice*), 『참깨와 백합』이 아니라 『프라테리타』를 책장에서 꺼내라고 제안한다.

Ⅲ. 작품 연구

1. 들어가며

빅토리아 시대 사람들은 꽃의 언어(floriography)를 현재 우리가 이모티콘(emoji)를 사용하는 것과 유사하게 사용했다고 한다. 19세기의 한 저택에 꽃다발이 배달되어 오면 수신인은 꽃병이 아니라 꽃말 사전을 찾아서 그 꽃다발의 꽃 조합 뒤에 숨겨놓은 발신인의 비밀스러운 메시지를 해독하려고 서두른다. 그 모습을 한번 상상해 보자. 루피너스, 흰색 헤더, 그리고 동자꽃으로 꽃다발이 구성되었다면 '당신이 바라는 모든 일에 행운이 가득하길 바랍니다'라는 좋은 의미로 해석할 수 있다. 반면에, 참제비고깔(거만한), 수국(무정한), 서양협죽도(조심해), 바질(당신을 증오해), 그리고 벌노랑이(복수)로 꽃다발을 만들어 보냈다면, 수신인은 선물을 받은 것이 아니라 경고성의 메시지를 받은 것이다. 이러한 사례는 빅토리아 사회에서 꽃이 사람들의 감정과 생각을 전달하는 매개체가 되는 소통 방식이 유행했음을 단편적으로 증언해 준다. 빅토리아인들의 삶은 일종의 암호화된 언어, 즉 꽃의 언어와 분리할 수 없이 연결되어 있었다. 게다가 사회언어학적인 면에서 보자면 빅토리아 시대의 문화, 제도, 관습이 그들의 언어생활에 침투되고 반영되었던 것은 자연스러운 현상이라고 할 수 있다. 가부장주의적인 빅토리아 사회에서 꽃의 언어는 궁극적으로 여성과 꽃을 깊이 연관시켜서 규범적인 여성성을 주입하는 이데올로기로 귀결하게 된다. 그렇다면 꽃 이데올로기가 무엇인지 정의해보자. 꽃 이데올로기는 꽃을 상징화하고 관념화함으로써 사회 구성원들의 의식, 행동, 생활 방식을 제약하는 사상체계이다. 이 정의를 따르면 빅토리아 사회는 실로 꽃 이데올로기가 만개한 사회상을 보여준다고 할 수 있다.

빅토리아 시대의 꽃 이데올로기를 분석할 때, 사람의 경우 '길러진' 그리고 식물의 경우 '재배된' 의미로 사용되는 영어 단어 'cultivated'는 의미심장한 말이다. 왜냐하면 꽃 이데올로기의 전형을 지시하는 동시에 그 의미를 함축하고 있기 때문이다. 다시 말해서, 빅토리아 시대인들의 꽃에 관한 의식은 저절로 생성되거나 발달하는 것이 아니라 제도적으로, 관행적으로, 그리고 문학작품이라는 텍스트에 의해서 의도적으로 길러지고 함양되었다는 것이다. 이제 '텍스트적으로 함양된 꽃 이데올로기란 무엇인가?'라는 질문을 해야 할 때다. 이에 대해 '작가가 자연에 대한 상징적인 의미를 찾으려는 것과 마찬가지로 꽃에서도 도덕적이거나 시적인 특성을 찾고, 나아가 꽃을 매개체로 어떤 초월적인 진리를 독자들에게 독려하는 것'이라고 답변할 수 있겠다.

빅토리아 시대 교양 있는, 즉 꽃 이데올로기를 함양한 독자들은 소설 속 남자 주인공이 여자 주인공에게 하얀 동백꽃을 건네는 장면을 읽는다면, '완벽한 사랑스러움'이라는 그 꽃의 상징적 의미를 알기에 여성의 마음을 얻으려는 남자 주인공의 교묘한 선택과 그 장면이 갖는 선정성을 이해할 것이다. 이에 비해 현대의 독자들은 이러한 꽃의 선택이 갖는 의미를 작가의 주관적이거나 임의적인 선택이라고 여기기 쉽다. 한편으로, 빅토리아 시대 작가들에게 이러한 꽃의 상징적 의미는 도덕적 가치, 사회적 지위, 그리고 사회 집단의 정체성 등 그들이 문화적 지형도를 그리는 데 상당한 도움이 되었다. 그러나 다른 한편으로 꽃의 상징화를 여성과 연관시키며, 다시 말해, 꽃의 젠더 이데올로기를 통해서 여성의 영역을 가정으로 제한하고 장식과 재생의 역할을 강조하였다. 이렇듯 빅토리아 시대 꽃 이데올로기는 성차별주의적으로 여성을 자연화된 타자로 구분하고, 꽃처럼 섬세하고 순수하게 남성을 돌보는 순종적인 여성 특유의 이미지를 유효화하는 데 이용되었다.

한편 빅토리아 시대 대영제국의 확장과 급속한 산업화와 도시화는 역설적으로 자연에 대한 향수를 불러일으키고 빅토리아인들의 주의와 관심을 더욱 식물과 꽃으로 향하게 했다. 세계 각지의 식민지로부터 유입된 식물들로 다양해진 식물군과 더불어 식물학, 분류학, 그리고 찰스 다윈(Charles Darwin)의 진화 이론과 같은 과학의 발전과 정원과 원예에 관한 정기 간행물의 범람, 이러한 사회문화적 추세를 잘 반영하고 재현한 소설 등, 그야말로 빅토리아 시대는 전대와 다른 새로운 꽃 문화의 만개함을 보여주는 시대였다. 꽃 문화와 관련하여 꽃을 통한 상징적인 의미가 빅토리아 시대 사람들의 삶에 상당한 영향력을 미쳤다는 사실은 주목할 만하다. 구체적으로 빅토리아 사회는 꽃과 여성의 서로 뗄 수 없는 연관성을 상정하였고 "사랑, 구애, 결혼, 성, 생식과 관련된 식물 코드(botanical code)"(Chang 88)에 합의하고, 보편적으로 그것을 수용하였다.

코드화된 꽃의 상징적 의미는 꽃이 가지는 다양성을 축소시킬 수 있을 뿐만 아니라 이념과 제도에 부합하도록 영향력 있는 텍스트를 통해서 육성될 수도 있다. 요컨대, 꽃의 상징적 의미는 이념적으로, 그리고 제도적으로 만들어질 수 있다는 것이다. "꽃은 어떤 것도 상징할 수 없다"(47)는 자크 데리다(Jacques Derrida)의 주장을 빅토리아 시대 꽃의 상징적 의미에 소급해서 적용해 보면, 꽃에 부여한 상징적 의미란 자연 속에 실재하는 꽃을 "일률적이고 견고한 상징 체계 속에 가두어서 생기 넘치는 다양성을 사라지게"(Sartiliot 27)하는 임의적인 것일 뿐이다. 빅토리아 시대의 사회제도, 특히 가부장 제도는 많은 부분에서 여성과 꽃의 동일시를 전제하고 있음을 보여준다. 이러한 점을 주목한다면 꽃의 상징적 의미는 여성주의적 시각뿐만 아니라 생태주의적 시각에서도 비평적 재고의 필요성을 다분히 갖고 있다고 할 수 있다.

빅토리아 시대 사람들의 꽃에 대한 인식은 기술과 과학에 입각한 진보적인 문헌뿐만 아니라, 마이클 워터스(Michael Waters)의 주장에 따르면 "식물의 도덕적, 시적 특성에 관한 철학적 연구물"(117)에 의해서도 형성되었다. 꽃을 인식하는 방법으로 기술과 과학이 아닌 다른 대안을 찾는 노력은 종교가나 작가들에 의해 주도되었고, 그중에서 러스킨은 주로 성경해석에 기초한 꽃의 상징적인 의미를 통해서 대중의 의식 교화에 힘썼다. 자연의 존재를 신이자 아버지로 보는 러스킨의 위계적인 자연관에서 꽃과 여성은 각각 수동적인 대상이 되며, 꽃에는 도덕적·미학적인 의미가 부여되고 여성에게는 이상적인 여성상이 제시된다. 여성을 대상으로 한 러스킨의 훈화에 대해 비판적인 울프는 자신의 아버지와 동시대 남성인 러스킨을 "19세기의 우리 아버지들"("Ruskin" 1)이라 칭하고 그들에 의해 권장되는 이상적인 여성상이 "집안의 천사 죽이기"을 주장하였다. 울프가 가부장적인 러스킨의 글을 비판한 것과 달리, 마크 프로스트(Mark Frost)는 러스킨의 꽃에 관한 사색과 글을 "발생기의 생태학적 사고"(1)로 평가한다.

러스킨의 글에서 생태학의 원형으로 보이는 것과 비평가들이 울프의 글에서 생태여성주의의 원형으로 지적해 왔던 것을 생태주의 비평의 관점에서 교차 비교해 보고자 한다. 먼저 복음주의와 생태주의가 혼재한 러스킨의 글로부터 초기 생태학의 싹으로 볼 수 있는 부분들을 찾을 것이다. 다음으로 꽃의 상징화와 의미화에 집중하면서 러스킨의 글과 그의 글에 대한 울프의 비평을 함께 읽고 여성과 식물에 대한 러스킨의 본질론적 이해—그는 섬세함과 돌봄에 있어서 여성의 우월함을 찬양한다—를 생태여성주의의 관점에서 재고할 것이다. 울프가 에세이 「후원자와 크로커스」와 소설 『댈러웨이 부인』에서 꽃을 통해 또는 꽃 그 자체를 재현한 것과 러스킨이 여성과 꽃을 연관 지어 인식하는 방식을 비교하며 읽고, 생태주의 비평의 관점에서 각각의 수용 가능성과 한계를 밝히고자 한다. 끝으로 꽃이라는 "교점"(nodal point, Sartiliot 5)을 통해서 자연과 여성의 동일시에 대한 비판뿐만 아니라 자연과 인간의 동반자적 관계를 생각하는 기회를 얻고자 한다.

2. 러스킨의 전체론적 꽃 이데올로기와 얼음 속에 핀 꽃

빅토리아 시대 꽃 문화 보급 및 확산의 첨병이라 할 원예 출판사들은 원예에 관한 기술적인 내용에 국한하지 않고 식물의 도덕적, 시적 특성에 관한 철학적 고찰과 종교적인 내용까지도 다루었다. 그중에서 기독교 이미지가 배어 있는 꽃말에 관한 책들은 꽃의 일상적 사용 방법에 대한 소개가 아니라 꽃을 매개체로 하여 초월적인 진리에 대한 종교적 신념을 표현하고, 독자들에게 그러한 진리를 숙고하도록 독려하는 경향이 있었다. 자연에 대한 상징적 해석에 기초해서 꽃 그 자체에 언어적 특질이 있는 것으로 상정함으로써, 여성의 여성스러운 이미지를 부각시키고 남성의 남성적 미덕을 강조하였다. 이렇듯 꽃의 상징적 의미화에 있어서 꽃의 엄밀한 식물학적 성질과는 거리가 먼 성차를 강조하는 방식으로 꽃 이데올로기가 전파되고 조장되었다.

워터스는 꽃 이데올로기를 빅토리아 사회의 "탈출 충동과 상징적인 세계관을 되살리려는 충동"(119)과 무관하지 않다고 설명하면서, 대표적인 예를 러스킨에게서 찾는다. 러스킨은 케이트 그린어웨이(Kate Greenaway)의 1870년대와 1880년대 삽화로부터 "산업화된 영국에서 빠르게 사라져가는 환상과 미를 구성하는 요소들을 복원"(Waters 119)하려는 시도를 높이 평가하였다. 러스킨 자신 또한 미적 요소들의 복원뿐만 아니라 상징적인 세계관의 복원을 위해서도 부단히 노력하였는데, 『베네치아의 돌』에서 우주의 무한한 진리에 다가가려는 인간의 시도를 "초원에서 제비꽃 한 송이를 따"(9.409)[1]는 것에 비교하면서 꽃의 상징적 의미를 찾고 그것을 통해 자연의 진리를 탐구하고자 했다. 이뿐만 아니라 러스킨은 자신의 광범위한 식물 연구의 결과물인 『프로서피나』에서 식물에 대한 세밀한 관찰과 세부적인 내용을 정확하게 기록하려고 노력하였다. 그러나 식물에 대한 그의 접근법은 경험주의 과학자들과는 사뭇 달랐고, 『근대 화가론 제4권』(*Modern Painters IV*)의 풀과 꽃의 형태와 특성을 기술한 부분에서처럼 "예술과 신화 그리고 성경에 의해 형성된 분류체계"(Waters 120)에 기초한 유형에 의존하는 바가 컸다.

러스킨은 아름다운 꽃과 녹색 나무에서 "창조주께서 사람들이 살도록 정하신 장소로 안내하는 적절한 안내자"(25.265)를 발견한다. 이러한 식물에 대한 러스킨의 견지는 과학적이기보다 종교적인 신앙심

1) 이후 러스킨으로부터 모든 인용은 Cook, E.T. and Wedderburn, Alexander, eds. *The Library Edition of John Ruskin's Works. 39 vols.* George Allen, 1903-1912부터이며 괄호 안에 권 번호와 페이지 번호의 형태로 표시함.

에 치중되어 있고 빅토리아 시대의 모든 기계론적 과학에 대한 반대와 식물학자에 대한 반감을 보여준다. 그런데 생태학의 발생기에 나타난 특징들을 고려한다면, 러스킨의 식물을 영성으로 이해하려는 태도 그 자체를 비과학적이라고 부정적으로 평가하기가 어렵다. 19세기 중엽에 발생한 생태학은 과학적인 부분뿐만 아니라, "사회적, 미학적, 그리고 영적인 부분까지 아우르는 전체론적 태도를 옹호"(Frost 1)하는 경향이 뚜렷하였다. 초기 생태학적 관점으로 러스킨의 글을 읽기 위해서, 구체적으로 러스킨의 자연 관찰과 탐구, 그리고 그의 미학과 복음주의 신앙의 불가분성이 내포하고 있을 생태학적인 의미의 파악을 위해서, 이런 전체론적 태도의 이해는 대단히 중요하다.

러스킨은 과학적 분류학에 대한 대안으로 성경 외에 신화와 식물학을 결합한 "꽃 신화"(Campbell 115)를 통해 식물의 유형을 분류하고 자신만의 명명법을 확립하고자 했다. 러스킨은 자신의 식물 연구서인 『프로서피나』의 제목을 고대 그리스의 신화에 등장하는 페르세포네(Persephone)와 동일한 도상학과 역할을 가진 여신의 로마식 이름으로 정했는데, 엘리자베스 캠벨(Elizabeth Campbell)이 주장하듯이, 이는 자신이 사랑했던 여성 로즈 튜슈(Rose La Touche)를 프로서피나와 동일시하고 그녀의 죽음을 애도했던 사실과 무관하지 않다. 『프로서피나』는 여성, 식물, 그리고 꽃의 여신으로 이뤄진 등식에 기초한 러스킨의 "신화-식물학적 사고의 진화"(Campbell 115) 과정을 보여준다. 신화-식물학적 사고의 진화는 독을 가진 가지과 식물의 변화·성장 과정, 즉 독의 유무를 통해 악한 식물에서 선한 식물로 도덕적 가치 판단이 바

뀜과 동시에, 존재의 부정에서 존재의 인정으로 변화하는 과정으로 설명된다. 좀 더 구체적으로 설명하자면, 러스킨이 "꽃, 로즈(Rose), 성, 사랑, 죽음이 모두 복잡하게 연관"되어 있음을, 그리고 "자연 속에 삶과 죽음, 아름다움과 끔찍함이 궁극적으로 분리될 수 없이 함께 있음" (Campbell 126)을 인정하고 수용하게 되는 과정을 보여준다.

한편 신화를 인유 또는 인용하는 러스킨의 방법론에서 1970년대 문화적 페미니즘의 여신 숭배의식 발굴과 에코페미니즘의 전체론 강조, 그리고 대지의 여신, 가이아(Gaia)에 관한 강조 등과 같은 특징들을 찾을 수 있다. 이런 점에 비추어 러스킨의 꽃 신화를 울프의 여성 등장인물과 꽃에 관한 신화적 재현과 비교해 볼 수 있다. 『등대로』(*To the Lighthouse*)에서 램지 부인(Mrs Ramsay)은 생명력이 충만한 꽃이나 나무, 그리고 여신으로 그려지는데, 울프는 피었다가 지고, 그리고 다시 피어나는 신화 속 식물처럼 『등대로』에서 램지 부인의 삶과 죽음이 분리할 수 없이 이어짐을 보여준다. 이와 마찬가지로 러스킨은 신화와 식물학적 사고가 연결된 그의 독특한 꽃 신화를 통해서 자연에 내재된 진리, 즉 삶과 죽음, 아름다움과 추함, 그리고 선과 악이 공존한다는 전체론적인 입장을 견지한다. 빅토리아 시대의 대표적인 사상가인 러스킨의 꽃 신화와 20세기 모더니즘을 대표하는 페미니스트인 울프의 꽃 신화가 각자의 서사 전략에 따라 다른 의미의 꽃 이데올로기를 전달하고 있다고 하더라도, 꽃과 여성의 친연성과 전체론적 관점을 통해서 자연과 삶에 다가간다는 점에서 유사성을 찾을 수 있다.

러스킨은 『프로서피나』 1권 4장에서 고전 시대부터 여성의 머리를 화환으로 장식하는 관습을 통해서 꽃의 본질을 정의하려고 하였다. 그에게 꽃으로 장식하는 것의 의미는 단순히 기분을 좋게 하는 것이 아니라 어울림과 점잖음과 같은 품위와 관련된다.

> 머리에 화환이나 화관을 쓰는 것의 이런 효력은 고전 시대로부터 사람들에게 사라지지 않고 남아 있다. 그 모습에서 나에게 가장 인상적이었던 것은 유쾌함이 아니라 위엄이었고, 그것은 진정한 의미에서 장식의 우아함과 점잖음이었다. 활력을 잃은 도시의 폐허와 현재 그것을 재건하는 사람들의 작업으로 인한 더 심각한 황폐함 가운데, 적어도 명예와 질서를 보여주는 한 가지 요소는 있었고, 이런 것에는 기쁨의 요소가 들어있다. 이것들이 꽃 자체의 진정한 의미이다. 그것은 식물과 관련된 최상의 정화이며, 최고의 훈육이다. (25.249)

러스킨은 산업화로 인해 황폐해진 도시를 이전의 모습으로 복구하는 과정에서 "명예"와 "질서"를 중요시했는데, 이와 다르지 않게 꽃의 순수성과 품위가 지켜졌을 때 그것으로부터 즐거움을 얻을 수 있다고 주장한다. 그의 사상에서 미학적인 것과 신성한 것은 분리되지 않기 때문에 꽃과 관련된 "최상의 정화"로써 고결하고 거룩한 "최고의 훈육"이 가능하게 된다.

러스킨은 『참깨와 백합』과 『먼지의 윤리: 결정화의 요소에 대한 어린 주부들을 대상으로 한 10개의 강의』(*The Ethics of the Dust: Ten Lectures to Little Housewives on the Elements of Crystallisation*)처럼 『프로서피나』를 쓸 때도 여성 청중을 염두에 두고 있었기 때문에, "최고의 훈육"을 필요로 하는 대상은 여성이 된다. 러스킨은 "당시 만연해 있던 식물의 생식 부분에 초점을 맞춘 식물학 용어"(Campbell 122)에 거부감을 느끼고, 그의 식물학 연구에서 생식과 관련된 표현을 의도적으로 피했을 뿐만 아니라, "식물의 생식에 관한 표현들은 순수하지 않고 품위를 저하할 수 있는 연상 작용"(25.201)을 일으켜서 마음의 신성함을 훼손시킬 수 있다는 이유를 들어 부정하였다. 러스킨의 "씨앗이 꽃의 목표가 아니라 꽃이 씨앗의 목표"(25.250)라는 진술이 의미하듯이, 러스킨은 "최상의 정화"를 씨 퍼뜨리기, 꽃가루받이, 열매 맺기와 같은 번식이 아니라 꽃 그 자체로 생각했다. 즉, 러스킨은 식물이 에너지를 모아서 꽃을 피울 때가 꽃의 생명력이 가장 강하고 바로 그때가 최고의 정화를 이루는 순간이라고 보았던 것인데, 이러한 그의 견해를 통해서 꽃과 마찬가지로 여성의 성도 부정된다는 것을 알 수 있다.

러스킨은 순수성의 가치를 꽃의 정화와 여성 교육의 필수요건으로 강조하였다. 러스킨의 『참깨와 백합』에 수록된 두 강연문 중 1864년 맨체스터에서 했던 강연인 「여왕들의 정원」에서, 그는 백합처럼 순결한 여성의 영역을 "자애로운 힘에서 비롯된 질서와 아름다움"으로 다스리는 "여왕의 정원"이라 부르며, 정원의 꽃을 돌보듯이 가정의 안과 밖에서 질서와 아름다움을 지키는 것은 여성이 "정당하게 소유할 권력"(18.111)이라고 주장한다. 1960년대와 1970년대 페미니스트 비평가들은 「여왕들의 정원」을 여성성을 억압하는 빅토리아 사상의 대표적인 예로 여겼다. 대표적으로 케이트 밀렛(Kate Millett)은 여성의 순수성을 위한 러스킨의 지도 원칙을 비판하였다. 구체적으로 밀렛은 가정을 벗어난 여성에 대해서 울타리도 없이 사나운 바람에 떨고 있는 어두운 밤거리의 부러지고 찢긴 연약한 꽃과 정원에서 여성으로부터 관심과 사랑을 받고 그에 대한 보상으로 여성을 축복해 주는 꽃으로 구분하고 대비하는 러스킨의 은유적 수사를 매춘부와 숙녀에 대한 대비로 보았다. 밀렛에게 정원의 꽃에 빗댄, 즉 정원의 꽃을 사용한 러스킨의 은유적 수사는 여성의 사회적 행동을 울타리 안으로 구속하려는 빅토리아 시대 남성의 강박적인 환상에 지나지 않는다.

러스킨이 「여왕들의 정원」에서 강조한 남성과 여성의 성적 차이는 페미니스트 비평가들의 비판을 불러일으키기에 충분했다. 러스킨에 의하면 남성은 "행동가, 창조자, 발견자, 방어자"로서 지적인 사고와 모험을 위한 힘을 가지고 "열린 세계에서 거칠게 온갖 위험과 시련과 부딪치며 항상 단단해져야"하는 것에 비해, 여성의 힘은 "기분 좋게 정리, 준비, 결정"하는 것에서 나오며 "남성으로부터 그리고 여성 자신이 다스리는 집의 범위 내에서 보호받는다"(18.121-22). 일견 양성에 대한 명확한 구분처럼 보이는 러스킨의 주장은, 데이비드 손스트롬(David Sonstroem)의 러스킨에 대한 변호에 의하면, 빅토리아 시대의 성적 고정관념에 비추어 "이례적"으로 여성의 힘을 인정하는 것, 다시 말해서, "여왕들의 정원"이라는 표현 그대로 "통치자의 지위를 여성에게 부여하는 것"(287) 이다. 밀렛은 오히려 러스킨이 청중인 여성들 모두를 "여왕"이라 부르는 것을 거슬리게 받아들이고 "아주 후한 아부" 이자 "반항하는 여성들을 억누르기 위해 기발한 억압 기제"(287)라고 비판한다. 이에 대해서 손스트롬은 급진적인 페미니스트 중 한 명인 밀렛의 러스킨 비평에 맞서 그의 입장을 옹호한다.

“여왕의 정원”이라 이름 붙여진 영역 내에서 행사되는 여성 특유의 권력은 여성들의 돌보는 손길이 필요한 존재들에 대한 도덕적인 책임—꽃과 아이를 기르고 가족을 돌보는 것—이 전제되어 있다. 그런데 “선한 여성의 길은 꽃들로 가득 차 있지만, 꽃들은 그녀의 발걸음 앞이 아니라, 뒤에서 피어오릅니다”(18.141)라는 러스킨의 글은 여성의 영역과 여성의 돌봄의 대상을 설정할 때 논란을 불러일으켰다. 손스트롬에 의하면, 러스킨은 여성이 집 문을 나서서 세상을 향해 나아갈 때라야 비로소 진정한 여왕이 되며, 따라서 여왕의 정원 범위는 세상으로 확대되고, 동시에 세상 전체가 여왕의 돌봄의 대상이 된다고 주장한다는 것이다. 주목할 만하게도, 엘리자베스 창(Elizabeth Hope Chang)은 「여왕들의 정원」에서 러스킨이 특별하게 자주 거명하는 꽃들이 야생화가 아닌 정원에서 재배된 꽃이라는 사실을 지적한다. 창은 울타리로 둘러싸인 영국식 정원에서 길러지는 꽃과 빅토리아 가정에서 자란 여성 사이에서 이루어지는 “서로 상대를 만들고 인정하고 기르는”(96) 행위로부터 얻은 주체성에 대해 회의적이다. 결국 여성에게 세상을 향해 나아가 올바른 돌봄의 행위 주체로서 여왕이 되라는 러스킨의 훈화는 정원이라는 제한된 공간과 돌봄으로 한정된 자유에 관한 문제로 다시 돌아가게 되어서 설득력을 얻기 어렵다. 이렇듯, 러스킨이 여성의 영역을 베스타(Vesta) 여신의 영역 내로 제한하는 것은, 비록 그의 꽃에 대한 정서적이고 독특한 주장에도 불구하고, 빅토리아 시대 가부장주의와 깊이 연루된 것으로 이는 울프는 물론이고 페미니스트들의 비판을 초래하였다. 그럼에도 불구하고 돌봄에 동반하는 책임과 능력을 여성 특유의 자질로 보고 남성의 능력보다 더 높게 평가하는 러스킨의 입장은 돌봄의 윤리를 강조하고 그와 관련해서 여성에게 특권을 부여하는 페미니스트와 에코페미니스트들의 입장과 근본적으로 다르지 않다.

여성의 교육과 역할에 대한 러스킨의 글과 강연은 전후 세대인 울프에 의해서 구세대의 "설교"("Ruskin" 8)로 비판받고 거부되었던 것은 사실이지만, "모든 생명체를 제대로 사랑하는 것은 물론이고 그들을 공경하라"(4.100)는 그의 주장에 담긴 의미의 깊이를 생태주의 비평의 관점에서 새겨보지 않을 수 없다. 울프조차도 경탄해 마지않았던 러스킨의 자연과 생명체에 대한 사랑과 열성은 총 39권의 책을 통해 구현되었는데, 프로스트는 이 방대한 저술로부터 초기 생태학과 관련된 부분들을 찾아서 원형적 생태주의의 특성을 규명하려고 하였다. 그가 지적하는 초기 생태주의자로서 러스킨의 특징은 무엇보다도 자연을 예리하게 관찰하면서도 과학적 객관성이 아니라 정서적인 공감을 강조한다는 점이다. 그런데 프로스트가 주목하는 러스킨의 "자연 읽기"(4)는 책을 정독하듯이 꽃을 포함한 자연물들을 세밀하게 관찰하는 것으로 자연의 신성한 진리를 찾는 윌리엄 워즈워스(William Wordsworth)의 시 쓰기와 「큐 국립식물원」("Kew Gardens")에 서 볼 수 있는 울프의 식물 관찰 및 묘사와도 크게 다르지 않다.

러스킨의 자연 읽기는 "미적 특성, 내포된 시적 의미, 분류학적 지위, 구조적 기능 또는 신의 창조에 대한 역할"(Frost 5) 등을 찾는 시도이자 이러한 것들을 조화롭게 수용하고자 하는 접근으로 볼 수 있다. 프로스트의 연구에 의하면, 러스킨은 미학적인 면에서 자연에서 찾은 아름다움을 "전형적인 미"(typical beauty)와 "생명력을 가진 미"(vital beauty, 5)로 분류한다. 전자는 돌, 꽃, 동물, 인간을 구분하지 않고 절대적으로 동일한 미의 전형으로 신의 속성을 가진 아름다움이다. 후자는 살아있는 존재가 그 생명 기능을 충실하게 수행할 때 발견되는 아름다움이며, 『근대 화가론 제2권』(*Modern Painters II*)에서 러스킨이 밝히듯이, "인간(man)이 지닌 완벽한 생명력을 제대로 행사하는 일은 특히 더 즐거운 것인데 이런 종류의 아름다움"(4.64)도 포함한다. 따라서 "생명력을 가진 미"는 인간을 포함한 모든 살아있는 생명체의 생명력으로부터 공감할 수 있는 것이다. 러스킨에게 "생명력을 가진 미"는 공감의 다양한 공유를 가능하게 하는 것이기 때문에, 사람과 동·식물은 물론 바위, 그림, 건물까지도 더 넓은 생명공동체에서 상호 협력하는 신성한 참여자가 된다. 이렇듯이, 생명력을 가진 미를 "러스킨의 자연 읽기 방법론에서 가장 중요한 도구들 가운데 하나"(Frost 5)로 보는 것은 러스킨을 초기 생태주의자로 평가하는 단초를 제공한다.

러스킨의 미학과 디자인을 생태주의적으로 재해석한 라즈 슈피브룩(Lars Spuybroek)의 주장에 의하면, 러스킨의 "생명력을 가진 미"가 가지는 잠재력은 유기 생명체 너머 비유기 생명체까지 포함시켜서 우리를 환경과 공감할 수 있게 하는 데 있다. 생명력을 가진 미는 "우리와 사물을 하나가 되게 하는 상호작용에서 핵심적인 역할"(Spuybroek 146)을 할 수 있게 한다. 러스킨의 "생명력을 가진 미"가 비유기적 존재까지 수용할 수 있다면, 그의 자연관은 복음주의적이며 가부장적이고 위계적인 자연관(주로 페미니스트와 에코페미니스트의 시각에서 비판해왔던 주장)과 초기 생태주의적 자연관(프로스트의 견해) 사이에 위치하거나 어쩌면 생태주의로 볼 잠재력을 가진 것으로 생각해 볼 수 있다. 비록 그의 자연관이 유물론적 접근을 어렵게 하는 저 높은 곳, 즉 이상과 영성을 자주 지향하고 있긴 하지만 말이다. 그러나 러스킨은 자연환경의 복잡한 물질적 작용들에 몰두하면서 드물지 않게 "복음주의적 관심에서 멀어지기"(Frost 6)도 하는데, 바로 그러한 때 그는 무한한 변화와 무수한 관계로 이루어진 자연환경을 하나의 큰 체계, 생명공동체로 인식한다. 이러한 인식은 러스킨으로 하여금 생태주의자와 다르지 않게 자연환경 내에서 인간이 차지하는 위치를 재평가하게 한다. 러스킨이 얼음 속에 핀 꽃을 관찰하며 자연과 생명에 관해 관조할 때는 복음주의의 위계적 질서와 인간 중심주의적 자연관은 동요되고 도전받게 되는 순간이다.

생명체와 환경의 상호작용에 관한 러스킨의 초기 생태학적 생각이 어떠했는지를 알아보기 위해서, 그가 알프스의 이른 봄 눈 속에 핀 꽃을 본 후에 자연과 생명을 가진 존재의 아름다움에 대해 사색한 순간을 주목할 필요가 있다. 러스킨은 앵초과에 속한 꽃, 소다넬라 알피나(sodanella alpina)와 그것이 생육하는 환경과의 관계로부터 전형적인 미와 생명력을 가진 미의 개념을 정리하고 도덕적 진리와 생명력의 아름다움을 가르치려고 한다.

내 눈은 이미 때 묻지 않은 깨끗한 눈의 그러데이션과 선에서 찾을 수 있는 순수하고 고결한 전형적인 미의 본보기를 주목하고 있었다. 우리가 5월 초 로어 알프스에서 눈벌판을 지나갈 때 거의 찾을 거라고 확신할 때쯤 눈에 뚫려있는 두세 개의 작은 둥근 구멍을 발견하고 이 구멍을 통해서 가느다란 수심에 잠긴 섬세한 꽃 한 송이가 나타난다. 꽃잎의 끝이 술처럼 갈라져 있는 작은 진보라색 종 모양의 머리를 아래로 숙인 채 가느다란 수심에 잠긴 연약한 꽃은 갈라진 얼음 틈 위로 떨고 있다. 그 꽃은 마치 최근에 생긴 자기 자신의 새 무덤에 얼마간 놀란 듯이, 그리고 자신이 어렵게 얻은 승리 후에 매우 피곤해서 부분적으로 죽어 가고 있는 듯이 떨고 있다. 이러한 상황이라면 우리는 생명력이 없는 한가로운 구름 사이에서 받는 아름다움의 감동과는 완전히 다른 아름다움이 주는 인상으로부터 자연스럽게 감명받게 되거나 마땅히 감동해야 한다. 이제 우리에게 공감을 요청하는 소리가 들려오고, 이제 우리에게 도덕적 목적과 성취의 이미지가 주어진다. 사실 아무리 의식이 없고 지각이 없는 생물이 그렇게 요청하는 것처럼 보일지라도 우리 중 상황에 맞게 마음을 제대로 준비하거나 정신이 맑아서 분명하게 보는 사람이라면 누구나 애정이 있으면 들을 수 있고 숭배하는 마음이 있으면 오래 바라볼 수 있다. (4.146)

"때 묻지 않은 깨끗한 눈의 그러데이션과 선"은 알프스의 눈 덮인 벌판에 빛에 따라 만들어지는 음영과 눈벌판과 하늘의 대비를 통해 나타나는 선명한 선이며, 이러한 것들은 직관적으로 인지하는 형태 또는 형태의 특징과 관련된다. 러스킨은 "순수하고 고결한 전형적인 미의 본보기"로 눈과 구름, 하늘이 이루어내는 형태와 선을 제시하고, 자연환경 속에 신성한 본성을 나타내고 구현한 이 전형적인 미는 보는 사람을 미적으로 즐겁게 한다고 주장한다. 이에 비해 “갈라진 얼음 틈”을 비집고 올라와 핀 “가느다란 수심에 잠긴 연약한 꽃”이 나타내는 생명력이 있는 미는 형태가 아니라 표현, 좀 더 정확하게 말하자면, 생명력의 표현을 통해서 인지하게 된다. 그렇기 때문에 생명력이 있는 미는 “생명력이 없는 한가로운 구름 사이에서 받는” 인상이나 감동과 전혀 다른 감동을 줄 수 있다. 얼음 틈새에서 꽃을 피우는 놀라운 생명력을 가진 이 꽃은 식물학과 분류학상으로 알프스와 피레네산맥이 원산지인 프리물라과, 알파인 스노우벨(alpine snowbell) 종에 속한다. 생명력을 가진 이 꽃은 더 이상 과학의 관찰과 실험 대상이 아닌 보는 이에게 삶의 행복과 에너지를 표현하는 존재, 나아가 생명체에 의한 도덕적 진리를 표현하는 존재가 된다. 얼음 속에서 피어난 꽃은 “우리에게 공감을 요청하는 소리”와 “우리에게 도덕적 목적과 성취의 이미지”를 보내온다.

생명력을 가지는 미로부터 관찰자 또는 보는 이들이 “도덕적 목적과 성취”의 의무를 부여받는 것은 러스킨의 형이상학적 체계 내에 포함될 수 있다. 마찬가지로 전형적인 미로부터 신의 존재를 형상화하는 것, 즉 신성한 질서와 의도를 자연 속에 구현한 것을 발견하는 즐거움도 러스킨의 형이상학적 체계의 한 부분을 구성한다. 특히 생명력을 가지는 미로부터 도덕적 목적을 성취할 의무를 부여받는 것은 러스킨의 종교적 세계관(많은 부분 성경 해석학에 근거를 두지만, 창조론을 완전하게 수용하는 정도는 아니다)과 관련되어 있다. 이미 살펴보았듯이, 러스킨에 의해서 구분된 전형적인 미와 생명력을 가진 미는 형태와 표현으로 그 근거가 매우 다름에도 불구하고 형이상학적으로 명확하게 구분하기 어렵다. 왜냐하면 러스킨의 도덕적 진리에 대한 인식과 이성적인 것과 거리를 두는 정서적인 미학적 인식의 특성에 대한 그의 주장이 자주 조화롭지 않고, 일치하지 않는 것처럼 보이기 때문이다. 어쩌면 이러한 모순은 그를 초기 생태주의자로 볼 수 있게 하는 가능성을 열어주는지도 모른다. 다시 말해 형이상학적 이분법으로 명확하게 설명할 수 없는 그의 미학, 그리고 자연 읽기는 전체론적으로 접근하는 것을 가능하게 한다는 것이다.

프로스트는 러스킨의 전형적인 미와 생명력을 가진 미를 일종의 자매 미학(twin aesthetic)으로 보는데 이러한 시각은 러스킨이 자연환경의 아주 복잡한 작용을 관찰하고 탐구하면서 형이상학의 이분법과 위계적인 질서가 아닌 전체론적 시각과 태도를 통해서 생태주의자와 유사한 면을 보인다는 것을 설명하기에 효과적이다. 프로스트의 표현을 빌리면, 러스킨의 "자연의 설교 이해하기"(6)는 호모 사피엔스(Hómo sápiens)에게 특별하고 우월한 역할을 부여했다는 기독교 신앙을 공유하는 것이 아니라 모든 생명체를 살아있는 존재요, 행위 주체로서 "사랑뿐만 아니라 존경도 필요"(6)한 신성하고 위대한 존재 사슬의 일부임을 인정하는 것이다. 러스킨이 강조하는 "자연의 설교"는 관찰자가 살아있는 존재의 행복과 도덕적 중요성을 아름답다고 인식하는 메커니즘을 설명한다.

생태주의의 전체론적 입장과 다르지 않게 살아있는 모든 존재의 행복을 아름답다고 인식하는 것은 바로 공감을 말한다. 러스킨은 "최근에 생긴 자기 자신의 새 무덤"과 "자신이 어렵게 얻은 승리"와 같은 표현을 통해서 꽃의 숭고하고 장엄하기까지 한 생명력이 전해주는 미를 강조한다. 부연하자면 "무덤", "승리"와 같이 인간이 아닌 꽃에 대해서 마치 전투에 나간 사람인 양 의인화한 것은 "감정적 허위"(pathetic fallacy)—러스킨 자신이 자연물에 인간의 감정을 투사한 낭만시의 표현에 대해서 감상벽이라 비평하면서 만든 용어—라고 할 수 있지만, 이 구절에서는 오히려 독자의 감정이입과 상상력을 자극하면서 공감을 불러일으키는 데 효과적이다. 러스킨의 생명력이 있는 미를 바르게 이해하기 위해서, 그것이 미학적 개념으로서 가지는 의미뿐만 아니라 생태주의적 시각과 태도와의 관련성도 이해해야 한다. 생명력이 있는 미는 인간의 기준으로 "의식"도 "지각"도 없는 식물이 보여주는 꽃을 피우려는 노력과 힘을 인간과 크게 다르지 않은 "친숙한 어떤 점"(Frost 8)으로 인식하게 한다. 즉 생명을 가진 존재들의 생을 위한 노력은 꽃이나 인간이나 같다는 인식, 즉 생태계의 일원으로 함께 살아가고 있다는 사실을 겸허하게 받아들이게 된다. 이어서 들리는 "공감을 요청하는 소리"는 주체와 대상, 인간과 인간이 아닌 것 사이의 경계를 희미하게 지운다. 다시 말해, 공감을 요청하는 주체가 신인지 꽃인지, 그리고 프로스트도 지적하듯이 "숭배의 대상이 신인지 꽃인지"(8) 분명하게 판단하기는 쉽지 않게 된다. 이런 식으로 러스킨은 공감이라는 점에서 후대에 있을 주체와 대상의 이분법적 구분의 해체를 예견하는 듯하다. 러스킨은 비록 "의식이 없고 지각이 없는 생물"일지라도 생명력이 있는 아름다움을 보일 때, 인간은 그로부터 힘과 즐거움을 경험하게 됨을 설교한다. 러스킨이 들려주는 "자연의 설교"는 눈 속에 핀 꽃이 보여준 생의 의지와 그 아름다움에 대해 공감을 불러일으키게 하면서 동시에 "도덕적 목적과 성취"로 독자들의 주의를 환기한다. 생태주의의 전체론 쪽으로 좀 더 경도된 러스킨에게 꽃의 생명력이 전달하는 아름다움은 도덕적 선과 분리되지 않는다. 자연물에 대한 진실한 관찰자로서 러스킨은 꽃 한 송이라도 "애정"과 "숭배"하는 마음을 가지고 살필 때, 인간을 상층부에 두는 위계적인 질서에서 벗어나 모든 자연물과 대등한 관계망 속에 존재하는 인간의 위치를 다시 돌아볼 수 있음을 설파하고 있다.

3. 울프의 생태 여성주의적 저항과 꽃 속의 불꽃

빅토리아 시대의 꽃에 관한 담론들은 교육받은 중산층 이상의 구성원(대부분 남성)에 의해서 "정치적으로 순수하지 않은 꽃 이데올로기의 확산"(Waters 133)에 은밀하게 이용되었다. 러스킨이 꽃의 상징적 의미와 꽃과 관련된 가치를 교육할 때 이러한 정치적으로 순수하지 않은 꽃 이데올로기는 주로 이상적인 여성상과 결부되었다. 울프의 비판적 주장에 따르면, 러스킨의 꽃 이데올로기—가정과 실내를 장식하는 꽃과 마찬가지로 여성의 "장식적, 가정적 기능"(Waters 134)을 강조하며 순수하고 순종적인 여성으로 살면서 "남편과 연인을 위해 섬세하고 정제된 기능"(Waters 136)을 수행해야 한다는 사상—는 "빅토리아 여왕 시대의 모든 집에 있었던"("Professions" 59) 천사이자 "유령"

(“Professions” 58)의 모습으로 체현되어 여성의 삶을 제한해 왔다. 그런데 이 천사 또는 유령은 여성의 모습으로 출몰한다. 울프는 이 천사이자 유령인 존재와 전문직 여성의 숙명적인 대결에 대해서 “만약 내가 그녀를 죽이지 않으면 그녀가 나를 죽일 것”(“Professions” 59)이라는 변호와 함께 ‘집안의 천사 죽이기’를 전문직에 종사하려는 여성이 해야 할 선행 과제로 지적했다.

가정과 정원에서 아이와 꽃을 돌보는 여성은 울프의 삶에서뿐만 아니라 그녀의 소설 작품에서도 자주 등장한다. 빅토리아 시대의 가부장 사회에서 바라보는 이상적인 여성상은 울프 자신의 어머니, 줄리아 스티븐과 같은 실제 인물과 『댈러웨이 부인』과 『등대로』와 같은 소설 속 여성 등장인물들을 통해서 만나볼 수 있다. 『댈러웨이 부인』에서 파티가 끝나갈 무렵에 댈러웨이 부인은 자신의 어머니를 생각할 때 다른 어떤 모습보다도 “회색 모자를 쓰고 정원을 거니시는”(193) 모습을 먼저 떠올린다. 남몰래 눈물짓는 댈러웨이 부인에게 어머니는 정원과 분리할 수 없는 존재로 전형화되어 있는 것이다. 이와 다르지 않게 울프의 아버지 레슬리 스티븐 경이 『영묘서』(*Mausoleum Book*)에서 아내의 죽음을 추모할 때도 정원에서 꽃을 돌보는 줄리아를 자주 떠올린다. 프랭크 리비스(Frank Raymond Leavis)를 비롯한 여러 비평가가 지적하듯이, 울프는 『등대로』에서 램지 부인의 성격묘사를 통해서 어머니를 부활시켰다.

울프의 어머니는 빅토리아 사회가 이상적으로 여기는 여성의 전형을 보여주는데, 『등대로』의 램지 부인과 관련된 표현들은 이상적인 여성상에 관한 러스킨의 글이나 강연의 내용과 중첩되는 부분이 적지 않다. 램지 부인은 “장밋빛 꽃이 피는 과일나무”(42)와 같이 아름다움과 생명력을 가진 존재로 묘사된다. 그리고 “가정의 온기”와 남편이 “원하는 동정”(41)을 주고 난 후, 그녀의 몸은 “꽃잎이 한겹 한겹 오므라지듯 수축한다”(42)와 같은 표현에서 볼 수 있듯이, 러스킨과 유사한 꽃과의 동일시를 볼 수 있다. 『등대로』에서 울프는 대리 모녀 관계인 램지 부인과 릴리 브리스코(Lily Brisco)를 통해 빅토리아 시대의 이상적인 여성상과 결혼관을 전후 세대의 변화된 여성상과 결혼관과 나란히 두고, 이데올로기가 어떻게 여성의 삶에 제약을 가하는지를 비판한다. 여기에 더해서 울프는 러스킨의 꽃 이데올로기를 주입하는 것에 대한 거부, 구체적으로 램지 부인의 결혼 권유를 뿌리치는 릴리를 통해서 이데올로기란 사회·역사적 요구에 따라 변하는 것임을 증언한다.

울프는 「러스킨」에서 러스킨을 “비난받아 마땅한 19세기의 우리 아버지들” 중 한 명이라 칭하고 나서 독자들이 러스킨 글에서 순수한 장점들을 얻으려면 『근대 화가론』이나 『베네치아의 돌』, 『참깨와 백합』이 아니라 『프라테리타』를 읽는 것이 좋다는 견해를 피력한다. 그 이유는 『프라테리타』에서 러스킨의 설교가 중단되었으며, 한결같이 온화하기 때문이다. 울프는 러스킨의 많은 글과 비교했을 때, 『프라테리타』에 사용된 “문체는 매우 단순하지만, 그 단순함이 완벽한 기량의 귀감”이며, “말이 러스킨의 의미 위에 투명한 베일처럼 놓여있다”와 같은 표현을 통해서 러스킨이 거의 글을 쓸 수 없을 때 쓴 자서전을 높이 평가한다. 울프는 러스킨이 자기주장의 "온화함을 잃지 않는 극히 단순한 문체"를 통해서 전달하는 『프라테리타』를 "거기"라고 지칭하면서, "그는 거기서 설교하거나 가르치거나 채찍으로 때리는 것을 그만두었다"("Ruskin" 3)라고 평가한다. 러스킨의 설교와 강한 훈육의 대상이 여성이라는 점을 다시 상기하면, 울프의 이런 평가는 러스킨에 관해 비평하는 글을 시작하면서 "19세기의 우리 아버지들은 무엇을 했기에 그렇게나 추궁당해야 했던 것일까?"("Ruskin" 1)라고 제기했던 질문에 대해 스스로 답변하는 셈이다.

울프는 러스킨에게 무거운 "예언자"("Ruskin" 2)의 짐을 지워서 평범한 삶으로부터 그를 고립시키고 결국 토마스 칼라일(Thomas Carlyle)보다 더 슬픈 삶을 살게 만든 문제의 원인을 빅토리아 시대가 요구하는 "위인"("Ruskin" 1)에 대한 과도한 기대나 의무감에서 찾아낸다. 에세이 제4권에 수록된 「후원자와 크로커스」와 「러스킨은 삶을 되돌아본다」에서 울프는 빅토리아 시대 위대한 남성으로 살아가야 하는 중압감이 어떻게 러스킨의 삶을 짓누르고 그의 재능을 변질시켰는지를 반복해서 언급하고 있다. 「후원자와 크로커스」에서 언급되는 작가와 세 가지 유형의 후원자 사이의 관계는 크로커스의 성장과 개화에 빗대어 제시되는데, 울프는 작가의 예술적 재능을 꽃피우기 위해서 어떤 후원자가 필요한지, 다시 말해 후원자에게 요구되는 자질이 무엇인지에 관해 진술하는 도중에 러스킨을 그릇된 후원자를 만나 "정신이 이상해질 정도로 괴롭힘을 당한"(209) 작가로 소개한다.

「후원자와 크로커스」에서 크로커스는, 빅토리아 시대 통용되던 크로커스의 꽃말과 달리, 작가가 자연물을 보고 느낀 감동과 그로 인해 갖게 된 작의를 나타내는 일종의 환유로 사용된다. 울프는 "켄싱턴 가든에서 그해 처음 발견한 크로커스로부터 받은 감동"(214)과 그것을 글로 옮기려는 작가의 의지가 후원자의 영향력에 따라 어떤 형태로 자라는지를 설명한다. 작가가 작가의 위치를 대중보다 우월하게 설정하도록 부추기는 후원자를 두었을 때, 그 작가의 크로커스는 "아름답고 빛나지만 고문당한 식물처럼 기형적"이 되고, "크로커스를 엄청나게 찍어 내는"『데일리 뉴스』(*Daily News*)와 같은 후원자는 작가의 크로커스를 "감탄스럽지만 아주 다른 식물"(214)이 되게 한다. 울프는 진정한 후원자의 요건 중에 "작가에게는 성별이 없다고 말할 수 있는"(215) 것을 포함시키는 데, 이는『자기만의 방』(*A Room of One's Own*)과『올란도』(*Orlando: A Biography*)에서 볼 수 있는 남과 여로 분리되지 않는 창조적인 힘의 양성론을 예고한다고 볼 수 있다. 단 한 송이일지라도 작가의 크로커스를 진짜 크로커스로 온전하게 지키는 후원자라면 "가르침을 받아 더 고상해지거나 더 나은 인간이 되기"(215)를 독려해서는 안 된다.

「러스킨은 삶을 되돌아본다」에서 울프는 러스킨의 대비되는 두 가지 특성이 그의 삶 속 모순을 드러냄을 지적한다. 러스킨은 이탈리아 문화에서 느낄 수 있는 생기와 온기를 동경하면서도 청교도의 질서와 청결함을 중요시하고, 이뿐만 아니라 "변화하는 구름과 떨어지는 물을 묘사하는 것을 한껏 즐기는 한편 현미경을 통해 아주 상세하게 보려고 끈기 있게 데이지꽃의 꽃잎에 눈을 고정"(503) 하기도 한다. 울프에게 러스킨은 평범한 삶을 거부하고 "카메라 루시다나 상아로 된 피트 자"(camera lucida or an ivory foot rule)에 비길 정도로 "몰개성적이고 자족적인"(504) 삶을 살면서 홀로 자연과 대면하는 사람이다. 울프가 대문자로 된 "대자연"(Nature)으로 명시하듯이, 러스킨에게 자연은 인간이나 사건을 둘러싸고 있는 배경에 그치지 않고 "신비롭고 경이로우며 숭고한 존재로서 주요한 위치를 차지한다"(504). 러스킨에게 자연은 숭고한 존재이고 꽃도 다르지 않다. 그가 정의한 "꽃이 갖는 존재의 본질"에서 중요한 두 핵심 요소는 "질서감"과 "순수성"이고 이와 더불어 "대칭", "균형", "꽃의 물질적 완벽성"(25.250)이 강조된다.

> 카이사르의 궁전에서 성령강림절에 땄던 작고 붉은 양귀비꽃 한 송이가 내 손에 있다. 매우 단순하지만 강렬하게 꽃다운 꽃. 온통 비단과 불꽃 같다: 주홍색 컵 모양에 어느 모로 보나 가장자리가 완벽한 꽃이 저 멀리 들풀 사이에서 보이는데 천국의 제단에서 떨어진 불타는 석탄처럼 보인다. 안쪽과 바깥쪽, 꽃 전체에서, 이보다 더 완전하고 흠잡을 데 없는 완전무결한 화형을 가질 수 없다. (25.254)

러스킨의 전형적인 미 개념은 "비단과 불꽃"에 견주는 붉은 양귀비꽃의 "강렬하게 꽃다운" 특성으로 설명된다. "질서"를 꽃의 본질로, "균형"을 꽃의 본질을 이해하기 위한 요소로 강조하는 러스킨의 전형적인 미는 붉은 양귀비꽃을 "천국의 제단에서 떨어진 불타는 석탄"에 비유하는 것에서 볼 수 있듯이, 그의 복음주의와 분리될 수 없다. 자연과 꽃을 숭고한 존재로 보는 러스킨의 자연관과 연관된 미학적 개념의 중요한 요소인 "균형"은 흥미롭게도 울프의 『댈러웨이 부인』에서도 다루어진다.

> 균형을 숭상하면서, 윌리엄 경은 자기 자신의 번영을 누렸을 뿐만 아니라 영국 전체를 번영시켰다. 영국의 광인들을 격리시키고 출산을 금지하고 절망을 처벌하였으며 부적응자들이 자신들의 견해를 퍼뜨리는 것을 불가능하게 했다. … 윌리엄 경은 이런 종류의 사례들에 대한 30년 경력과 항상 틀리지 않는 본능으로 이것은 광증, 이것은 정상이라고 진단했다. 사실 그 자신의 균형 감각에 맞으면 정상이다. (109)

"균형"은 정신과 의사인 윌리엄 브래드쇼 경(Sir William Bradshaw)의 두 여신–"개종과 균형"(109)– 중 하나이다. 브래드쇼 경에게 "건강이란 곧 균형"(108)이기 때문에 균형은 병증, 즉 광기를 진단하는 근거가 된다. 정신과 의사인 윌리엄 경이 신처럼 떠받드는 균형 감각은 명예와 부라는 그 자신의 개인적인 번영에 기여하고, 사회 전체로 확장하면 제1차 세계대전 후 영국 사회를 통제하기 위한 효율적인 지배 이념으로 기능한다. 이 효율적인 억압 기제에 의해서 포탄 충격으로 고통받는 참전군인인 셉티머스는 "격리"되고, 비정상으로 진단받은 여자는 "출산을 금지"당하고, "부적응자들이 자신들의 견해를 퍼뜨리지 못하게" 억압당하게 된다. 울프에게 "균형"은 인간 의식의 자유를 억압하는 것으로, 울프는 이에 강하게 저항한다. 대조적으로 러스킨은 미의 핵심적 요소로 균형을 강조한다. 이 둘의 차이를 애초에 문학과 미학이라는 다른 영역의 문제로 치부할 수도 있을 것이다. 그러나, 러스킨의 균형이 "환경을 통해 드러나는 신성한 질서와 의도"(Frost 6)에 대한 순응을, 그리고 울프의 『댈러웨이 부인』에서 "정상"으로 판정받기 위해서 균형 감각에 대한 순응을 요구한다는 점에서, 두 가지 균형을 나란히 분석하고 비평할 여지가 충분하다.

빅토리아 시대는 성에 관한, 특히 여성의 성에 관한 직접적인 표현을 금기시했던 것으로 알려져 있다. 이러한 시대 및 사회적 분위기 때문에 여성의 성적관심(sexuality)은 꽃의 상징적인 의미를 통해서 암호화되거나, 꽃의 이미지로 대체되는 경우가 많았다. 울프의 소설 속에서 여성의 성과 꽃의 생식은 전 시대인 빅토리아 사회의 가부장적 꽃 이데올로기와는 사뭇 다르게 재현된다. 울프는 부모 세대의 관념과 가치관에 도전하면서 꽃의 상징화된 의미와 이미지의 개정에 도전한다. 구체적으로 앞서 인용한 러스킨의 "천국의 제단에서 떨어진 불타는 석탄"과도 같은 신성한 양귀비는 "천국"과 "제단"으로 알 수 있듯이 복음주의와 연관된다. 러스킨이 그의 식물 연구서인 『프로서피나』에서 꽃이 식물의 생식 기관이라는 과학적 사실을 부정했던 것과 대조적으로 울프의 양귀비는 『등대로』의 버려진 정원에서 "스스로 씨앗을 뿌릴 대로 뿌리"(156)며 러스킨에 의해서 부정되었던 자신의 생식력을 왕성하게 발휘한다. 울프는 러스킨이 인정하기를 거부했던 식물의 생식력을 극적으로 회복시킨다. 울프의 양귀비는 전쟁의 파괴와 폭력이 초래한 인간 문명의 황폐함에도 불구하고, 그 왕성한 생식력을 통해서 불모의 땅에서 무성하게 자란다.

『댈러웨이 부인』에 등장하는 딸들은 질서와 균형을 숭상하는 러스킨의 꽃 이데올로기에 더욱 대담하게 도전한다. 샐리 시튼(Sally Seton)은 "한 번도 함께 꽃아 본 적이 없는 온갖 종류의 꽃들을 꺾어 가지고 와서 꽃송이만 따서 그것을 물이 담긴 수반에 띄우면서"(36), 헬레나 고모(Aunt Helena)가 보기에 "못된 짓"(37)을 저지른다. 빅토리아 시대를 배경으로 한 문학작품에서 자주 등장하는 남성이 여성에게 하던 구애 장면은 한 여성이 다른 여성에게 사랑을 표현하는 것으로 개정된다. 샐리가 꽃을 한 송이 꺾어 들고 클라리사(Clarissa)의 입술에 키스하는 장면의 등장은 빅토리아 시대 소설에서는 찾아보기 힘든 장면일 것이다. 게다가 성애적 묘사는 대담하기까지 하다. 클라리사의 "평생 가장 황홀한 순간"(38)을 재현하기 위해서 울프는 꽃과 불빛을 결합한 이미지를 통해 이 키스 장면을 묘사한다. 흥미롭게도 러스킨에게서도 꽃과 불빛을 결합한 예를 찾을 수 있었다. 러스킨은 "천국의 제단에서 떨어진 불타는 석탄처럼"과 같이 직유법을 통해서 양귀비꽃에 복음주의적 의미를 더하여 순수와 질서를 구현하기 위한 신성한 의무를 부과한다. 이것과 비교해서 울프는 크로커스 꽃과 성냥 불빛의 이질적인 결합을 통해서 러스킨의 순수와 질서를 흩트리는 동시에 찰나적으로 타오르는 동성 간의 성애적 흥분을 생생하게 시각화하고 있다.

> 그녀는 자신에게 부족한 것이 무엇인지 알 수 있었다. 그것은 아름다움도 마음도 아니었다. 그것은 중심에서부터 침투하는 것, 표면을 부수고 남녀 간의 또는 여자들과 함께 하는 차가운 접촉에 파문을 일으키는 따뜻한 것이다. 그녀는 그것을 희미하게 인식할 수 있었다. … 찰나적이지만 그것으로 족했다. 그것은 갑작스러운 계시, 뺨의 홍조

> 처럼 억제하려고 해봐도 퍼져나가기에 그 확산에 굴복하게 되고, 그리고는 그 말단까지 쇄도해 가서 전율하며 그 세계가 더 가까이 다가오는 것을 느끼게 된다. 어떤 놀라운 의미로 터질 듯 팽창되고 얼마간 황홀감이 가해지면 그 얇은 표피를 찢고 분출되어 나와 고통을 덜어주는 엄청난 힘을 갈라진 틈과 상처 위로 쏟아붓는 것이었다! 그 때, 바로 그 순간에 그녀는 하나의 빛을, 크로커스 꽃 속에서 피어오르는 성냥 불빛을 보았다. 숨은 의미는 거의 표현되었다. 그러나 가까이 있던 것이 물러나자 단단함은 부드러워졌다. 끝났다. 그 순간이. … 그러나 이 사랑이라는 문제는(그녀는 코트를 벗어 걸면서 생각했다), 여자들과 사랑에 빠지는 이런 것은. 샐리 시튼을 생각해 봐라. 예전에 샐리 시튼과의 관계를. 결국 그것은 사랑이 아니었던가? (34-35)

위 인용문에서 울프는 "그것"을 이탤릭체를 사용하여서 강조하였다. 아마도 직접적으로 성적인 언어를 사용하기보다 대명사 "그것"을 통해 에둘러 표현함으로써 "교육받은 남성의 딸"(울프 자신이 속한 계층을 나타내는 표현이다)로서 매너를 차리려는 것이거나, 독자들로 하여금 "그것"이 지칭하는 것을 파악하기 위해서 더 주의를 집중하게 하려는 것일 수도 있다. 실제로 "그것"은 "크로커스 꽃 속에서 피어오르는 성냥 불빛"과 함께 일반독자는 물론이고 비평가들도 어떻게 해석해야 할지에 관한 문제로 부심을 하게 했다. 이 특이한 꽃 이미지를 통해서 울프가 코드화한 암호를 해독하기가 얼마나 난해한지는, 엘리사 스팍스(Elisa Kay Sparks)의 "암호화된 꽃 이미지를 재 암호화"(Sparks 36)하는 것이라는 표현이 잘 보여준다. 울프는 러스킨의 도덕적 복음주의가 내포된 꽃 이데올로기가 꽃의 성(생식)뿐만 아니라 여성의 성을 무화시켰던 것에 대담하게 맞서며 여성 동성애 코드를 덧씌운다.

크로커스는 러스킨의 생명력이 있는 미의 표징이 된 눈 속에 핀 소다넬라 알피나와 같이 긴 겨울 동안 추위를 견디며 땅 위를 덮고 있는 눈을 헤치고 피어서 사람들에게 이른 봄을 알려주는 꽃이다. 울프는 이 봄의 전령사를 성과 젠더에 관한 빅토리아 시대의 관습과 전통에 맞서는 반항의 부호로 전용한다. 울프는 성장과 활력, 그리고 재생을 뜻하는 꽃말을 가진 크로커스에 성냥불 이미지를 융합시켜서 빅토리아인들의 의식과 생활 속에 널리 퍼져있던 꽃의 상징적 의미 체계를 교란하려는 것 같다. "크로커스 속에서 불타는 성냥"이라는 비현실적 이미지가 내포하고 있을 약호화된 메시지의 해독은 여러 비평가에 의해서 시도되었는데, 그중 엘리자베스 아벨(Elizabeth Able)은 크로커스 안의 성냥을 "능동적 여성 욕망의 이미지"(37)로 보며, 울프가 이 이미지를 통해서 "프로이트의 성 이분법을 융합"(37)하는 것으로 해석한다. 아벨의 주장에 따르면 "남성적이고 여성적인, 능동적이고 수동적인, 신성하고 세속적인"(37) 것이 모두 타오르는 성냥 불빛으로/에 녹아서 크로커스 안에 "융합"되어 있다. 에일린 배럿(Eileen Barrett)은 크로커스 꽃 속에 피어오르는 불빛을 프로이트의 정연한 이항 대립 체계 내에 억압되었던 댈러웨이 부인의 "가면이 벗겨"(146)지면서 동성애적 갈망이 표출되는 순간으로 보고, 주디스 루프(Judith Roof)도 크로커스 속 성냥 불빛에 주목하면서 "가면"을 키워드로 사용한다. 루프가 사용한 "크로커스의 이중 가면"(100)이라는 표현은 남근 모양의 수술을 역시 남근 모양의 꽃잎들이 감싸고 있는 크로커스 꽃의 형태에 착안한 것으로, 루프의 결론적 주장에서 불꽃과 함께 사방으로 퍼져나가는 "따뜻하고 밝은 빛"(106)이 꽃잎이 벌어지면서 드러난 "단단한 개체"(105)보다 더 강조된다.

정신분석학적 해석과 동성애 및 양성애적인 해석과 별개로 생물학적으로 크로커스 꽃은 암술 1개와 수술 3개가 꽃잎에 싸여 있는 식물의 생식 기관이라는 사실을 고려한다면, 러스킨의 꽃 이데올로기로 의도되는 것과 다르다 할지라도 울프 자신 또한 서술 전략적으로 꽃 이미지를 재창조한다고 볼 수 있다. 울프는 꽃과 관련된 관습의 속박에서 벗어나기 위해서, 다시 말해 빅토리아 시대의 꽃 이데올로기를 해체하기 위해서 꽃 이미지를 의도적으로 변형시킨다. 울프에 의해 변형된 크로커스 꽃은 실제로는 단수의 암술에 해당하지만, 형태상 수술과 닮은 성냥을 포함하게 된다. 이 암술이자 수술을 가진 양성적인 꽃을 통해서 울프는 "양성애의 성적 흥분으로 생성된 풍부한 상상력"(Sparks 45)을 보여준다. 『자기만의 방』에서 울프는 "어쩌면"을 사용하면서 "위대한 정신은 양성적"인데 하나의 성만 가진 정신에 적합하지 않고 뇌의 여성적인 부분과 뇌의 남성적인 부분은 "교제해야만 한다"(128)고 밝히고 있다. 하나의 몸에 공존하는 여성적인 면과 남성적인 면의 "교제"(intercourse)라는 울프의 글은 크로커스 꽃의 암술, 수술의 이미지와 미묘하게 겹치면서, 4년 뒤에 출판될 『자기만의 방』의 양성적인 마음의 창조성에 관한 울프의 주장을 예고하는 것으로 볼 수도 있다. 울프의 설명에 의하면, "양성적인 마음이란 공명이 풍부하고 침투성이 좋고 마음속에서 방해받지 않은 채 감정을 전달"하는 "창조적이고 빛을 발하며 분열되어 있지 않은 마음"(*A Room of One's Own* 128)을 말한다. 크로커스 꽃 속에서 피어오르는 성냥 불빛은 "창조적"인 빛을 발하는지도 모른다.

『댈러웨이 부인』에서 불꽃과 꽃의 융합된 이미지는 미스 핌(Miss Pym)의 꽃집에서도 등장한다. 스위트피와 장미를 보고 있던 댈러웨이 부인의 의식 속에 "모슬린 드레스를 차려입은 소녀"가 떠오르고, 곧 "안개 낀 화단에서 모든 꽃이 부드럽고 순수하게 저절로 불타오르는 빛나는 순간"(14)으로 이어진다. 울프는 댈러웨이 부인의 퀴어 정체성을 조명하기 위해서 꽃이 저절로 타오르며 빛을 발하게 하는 것 같다. 캘리 술츠바흐(Kelly Sultzbach)의 "동성애적 관점과 양성애적 관점으로 재현한 것은 생태주의 윤리에 대한 독특한 통찰력을 제공"(11)한다는 주장은 울프의 양성적 마음이 갖는 잠재력이 예술적 창조성뿐만 아니라 환경 의식과 환경윤리와도 관련됨을 시사해 주고 있다. 퀴어 생태학이 에코페미니즘의 연구로부터 생겨났다는 사실은 퀴어 정체성과 생태주의 윤리의 연관 관계를 유추할 수 있게 한다. 술츠바흐는 녹색 공간이 남성 동성애자에게 피신처와 해방공간을 제공했던 것과 비교해 여성 동성애자는 그런 대안적 공간을 제공받지 못했음을 지적하면서 울프의 글로 눈을 돌린다. 술츠바흐는 "울프의 글이 황홀함과 열정을 대체하는 순간을 창조하는 자연의 능력에 구체적으로 공감하고 그것을 성적 특질과 일치시키는 기법"(12)을 사용할 가능성에 대해 긍정적으로 예측한다. 이러한 예측을 술츠바흐가 언급한 "자연의 능력"을 꽃의 능력으로 대체할 때, 울프는 크로커스 꽃 속 성냥불이 타오르는 순간과 동성애의 황홀한 절정의 순간을 나란히 일치시키는 기법을 사용하면서 퀴어 정체성을 나타낸다.

『댈러웨이 부인』에서 재현된 댈러웨이 부인의 퀴어 정체성과 이성/비이성의 구분에 대해 제기된 강한 의문은 에코페미니즘에서 지향하는 이분법 해체의 범위에 포함된다. 이런 관점에서 보면 술츠바흐의 퀴어 생태학적 접근은 울프의 글에 생태주의적 의미를 부여할 수 있게 한다. 술츠바흐는 퀴어 생태학에서 장소와 섹슈얼리티를 두고 '자연스럽다', 다른 말로 '정상적이다'로 정의하는 것에 의문을 제기하고 자연과 섹슈얼리티에 관한 정상/비정상의 구분이 해체되는 것을 보여준다. 술츠바흐는 이성애를 자연스러운 성으로 정의하는 사회에 저항하는 예로써 자유를 찾아 녹색 숲으로 들어간 로빈 후드(Robin Hood)와 그의 남성 동성애자 무리를 소개하는 한편, "모더니스트 여성 동성애자는 숲에서 해방의 공간을 찾을 수 없었다"(11)고 주장한다. 그가 말하는 모더니스트 여성 동성애자를 댈러웨이 부인으로 생각할 때 "황홀함과 열정의 대안적 순간"(Sultzbach 12)을 찾는 공간이 숲이 아니라 꽃이라는 것을 알 수 있다. 울프는 꽃과 함께 구현된 댈러웨이 부인의 섹슈얼리티를 통해서 빅토리아 시대의 꽃 이데올로기에 저항한다. 울프는 꽃에 씌워진 상징적 의미를 조정하고 개정하면서 이분법의 구조에서 아래쪽에 자리하고 있는 여성과 자연을 꺼내 올려 남성과 문화와 나란히 재배치하고 있다.

4. 나오며

꽃과 여성에 관한 러스킨의 신조를 담은 글들을 생태주의 비평의 관점에서 정독했을 때, 빅토리아 시대의 저명한 사상가, 예술 평론가, 그리고 울프의 표현처럼 "19세기 우리 아버지"(1), 가부장인 러스킨에 대해 우리가 잘 인식하지 못했던 초기 생태주의자의 면모를 발견할 수 있었다. 프로스트가 지적한 "양면적인 관점"(1)은 자연과 신을 하나로 보는 위계적이고 복음주의적인 관점과 생태주의적 관점 사이에서 동요하는 러스킨의 입장을 설명해 준다. 러스킨의 위계적인 관점에서 보자면, 그의 꽃 이데올로기는 코번트리 팻모어(Coventry Patmore)의 시, 『집안의 천사』(*The Angel of the House*)가 여성들의 삶에 영향을 준 것에 못지않게, 울타리로 둘러싸인 공간을 여성의 영역으로 한정하고 돌보는 역할을 여성의 의무이자 권리로 알리는 것에 효과적이었다. 생태주의적 관점에서 보았을 때, 러스킨의 신화와 식물학을 결합한 꽃 이데올로기는 본질주의적이라는 비평의 근거가 되는 꽃과 여성의 친연성을 전제로 자연과 인간 삶을 전체론적으로 다룬다는 점에서 문화적 에코페미니즘과 유사한 면을 보여주었다. 특히 『등대로』에서 울프가 시도한 신화와 애가에 대한 해석과 『프로서피나』에서 러스킨이 보여준 "신화-식물학적 사고의 진화"(Campbell 115)는 빅토리아 시대의 아버지 세대를 대표하는 러스킨과 딸 세대에 속하는 20세기 페미니스트 울프를 계보학적으로 그리고 문화적 에코페미니즘으로 연결해서 생각해 보게 했다.

모더니스트이자 페미니스트인 울프에게 빅토리아 시대가 남긴 가부장적 전통과 관습들은 청산하거나 개선해야 할 과제였고, 그 가운데 러스킨에 의해 이상화된 여성상은 최우선 순위에 있었다. 그러나 러스킨과 울프가 자연이라는 대주제로부터 초점을 좁혀 꽃이라는 주제에 집중하면서 대화를 나눌 때, 그 둘은 서로의 다른 점만 아니라 닮은 점도 분명 찾을 수 있을 것이다. 이런 가정의 근거로 두 사람 모두 진실한 관찰자로서 보는 대상과의 거리를 좁히려고 애쓰며 공감력을 중요하게 생각했다는 것, 그리고 자연에 대한 이성적인 분석과 과학적인 접근에 부정적이었다는 것을 지적할 수 있다. 그러나 러스킨과 울프가 '균형'에 관해 서술했을 때, 러스킨은 미학적인 면에서 균형을 미와 분리할 수 없는 건강, 생명력으로 여기며 긍정하는 반면 울프는 모더니스트·페미니스트 서사 정치학적인 면에서 균형을 이성과 긴밀히 연계된 억압의 기제로 보고 부정한다.

러스킨이 알프스 산행 중에 발견하고 철학적으로 관조하는 꽃과 울프의 소설 『댈러웨이 부인』의 주인공인 클라리사가 과거를 회상하는 의식의 흐름 속에 존재하는 꽃은 현실과 의식, 혹은 다른 말로 상상이라는 공간적 차이뿐만 아니라 두 사람의 미학적인 차이도 분명하게 보여준다. 그러나 러스킨과 울프의 꽃 이데올로기를 비교 연구할 때 가장 분명하게 차이를 드러내는 것은 꽃의 생식과 여성의 성을 다루는 방식이다. 빅토리아 시대 아버지, 러스킨의 얼음 속에 핀 꽃과 20세기 모더니스트이자 페미니스트인 딸, 울프의 꽃 속의 불꽃은 얼음과 불이 나타내는 이미지와 느낌만큼이나 선명하게 대비되는 두 사람의 꽃 이데올로기를 전형적으로 보여준다. 아버지 러스킨이 얼음 속에 핀 꽃의 강인한 생명력과 환경을 극복하려는 노력을 통해 공감을 불러일으키며 도덕적 감화를 주는 자연의 설교에 귀를 기울이기를 요청했던 것에 비해, 딸 울프는 그가 설교를 그만두었을 때가 가장 좋았다고 한다. 딸 울프의 반발은 아버지가 금기시했던 꽃의 성을 회복시키는 것에서 그치지 않고 자신의 섹슈얼리티와 꽃의 성을 융합하기까지 한다.

"꽃은 어떤 것도 상징할 수 없다"(47)라는 데리다의 주장을 꽃은 꽃일 뿐 시대가 변하고 문화가 바뀌고 새로운 사조가 등장하더라도 그 실존적 의미는 달라지지 않으므로 꽃이 상징하는 것은 없다고 해석한다면, 꽃 이데올로기의 역사를 부정하는 것이 될 것이다. 러스킨의 "천국의 제단에서 떨어진 불타는 석탄"(25.254)을 닮은 양귀비와 눈 속에서 피어나는 생명력의 아름다움을 구현한 앵초과의 소다넬라 알피나, 그리고 울프의 불타는 성냥을 포함한 크로커스꽃은 각각 데리다의 주장을 무화시킨다. 살펴보았듯이, 양귀비와 소다넬라 알피나는 러스킨에 의해서 그의 미학과 빅토리아 시대 젠더 이데올로기를 나타내기 위해서 전용되고, 크로커스꽃은 울프에 의해서 빅토리아 사회의 가부장적 전통과 관습에 저항하기 위해, 그리고 퀴어 정체성의 잠재력을 재현하기 위해서 다시 전용되기 때문이다. 러스킨과 울프가 각각 꽃을 통해 자신들의 이데올로기를 구현하려고 할 때 꽃은 도구화되고 객체화된다. 비록 러스킨의 생명력을 가진 미처럼 주체와 객체의 거리를 좁히며 공감을 불러일으킬 수 있을지라도 꽃의 주체성, 그 절대적 실존의 훼손은 피할 수 없다. 최근 인간/주체, 식물/객체의 이분법을 해체하고 식물의 존재론에 주의를 환기하려는 철학자와 생태주의자의 이론과 주장이 주목받고 있는데, 이러한 비평적 입장에서 러스킨과 울프의 꽃 이데올로기를 재고해 보자면, 각각 생태주의와 생태여성주의의 원형적 특성을 간직하고 있지만, 지구환경위기에 직면한 21세기의 현실을 고려했을 때 그 한계가 분명하다고 볼 수 있다. 꽃을 포함한 비인간 존재들이 인간과 동등한, 아니 인간보다 우월한 지구 공동체의 일원임을 인식할 때, 비인간 존재들은 인간의 목적을 위한 수단이나 대상이 아닌, 다시 말해서, 인간의 이데올로기로부터 해방된 존재로 존재할 수 있다. 이를 위한 선행조건은 우리 스스로 인간중심적 시각과 사고로부터 자유로워져야 한다는 것이다. 그런데 정도와 방법은 정말 여전히 우리에게 난제이다.

참고 문헌

Abel, Elizabeth. "Between the Acts of Mrs. Dalloway." *Virginia Woolf and the Fictions of Psychoanalysis*. Chicago: Chicago UP, 1989. 30-44.

____. "Narrative Structure(s) and Female Development: The Case of Mrs Dalloway." *Virginia Woolf's Mrs. Dalloway*. Ed. Harold Bloom. New York: Chelsea House Publisher, 1988. 103-25.

Barrett, Eileen. "Unmasking Lesbian Passion: The Inverted World of *Mrs. Dalloway*." *Virginia Woolf: Lesbian Readings*. Ed. Eileen Barrett and Patricia Cramer. New York: New York UP, 1997. 146-64.

Campbell, Elizabeth. "Flowers of Evil: Proserpina's Venomous Plants in Ruskin's Botany." *Pacific Coast Philology* 44.1 (2009): 114-28.

Chang, Elizabeth Hope. *Novel Cultivations: Plants in British Literature of the Global Nineteenth Century*. Charlottesville and London: Virginia UP, 2019.

Derrida, Jacques. *Glas*. Trans. John P Leavey, Jr. and Richard Rand. Lincoln and London: Nebraska UP, 1986.

Frost, Mark. "Reading nature: John Ruskin, Environment, and the Ecological Impulse." *Victorian Writers and the Environment: Ecocritical Perspectives*. Ed. Laurence W. Hazzeno and Ronald D. Morrison. New York: Routledge-Cavendish, 2017. 13-28.

Roof, Judith. "The Match in the Crocus: Representations of Lesbian Sexuality." *Disconte-nted Discourses: Feminism/Textual Intervention/Psy-choanalysis*. Ed. Marleen Barr and Richard Feldstein. Illinois: U of Illinois P, 1989. 10015.

Ruskin, John. *The Library Edition of John Ruskin's Works.* Ed. E. T. Cook and Wedderburn Alexander. London: George Allen, 1903-12. 39 vols.

Sartiliot, Claudette. *Herbarium Verbarium: The Discourse of Flowers*. Lincoln and London: U of Nebraska P, 1993.

Sonstroem, David. "Millett versus Ruskin: A Defense of Ruskin's "Of Queens' Gardens."" *Victorian Studies* 20.3 (1977): 283-97.

Sparks, Elisa Kay. "Twists of the Lily: Floral Ambivalence in the Work of Virginia Woolf and Georgia O'Keeffe." *Virginia Woolf and Her Female Contemporaries*. Ed. Julie Vandivere and Megan Hicks. Cambridge: Cambridge UP, 2018. 36-46.

Spuybroek, Lars. *The Sympathy of Things: Ruskin and the Ecology of Design*. London: Bloomsbury Academic, 2011.

Sultzbach, Kelly. *Ecocriticism in the Modernist Imagination: Foster, Woolf, and Auden*. Cambridge: Cambridge UP, 2016.

Waters, Michael. *The Garden in Victorian Literature*. London: Scolar P, 1988.

Woolf, Virginia. *A Room of One's Own, Three Guineas.* Oxford: Oxford UP. 1992.

_____. *Mrs. Dalloway.* London: Penguin Books, 1992.

_____. "Professions for Women." *Women and Writing.* Orlando: A Harvest Book, 1979. 57-63.

_____. "Ruskin." *Complete Works of John Ruskin.* Delphi Classics, 2014. Kindle edition.

_____. "Ruskin Looks Back on Life." *The Essays of Virginia Woolf: Vol. 4 1925-1928.* Ed. Andrew McNeillie. London: Hogarth P, 1994. 502-06.

_____. "The Patron and the Crocus." *The Essays of Virginia Woolf: Vol. 4 1925-1928.* Ed. Andrew McNeillie. London: Hogarth P, 1994. 212-15.

_____. *To the Lighthouse*. New York: Harcourt Brace & Co, 1990.

* 이 글은『영미어문학』148호(2023년)에 발표한 논문을 일부 수정한 것이다.

안쪽으로, 위쪽으로!: 식물의 침입과 변종화, 동화를 통해 읽는 『비밀의 정원』

김소연(명지대학교)

안쪽으로, 위쪽으로!:
식물의 침입과 변종화, 동화를 통해 읽는 『비밀의 정원』

I. 작가 소개

프랜시스 버넷(Frances Hodgson Burnett, 1849-1924)은 아동문학을 대표하는 영국계 미국인 작가다. 영국 맨체스터에서 태어나 16살 때 미국 테네시로 이주한 버넷은 생계를 위해 글을 쓰기 시작했는데, 평생 쓴 장편소설, 단편소설, 연극 등을 모으면 40편이 넘을 정도로 다작하는 작가였으며 작품활동을 통해 물질적 성공도 거두었다. 작가로서 본격적으로 명성을 얻은 것은 1886년 『소공자』(*Little Lord Fauntleroy*)를 발표하면서부터였다. 뉴욕에서 자란 소년 세드릭 에롤(Cedric Errol)이 영국 귀족 가문의 후계자임이 밝혀지면서 할아버지와 함께 영국의 거대한 집에 살게 되고, 새로운 환경에서 만난 주변인들을 따뜻하고 순수한 마음으로 변화시키는 이 이야기는 독자들을 열광시켰다. 이후 버넷은 『소공녀』(*A Little Princess*, 1905), 『비밀의 정원』(*The Secret Garden*, 1911) 등 아동문학사에 길이 남게 된 작품들을 써내면서 세대를 뛰어넘는 인기를 누렸다. 그녀의 작품들에 대한 대중적 인기는 사후에도 지속되어, 최근까지도 대표작들이 영화나 드라마 등 다양한 형태로 활발히 재생산되고 있다.

버넷은 성인의 입장에서 어린이에게 일방적으로 도덕적 교훈을 전달하기 위한 수단으로 글을 쓰는 것이 아니라 어린이인 주인공의 내면을 섬세하게 표현하여 아동뿐만 아니라 성인 독자도 공감할 수 있게 했다는 점에서 (현대적 의미의) 아동문학 자체를 개척했다는 평가를 받는다. 『소공자』의 세드릭처럼 버넷의 작품에 등장하는 주인공들은 낯선 환경이나 상황 속으로 옮겨져 어려움을 겪으면서도 선한 마음과 용기, 상상력 등을 발휘하여 스스로를 치유하고 품위를 지켜 내는 공통점을 지닌다. 이들은 사회적 제약 아래에 놓여 있는 처지로서 집 밖으로 나가 눈에 띄는 역할을 하지는 않으나, 주어진 환경 내에서 자신을 새롭게 발견하고 성장하며 가까운 사람들도 함께 성장시키는 힘을 발휘한다. 예를 들어 세드릭은 미국인 며느리에 대한 부정적 편견을 굳게 가지고 있을 뿐 아니라 하인들이나 소작인들에게도 배려심 없이 행동하던 외골수 할아버지를 변화시킴과 동시에 그 자신도 '소공자'라는 이름에 값하는 품위 있는 소년으로 성숙한다. 『소공녀』나 『비밀의 정원』의 주인공들 또한 미국에서 영국으로 옮겨지는 세드릭처럼 이주를 경험하는데, 인도에서 태어나 그곳에서 자라다가 갑작스레 유럽으로 옮겨지는 혼란스러운 상황 속에서 소녀들은 내재되어 있는 용기와 끈기, 선한 마음을 발현시킴으로써 자신과 주변 사람들을 변화시킨다.

동시에 버넷은 비현실적일 정도로 밝고 희망적인 메시지만을 담아낸다는 비판, 사회적인 문제를 깊게 다루지 않고 개인적인 성장과 가족관계에만 집중한다는 비판을 받기도 하였다. 예컨대 『소공녀』의 주인공 세라 크루(Sara Crewe)가 인도에서 다이아몬드 광산을 개발하던 영국인의 딸이라는 설정, 그리고 그녀가 고아가 된 뒤 경제적 어려움에서 벗어나는 계기가 다이아몬드 사업의 성공으로 생긴 수익 덕분이라는 설정 등은 탈제국주의 비평에서 집중적인 비판을 받아왔다. 『비밀의 정원』 또한 인도에서 자라는 동안 육체적 정신적으로 건강치 못하던 영국 소녀가 영국으로 이주하면서 건강을 회복한다는 설정에서 많은 비평가들이 제국주의적 색채를 읽어내온 것이 사실이다.

II. 작품 소개

버넷은 정원에 대한 애정을 일생동안 일관되게 가지고 있었는데, 세 살 때 가족들과 함께 살던 집 뒤쪽으로 펼쳐져 있던 들판에서의 삶이 훗날 천국에서의 삶과 같았다고 회상하고, 아버지가 경제적 어려움을 겪으며 생활하던 노동계층 거주지의 작은 뒤뜰 역시 애정을 담아 회상하였다. 결혼하여 가정을 이룬 이후에도 버넷은 손수 꽃을 심고 가꾸며 정원에서 많은 시간을 보냈다. 그녀는 『비밀의 정원』을 연재하기 시작한 1911년에 미국 롱아일랜드에 거주하고 있었는데, 플랜돔 파크(Plandome Park)라는 이름을 붙인 정원에 책상을 가져다 두고 자주 그곳에 나가 집필을 했다고 알려져 있다.

작가가 스스로 정원을 가꾸며 써 나간 『비밀의 정원』은 정원을 가꾸는 행위 자체에 대한 작품이다. 정원을 가꾸는 행위가 개인의 정체성 문제, 나아가 가꿔지는 '땅'과 그곳에 심기는 '식물'의 정체성 문제,

국가적 정체성의 문제와 어떻게 연결되는지 엿볼 수 있다. 인도에서 전염병으로 한순간에 부모를 잃은 메리 레녹스(Mary Lennox)는 난생 처음 자신이 태어나 자란 인도를 떠나 영국 요크셔 지역에 위치한 고모부 집으로 옮겨 온다. 고모부의 집은 어디에 무엇이 있는지 파악하기 힘들 만큼 수많은 복도가 얽혀 있고 역시나 수없이 많은 문이 복도를 따라 나 있는 어둡고 신비한 저택이다. 저택 안팎을 탐험하던 그녀는 집 밖에서 오랫동안 잠겨 있던 어느 정원의 문을 발견하고 이를 여는 열쇠 또한 발견하게 되며, 병약한 사촌인 콜린 크레이븐(Colin Craven)과 함께 그곳에 씨를 심고 가꾸는 과정에서 자신과 콜린 둘 다를 치유하게 된다. 고모부를 비롯한 대부분의 어른들은 이들이 정원 공간에 발을 들였다는 사실조차 알지 못하는 가운데, 비밀의 정원은 어린 이들이 희망을 투사하는 공간이자 그들로부터 병적인 요소를 없애주는 신비한 힘을 지닌 공간으로 그려진다. 인도에서 자란 탓에 얼굴빛이 노랗다는 흉을 듣던 메리는 정원을 가꾸는 동안 혈색이 좋아지고, 창백하고 마른 몸으로 (부정적 이미지 속) 동양의 군주처럼 군림하던 콜린은 식욕을 회복하는 한편 체격만큼 품성도 좋아져서 하인들에게 생떼를 부리지 않게 된다.

『비밀의 정원』에서 정원 가꾸기라는 행위는 미래에 대한 희망과 불안을 동시에 선사한다. 버넷은 맨체스터에서 테네시로, 버뮤다로, 롱아일랜드로 옮겨다닐 때마다 정원을 가꾸면서 자신의 손끝에서 피어나는 꽃과 정원에 찾아드는 새들을 보며 낯선 땅을 '집'으로 삼고자 노력했다. 새롭게 뿌리내려야 할 영국의 '집'에서 정원을 가꾸는 메리와 자신이 태어나 자란 곳임에도 진정으로 속해 있지 못하던 콜린이 비밀의 정원을 통해 진정한 '집'을 찾는 이야기는 단순히 버넷의 이주 인생을 비추는 듯 보일지도 모른다. 그러나 이 아이들이 처해 있는 특정한 조건으로 인해『비밀의 정원』에서 정원 가꾸기의 의미는 개인의 차원을 넘어선다. 영국 땅에 심긴 씨앗이 싹을 틔우고 타고난 식물로서의 모습을 드러내 보이기까지를 애타게 기다리는 시간은 개인의 운명을 넘어 국가(제국)의 미결정된 운명을 암시하기 때문이다. 저택과 영지의 후계자임에도 아버지로부터 사랑받지 못하고 방치된 채 어둡고 폐쇄된 방에서 시들어가던 콜린은 메리의 도움을 받아 건강한 영국 소년이자 가문과 국가의 미래를 짊어질 자격을 갖춘 후손으로 새롭게 태어난다. 오랜 시간 영국을 떠나 떠돌면서 죽은 아내에 대한 그리움과 아들에 대한 미움에 시달리던 크레이븐 씨(Mr. Craven)가 귀환하여 건강해진 그를 마주하는 결말 때문에, 이야기의 주인공으로 등장하던 메리(소녀)가 마지막 순간 콜린(소년)에 가려 버린다는 평도 그간 많이 있었다. 그러나 메리의 성장 또한 중요하게 다루어지는 것이 사실인데, 인도에서 태어났으나 영국 땅에 새롭게 심긴 그녀는 저택의 벽면을 장식한 초상화 속 조상과 닮아 있는, 또 하나의 건강하고 건전한 후손으로 자신을 증명한다. 이로써 메리와 콜린의 정원 가꾸기와 그로 인한 성장의 주제는 제국주의 담론과 분리할 수 없을 만큼 밀접히 얽히게 된다. 전 세계의 수많은 어린이들이 여전히 즐겨 읽는 이 작품이 탈제국주의 비평에서도 (다른 의미에서) 식지 않는 인기를 누리고 있는 이유이기도 하다.

III. 작품 연구

1. 들어가며

버넷의 소설『비밀의 정원』에서 고딕 요소들을 찾기는 어렵지 않다. 주인공 메리가 인도에서 부모님과 함께 살던 방갈로는 소설 첫머리부터 전염병 소굴로 변하고, 고아가 되어 영국으로 보내진 그녀가 보게 되는 요크셔의 미슬트와이트 장원(Misselthwaite Manor)은 어두운 복도, 수백 개의 잠겨 있는 문, 한밤중에 들려오는 누군가의 울음소리, 10년 동안 잠겨 있는 정원과 전 여주인의 갑작스러운 죽음 등 고딕 소설의 모티프로 채워져 있다. 그러나 한편으로 고딕 장치를 지닌 다른 소설들과 이 소설 사이에는 분명한 구별점들이 존재한다. 일례로 수잔 제임스(Susan E. James)는 버넷이『폭풍의 언덕』(*Wuthering Heights*, 1847)으로부터 영감을 얻어 이 소설을 썼을 것이라 보면서도 그녀가 "더 안전한 환경"이자 "어둡고 장엄한 브론테의 요크셔 황무지와 구분되는 보호구역"(59)을 공간적 배경으로 설정한다고 주장한다. 또한 피터 헌트(Peter Hunt)는 버넷이『제인 에어』(*Jane Eyre*, 1847)로부터 다수의 고딕 모티프들을 차용하면서도 "안전함, 문명, 순수를 상징하는" 정원을 배경으로 내세움으로써 가문에 전해 내려오는 저주나 어두운 비밀 등 고딕 소설에 흔히 다루어지는 주제 대신 아이들의 소생과 성장이라는 주제가 중심을 차지하게 된다고 설명한다(xvii). 즉 이 소설을 고딕 장르로부터 구별하려는 기존의 시도에서는 정원이라는 특정 공간과 등장인물의 아동성에 주목하는 경향이 눈에 띈다.

『비밀의 정원』에 대한 그간의 연구 중 상당 부분이 고딕 소설과의 연결성을 주목한 것은 사실이나, 컨트리하우스의 정원을 주요 배경으로 삼는데다 가드닝이 가장 주요한 활동으로 나타나기 때문에 가드닝을 둘러싼 역사적 사실들과 영국 정원의 문화적 상징성에 대한 논의 또한 꾸준히 이루어져 왔다. 예컨대 메리 굿윈(Mary Goodwin)은 아이들이 가꾸는 정원 공간이 바깥의 황무지와도, 메리가 영국으로 오기 전에 살던 인도의 자연과도 차별화됨을 논한다. 러드야드 키플링(Rudyard Kipling)의 『정글북』(*The Jungle Book*, 1894)에서 인도의 정글이 주인공 소년의 집이자 학교가 되어주듯 영국의 정원은 "자연의 교실"(106)로서 아이들의 성장을 촉진하나, 자체적으로 번성할 능력을 갖춘 인도의 정글과 달리 정원이 정원으로 남기 위해서는 인간의 개입이 필요하다. 이러한 정원 고유의 특성으로 인해 아이들은 가드닝 행위를 통해서만 본인들이 정원에서 가꾸어 낸 식물들과 같이 영국의 환경에 뿌리내리고 영국 문화에 동화될 수 있게 된다(108-09). 한편 애나 실버(Anna Silver)는 19세기 영국에서 정원이 여성을 위한 사적 공간으로 상상되었음을 짚으면서, 이 소설에서 나타나는 비밀의 정원이 어느 특정 인물의 성장에 관련된 공간이 아니라 당시 영국 사회에서 이상화되었던 모성 자체를 상징한다고 결론 내린다(200). 이와 같이 원예에 초점을 맞추는 일군의 연구들은 인간의 성장을 식물의 성장과 나란히 놓으면서 등장인물들이 영국성을 갖춘 사회의 일원으로서 자라나는 양상을 짚는다는 점에서 공통된다.

이 글은 『비밀의 정원』을 둘러싸고 크게 두 줄기의 연구경향—고딕 장르의 전통 속에 놓는 것과 원예 문화에 주목하는 것—이 존재한다는 전제 하에, '고딕'과 '원예'를 본격적으로 통합시킨 연구 성과는 찾아보기 힘들다는 문제의식을 출발점으로 삼는다. 특히 미슬트와이트 장원 저택의 내부 공간 묘사에 엿보이는 고딕 요소들에 대해서는 이미 많은 논의가 이루어졌으나, 등장인물들이 보여주는 이동의 방향성과 비밀의 정원에서 자라는 식물 종이 나타내는 영국성/외국성, 그리고 식물 종의 수입, 개량, 전시 등과 관련된 역사가 고딕 전통과 어떻게 맞물리는지에 대해서는 아직까지 논의된 바가 없다. 따라서 비평에 남아 있는 구멍을 메우고 간과되던 측면을 조명하고자, 이 글에서는 고딕 전통이 원예의 모티프와 교차되는 지점을 살피면서 작가가 아동인 등장인물들과 식물의 움직임—안쪽으로, 위쪽으로 향하는—을 통해 제국 팽창이 야기한 불안을 해결하고자 했음을 주장할 것이다.

19세기 후반 고딕 소설에서는 흔히 외부 세계, 특히 제국의 변두리 공간으로부터 안쪽으로 침입하는 누군가 혹은 무언가에 대한 공포가 표현되나, 『비밀의 정원』에서는 침입에 대한 불안과 함께 다양한 개체를 프레임 안으로 수집해 들이고 전시하고자 하는 제국의 욕망이 유리 온실 같은 속성을 띤 정원 공간과 가드닝 행위를 통해 표출된다. 아울러 19세기 말부터 20세기 초까지 다수의 고딕 소설에서 다루어지던 퇴화 이론(degeneracy theory)이 이 소설에서 원예의 모티프를 통해 전복되는데, 고딕 소설에 자주 등장하는 '무덤' 같은 공간이 이 소설에서는 식물을 키워내는 '화단'의 속성을 띠게 되고, 등장인물들은 부분적으로는 변종의 성격을 띠더라도 결국 영국 땅에 성공적으로 뿌리내리는 식물처럼 그려지게 된다.

이 글은 서론과 결론을 제외하고 크게 두 부분으로 나뉜다. 앞부분에서는 텍스트 안팎에서 나타나는 '안쪽으로'의 움직임에 주목, 19세기 영국의 이국 식물 수집 문화와 온실 문화, 수정궁 건설과 관련된 사실들을 텍스트 분석과 접목시킨다. 벽으로 둘러싸인 정원이라는 공간이 수정궁, 유리 온실 등 당대 영국에 세워지던 시설들과 어떤 점에서 유사하며 그 유사점에서 어떠한 이데올로기가 작동하는지 살필 것이다. 글의 후반부에서는 '위쪽으로'의 움직임에 초점을 맞추어 세기말 고딕 소설에서 장르적 관례를 통해 다루어지던 퇴화의 문제가 원예 모티프와 어떻게 연결되는지 살핀다. 결론에서는 버넷이 침입과 변종화, 동화에 대한 이야기를 통해 제국 팽창으로 인한 불안을 해소시키는 듯 보이나 영구적인 성공을 거두지는 못함을 살피면서 챕터를 마무리할 것이다.

2. 안쪽으로

제일 먼저 『비밀의 정원』의 마지막 장이 「정원 안에서」("In the Garden")라 이름 붙여져 있다는 사실을 특기할 만하다. 미슬트와이트 장원에서 메리는 사촌인 콜린의 어머니가 애정을 가지고 손수 가꾸던 정원에서 나뭇가지에 앉아 있다가 가지가 부러져 떨어지는 사고를 당한 후 콜린을 낳은 지 얼마 안 되어 세상을 떠났고, 그녀의 남편인 아치볼드 크레이븐(Archibald Craven)이 실의에 빠져 10년 전 정원 문을 잠그고 열쇠를 버린 이후로는 아무도 그곳에 들어가지 못했다는 말을 듣게 된다. 크레이븐은 유럽을 떠돌아다니다가 마지막 장에서 집으로 돌아와 죽은 아내의 정원에서 메리와 함께 놀고 있던 아들을 발견하는데, 그의 눈에 들어온 아들은 주변인들 모두에게서 요절할 것이라는 의심을 받던 병약한 후계자가 아니라 소생한 정원만큼이나 건강한 소년이 되어 있다. 사실 「정원 안에서」는 이 장의 제목일 뿐 아니라 장 전체에 걸쳐 반복 등장하는 구절로, 크레이븐 부인의 영혼이 집을 떠나 있던 남편의 귀에 속삭여 귀향을 추동하는 대사이기도 하고, 돌아온 그가 아들이 건강해져 정원에 가 있다는 의사의 말을 듣고 반신반의하면서 홀로 되뇌는 대사이기도 하다. 보다 흥미로운 것은 「정원 안에서」가 버넷의 아들 비비안 버넷(Vivian Burnett)이 그녀 사후인 1924년에 에세이들을 모아 출간한 책 제목이기도 하다는 점이다. 버넷은 생전에 『시골 신사』(*The Country Gentleman*)라는 대중 잡지에 가드닝에 대한 여섯 편의 에세이를 실었는데, 비비안은 『비밀의 정원』의 마지막 장 제목을 따서 그 중 한 편의 에세이 제목으로 삼았고 이는 또한 모음집 전체의 제목이 되었다.

에세이 「정원 안에서」는 버넷 본인이 해 온 가드닝에 대한 일종의 회고록으로, 이 글에서 그녀는 자신이 가꾸어온 정원들과 가드닝 행위 자체에 대한 애정을 가감없이 드러낸다. 버넷은 『비밀의 정원』을 연재하기 시작했던 1911년에 롱아일랜드에 거주하고 있었고, 당시 그녀의 집에는 플랜돔 파크라고 이름 붙인 정원이 딸려 있었다(McDowell 155). 에세이에서 그녀는 열성을 쏟아 직접 플랜돔 파크를 가꾸던 시절을 회상한다. 꽃씨를 심은 뒤 싹이 틀 때까지 기다리는 동안 느끼는 긴장감과 희열을 강조하는 데 더하여, 자신이 가꾼 정원에 핀 꽃들—크로커스, 무릇, 알리섬, 오브리샤, 수선화, 붓꽃, 철쭉, 장미 등—의 이름을 애정과 자부심을 담아 하나하나 나열하고 있다. 그녀는 한 대목에서 정원의 식물들에게 직접적인 목소리를 부여하는데, 이제 막 싹을 틔운 식물은 "우리는 살아 있어! 살아 있다고! **바깥에서 정원 안쪽으로** 들어왔어! 우린 여기에 있어—여기에!"(필자 강조)라고 격앙된 어조로 외친다(Burnett 259). 식물이 싹을 틔워 땅에 심었던 것이 어떤 식물인지 비로소 명명백백해지는 순간을 두고 "안쪽으로" 들어왔다고 표현하는 것은 정원을 둘러싼 공간 인식을 단적으로 보여준다. 이는 무엇을 특정 공간으로 들이고 무엇을 들이지 말아야 할 것인지의 문제에 관련된 선별과 결정, 포용과 배척의 과정이 가드닝에 수반됨을 시사한다. 그런 과정에서의 불안, 불안이 해소되었을 때의 희열, 그런 뒤에도 여전히 남아 있는 불안의 감정이『비밀의 정원』에서는 어떻게 표현되는지가 앞으로 이 글의 중심이 될 것이다.

『비밀의 정원』의 주요 등장인물들은 끝없이 '안'으로 향하려는 경향을 띤다. 하녀, 하인, 의사 등 주변 어른들이 남는 시간에 무엇을 하면서 지내는지 캐물어 보려는 기색을 보일 때마다 메리와 콜린은 집 밖에서 시간을 보내려 한다고 답하면서 더 이상의 추궁을 차단해 버리나, 저택 건물을 나선 두 사람의 발길이 최종적으로 향하는 곳은 벽으로 둘러싸인 정원의 안쪽이다. 입구를 찾기 위해 헤매던 메리는 정원

문을 가리고 있던 담쟁이가 바람에 들추어지고 땅에 반쯤 묻혀 있던 열쇠가 눈에 들어온 덕에 그곳에 들어가는 데 성공한다. 서술자는 메리가 열쇠를 찾는 8장의 마지막 문장이자 윗 단락과 구별된 단독 문장으로 "그녀는 비밀의 정원 **안쪽**에 서 있었다"(필자 강조 57)라고 서술하여 진입의 순간을 부각시킨다. 콜린은 저택 깊숙한 곳에 숨겨진 자기 방에서 생활하다가 밖으로 나오기는 하나, 메리와 마찬가지로 밖으로 나온 그가 종국에 향하는 곳은 정원 안이다. 그가 메리에게서 열쇠를 찾았다는 말을 듣고 흥분한 말투로 "내가 볼 수 있을까? 들어갈 수 있을까? 그 **안쪽으로** 들어갈 때까지 살 수 있을까?"(필자 강조 134)라고 외치는 데서 정원이 근본적으로 '안쪽'의 성격을 띠며, 바깥쪽에서 안쪽으로의 이동이 수반하는 여러 문제들이 이야기의 중심에 자리잡고 있음을 짐작할 수 있다.

엘리자베스 파커(Elizabeth Parker)는 고딕 소설에서 묘사되는 자연풍경에 주목하면서 안쪽과 바깥쪽의 구분이야말로 고딕적 공포를 이해하는 핵심이라 주장한다. 먼저 이푸 투안(Yi-fu Tuan)을 인용하면서 파커는 공간(space)과 장소(place)를 구별한다: "'장소'는 알고 있는 익숙한 곳이며, 반대로 '공간'은 그것의 바깥에 있는 곳이다"(30). 고딕 소설에서는 숲이 위험한 미지의 영역이자 "문명의 반대"로 빈번히 등장하는데, 숲(forest)이라는 단어의 어원인 포리스(foris)가 '문밖의'라는 뜻을 담고 있다는 사실은 의미심장하다(Parker 49). 즉 고딕 소설에서 다루어지는 공포의 바탕에는 '바깥' '공간'에 대한 경계심과 그로부터 '안쪽' '장소'를 구별하고자 하는 욕망이 자리하는 셈이다. 고딕 비평에 큰 획을 그은 저서 『고딕: 새로운 비평 언어』(*Gothic: the New Critical Idiom*)에서 프레드 보팅(Fred Botting)은 18세기 후반에 나왔던 전통적 고딕 소설이 중세를 상징하는 오래된 수도원이나 외딴 야생지역 등 "이성적인 문화 바깥의 영역들"(4)을 그린다고 설명한다. 대표적 예로 앤 래드클리프(Ann Radcliffe)의 1791년 작 『숲의 로맨스』(*The Romance of the Forest*)도 거대한 숲 가운데 위치한 어느 수도원에서 일어나는 이상한 사건들을 통하여 주인공이 이성과 상식이 지배하는 세상의 '바깥'으로 나갔다가 그곳에서 벗어나는 과정을 보여준다. 방치되어 폐허처럼 허물어져 가는 수도원이 시간적 차원에서의 '바깥', 즉 과거를 나타낸다면 나무들이 빽빽하게 들어차 길을 잃기 쉬운 거대한 숲은 공간적 차원에서의 '바깥'을 나타낸다.

전통적 고딕 소설이 귀족 중심에서 중산층 중심으로의 계층 전환기에 일어난 혼란상을 담아내는 것에 반해, 19세기 후반 고딕 소설은 구제도에 대한 불만보다는 중산층 내부에 자리 잡은 타락과 갈등, 구조적 모순, 산업화와 과학 문명에 대한 불안을 담아내며 이를 위해 오래된 수도원이나 야생지역보다 영국 내에 위치한 도시 뒷골목이나 과학자의 실험실 등을 배경으로 삼는다(신혜원 7-10). 가령 『지킬 박사와 하이드의 이상한 사례』(*Strange Case of Dr. Jekyll and Mr. Hyde,* 1886) 같은 작품은 런던 한복판의 인물이 야만화되어 가는 모습을 통해 영국 내부에 자리잡은 이질성에 대한 불안을 표현한다. 그 외에 19세기 후반에는 해외 지역을 배경으로 삼는 소설들 또한 활발히 발표되었는데, 영국 사회에 깔려 있던, "퇴행하는 인물들, 식민지로부터의 위협, 성적, 도덕적, 문화적 차원의 퇴화에 관련된 국가 내부의 문제" 등에 대한 불안이 외국에 대한 공포로 이어졌기 때문이다(Botting 13). 그간 다수의 고딕 장르 비평가들은 제국 확장의 역사가 진전됨에 따라 누군가 '바깥'에서 '안'으로 침입할지 모른다는 공포가 뿌리내렸으며 그것이 외국과 외국인에 대한, 아울러 국가 내부에 자리 잡은 외국성에 대한 공포로 구체화되었음을 논해 왔다. 일례로 캐슬린 스펜서(Kathleen Spencer)는 "순수성과 경계선 지키기에 대한 관심"(203)이야말로 19세기 말 고딕 소설들의 기반이 된다고 주장한다. 빅토리아 마그리(Victoria Margree)와 브리오니 랜달(Bryony Randall) 또한 19세기 말에서 20세기 초반에 걸쳐 나온 고딕 소설들이 내부 오염과 인종 혼합에 대한 불안을 담아내는 방식에 주목한다. 예컨대 소설『드라큘라』(*Dracula*, 1897)에서 드라큘라 백작이 런던에 도착하는 장면은 이민자들이 영국 땅을 침입하는 데서 그치지 않고 도시 한복판을 마음대로 거닐면서 본인들의 외국성으로 주변을 물들여 '오염'시킬지도 모른다는 당시의 불안을 비추어 준다(220).

그런데 흥미로운 것은 당시에 인간뿐 아니라 식물을 침입자로 상상하는 이야기들 또한 고딕 전통 속에 생산되었다는 사실이다. 제국의 팽창과 식민지 정복사업으로 인해 19세기에는 해외로부터의 식물 수입 사업이 활발해졌고, 유례없을 정도의 이동성을 누리게 된 인간들과 마찬가지로 식물들도 본래 자생하던 지역을 벗어나 "수입되고, 동화되고, 변종화되고, 접변되고, 양성될" 수 있게 되었다(Chang 12). 식민지로 진출한 영국 출신 식물 사냥꾼(plant hunters)들은 알리움, 난

초, 양귀비, 루피너스 등 이국적인 식물들을 수집했고, 이들의 손을 빌려 수입된 식물들이 영국에 새롭게 조성된 식물원과 온실에서 길러지게 되었다. 19세기 영국 정원들은 제국주의의 기표처럼 기능하면서 변두리로부터 들여온 식물들을 제국의 중심부에 동화시킴으로써 바깥세상을 정복하고 길들이는 효과를 낼 수 있었다(Dümpelmann 2, 7). 그러나 동시에 이국 식물들의 존재는 인간의 경우와 마찬가지로 중심부에 대한 침입의 가능성을 보여준다는 점에서 위협적으로 여겨지기도 했고, 이에 대한 불안이 19세기 후반에 이르러 괴물성을 지닌 식물들에 대한 상상을 낳았다. 아서 도일(Arthur Conan Doyle)의 「미국 이야기」("An American Tale," 1879)와 필 로빈슨(Phil Robinson)의 「식인나무」("The Man-Eating Tree," 1881) 등을 예로 들면서 엘리 맥코즈랜드(Elly McCausland)는 해외에서 자생하던 식물이 영국 땅으로 옮겨와 거주민들의 몸을 공격하고 집어삼키는 장면들에서 식민 행위의 주체와 객체가 전복되는 순간이 나타난다고 분석한다(483). 비록 맥코즈랜드는 이국 식물과 영국인의 관계에 초점을 맞추나, 위험한 이국 식물로부터 위협받는 "거주민"이란 인간이 아닌 거주민, 즉 외래종 수입으로 인해 변종되고 결과적으로 퇴화될지도 모르는 영국 토착 식물들을 가리킬 수도 있다.

『비밀의 정원』은 비록 식인 식물을 상상하는 것은 아니나 외부 세계의 침입에 대한 불안과 퇴화에 관한 관념 등 많은 부분을 세기말 고딕 소설들과 공유한다. 버넷은 미지의 식물들이 자생하는 땅이 아니라 요크셔 외딴 황무지 가운데 자리 잡은 영국 컨트리하우스와 그 주변의 정원을 고딕 모티프와 연결하여 내부로의 침입에 대한 불안을 표현한다. 정원은 '바깥쪽'과 '안쪽', '공간'과 '장소'의 사이 어딘가에 모호하게 위치한 곳으로서, 19세기 고딕 소설에서는 컨트리하우스와 벽으로 둘러싸인 정원이 흔하게 등장한다(Chang 87). 정원이라는 곳 자체가 낮은 담장과 벽으로 둘러싸여 외부 세력을 완전하게 차단할 수 없는 곳이라는 점에 착안, 여러 작가들은 정원 공간을 고딕 장치와 결합시켜 시대에 내재되어 있던 불안을 표현해 냈다. 가령 메리 브래든(Mary Elizabeth Braddon)의 『레이디 오들리의 비밀』(*Lady Audley's Secrets*, 1862)이나 마가렛 올리펀트(Margaret Oliphant)의 「땅에 묶인」("Earthbound," 1880) 같은 소설에서 정원은 남편 살해 현장이나 유령 출몰지와 같은 공포의 장이 된다(Bussing 227). 레이디 오들리는 집에서 멀리 떨어져 있는 정원에서 첫 남편을 우물에 빠뜨려 죽이고 이를 은폐하는데, 정기적으로 가꾸어지지 않아 잡초가 무성하다는 점은 그곳이 가정의 바깥은 아니되 19세기 중반의 미화된 가정상에서는 벗어나 있는, 모호한 장소임을 암시한다. 올리펀트의 소설은 살아 있는 자들이 생명력 없게 묘사되는 가운데 유령이 정원을 돌아다니는 광경을 통하여 산 자와 죽은 자의 경계가 무너지고 죽음의 세계로부터의 침범이 일어나는 양상을 보여준다(Bussing 238-39).

1911년 작인 『비밀의 정원』에서도 정원은 '불안'을 제기하고 이에 대한 해소책을 찾는 데 사용된다. 먼저 이 소설에서는 안쪽과 바깥쪽의 구분이 다양한 층위로 나타나는 가운데 바깥으로부터의 침입이 빈번하게 묘사되면서도 그러한 침투 가능성이 도리어 긍정적인 효과를 가져오는 것으로 보인다. 주인공 메리는 저택 밖에 펼쳐진 요크셔 황무지보다 더 바깥에서 이동해 온, 일종의 본국 귀환자(colonial returnee)로, 영국인 부모를 두었으나 인도에서 태어나 열 살이 될 때까지 그곳에서 생활했다는 점이 초반에 그녀를 특정한 국가나 공간, 가족에 소속되지 않은 인물로 만든다(DiGiulio 28). 그녀는 소설 전반에 걸쳐 자꾸만 안쪽으로 움직여 가는데, 콜레라로 부모를 잃은 뒤 인도에서 영국으로 배를 타고 이동하며, 항구에서 다시 요크셔 외딴 지역으로 마차를 타고 이동해 들어간다. 저택에 도착한 뒤에는 복도에 줄 지어 있는 방들 중 문이 잠겨져 있지 않은 방들을 찾아내 안쪽을 구경하고, 마침내는 저택 깊숙이 벽에 걸린 태피스트리로 가려져 있던 콜린의 방까지 찾아낸다. 저택 주변의 영지에 나가서도 그녀는 주방에 필요한 채소를 가꾸는 정원이나 정원사가 다니는 장소들을 지나쳐 벽 너머에 숨겨져 있는 비밀의 정원으로 들어간다. 결과적으로 그녀는 창문을 열어 저택 안으로 신선한 바람이 들어오게 하고 닫혀 있던 정원 문을 열고 들어가 죽어가던 식물들을 살림으로써 '안쪽' 공간과 훗날 그곳을 물려받을 콜린을 동시에 소생시키는 역할을 한다.

침입에 대한 불안과 이에 대한 해소는 비밀의 정원에 심기고 길러지는 식물 종을 통해서도 나타난다. 정원은 땅에서 자랄 식물 종의 종류와 배열 방식 등에 대한 인간의 개입이 적극 이루어지는 장소이자 "어떤 생명체가 세상에서 삶을 영위해도 될 것인지에 대한 추정과 제안, 타협"(Chang 51 재인용)이 이루어지는 장소임을 고려하면, 아이들이 본인들이 찾아낸 정원에 무엇을 심고 무엇을 심지 않는지, 심겨져

싹 틔우는 식물들의 상호관계가 어떻게 그려지는지의 문제는 작은 정원 공간을 넘어 영국 전체의 정체성과 외국/외국성을 바라보는 방식까지 비출 수 있다. 저택에서 일하는 하녀 마사(Martha)의 동생인 요크셔 토박이 소년 디콘(Dickon)은 메리와 함께 비밀의 정원에 씨앗을 심고 가꾼 뒤 봄이 완연할 때 콜린을 데리고 들어가 꽃들을 보여준다. "디콘과 메리가 심은 씨앗들은 요정이 돌봐 준 것처럼 자라났다. 모든 빛깔의 새틴 같은 양귀비가 무리를 이루어 바람결에 춤추었는데, 고백건대 몇 년에 걸쳐 정원에서 살아온 꽃들은 그 명랑하게 도발하기라도 하는 듯한 모습에 저런 새로운 작자들이 어떻게 그곳에 찾아온 것인지 놀라워하는 듯했다"(167)는 대목에서는 벽으로 둘러싸인 공간 안쪽으로 새롭게 들어온 외래종—"새로운 작자들"—과 그곳을 이미 점하고 있던 토착종 간의 미묘한 관계가 부각된다. 엘리자베스 창(Elizabeth Chang)은 후자의 경계심으로부터 "꽃의 외국인혐오증"(106)을 읽어내면서, 전자가 그럼에도 당당히 정원 한쪽을 점한 광경을 통해 외래종 식물과 더 나아가 메리와 같이 외국성을 띤 영국인의 유입이 긍정적으로 받아들여진다고 주장한다(106). 다시 말해, 바깥으로부터의 침입에 대한 집단적 불안을 인지하는 한편 외래종이 성공적으로 정원에 뿌리내리는 모습에서 그와 같은 불안을 해소하려는 시도가 이루어지는 셈이다.

창의 주장과 같이 이 소설에서 외래종 꽃이 정원을 구성하는 일원으로 그려지는 것은 사실이나, 간과하지 말아야 할 것은 양귀비를 제외하면 비밀의 정원에서 자라는 꽃들 대다수가 19세기 후반에 전형적인 영국 토착종으로 여겨지던 종류라는 점이다. 비록 서술자는 비밀의 정원을 "정원사의 정원"과 거리가 먼 "사랑스럽고도 야성적인 장소"(119)라고 부르지만, 실상 이곳은 이상적인 가드닝 방식을 둘러싸고 벌어지던 공방과 제국주의 이데올로기가 적극 개입하는, 그리 '야성적'이지만은 않은 공간이다. 이 시점에서 먼저 살펴볼 만한 것은 메리가 인도에서 콜레라로 부모를 잃은 뒤 영국으로 향하는 배를 타기 전에 잠시 머무는 영국인 선교사 가정에서 일종의 미니어처 정원을 만들며 노는 대목이다. 흙을 모아 둔덕을 만들고 그 사이로 난 길을 만드는 장면은 빅토리아 시대에 유행하던 풍경 가드닝(landscape gardening)을 연상시키는 것으로, 이는 작은 공간 내에 다양한 지형을 만들어 정원을 풍경화 속 이미지처럼 조성하는 것이었다. 놀이를 지켜보고 있던 선교사 아들 바질(Basil)이 "저쪽에 돌 무더기를 놓아서 암석 정원인 척 하는 건 어때?"(10)라고 제안하는 것 또한 영국식 정원이 식민지 인도에 조성되고 있었음을 말해 주는 것으로(Chang 104), 이 소설이 특정 시대의 특정 가드닝 이론에 대한 지식을 활용하고 있음을 말해준다.

이 장면에서 바질은 메리의 모난 성격을 놀리며 영국의 전통 자장가를 개사하여 "메리 아가씨, 청개구리"(10)라고 라임을 붙여 부른다. 그러나 그의 노래 속에서 때죽나무꽃과 금잔화 등 영국 시골에서 흔히 볼 수 있던 꽃들이 언급된다는 사실은 그녀가 곧 인도를 떠나 영국 본토로 '이식'될 것이며 일단 '토종' 사이에 뿌리내리면 "청개구리" 같은 면만 고수하지는 않을 것임을 암시한다.

우리는 19세기 영국에서 특히 벽으로 둘러싸인 정원이 영국성을 집약시킨, '상상된' 국가로서의 영국을 상징하는 공간으로 여겨졌음에 주목할 필요가 있다(Brace 366). 18세기에는 딱딱한 기하학적 형태에 맞춰 값비싼 수입 식물을 배치하여 정원을 꾸미는 것이 유행이었으나 19세기 중반 이후 영국에서는 점차 인공적인 개입을 최소화한 듯 보이는 가드닝이 인기를 얻게 되었다. 이에 따라 19세기 후반 유명한 정원 디자이너였던 거트루드 지킬(Gertrude Jekyll)은 꽃이 색깔 별로 나뉘지 않고 한데 섞여 자라나도록 하는 매싱(massing) 기법으로 다듬지 않은 느낌을 강조했고(Elliot 58), 윌리엄 로빈슨(William Robinson)은 정원의 자연스러움을 극대화시키기 위해서는 수입 식물이 아니라 영국 토착종을 골라 심어야 한다고 주장했다(Jennings 33). 여기서 생겨나는 역설—자연스러움을 의도적으로 연출하는—을 바로 『비밀의 정원』에서도 찾아볼 수 있다. 디콘은 누나에게서 메리가 심고 가꾸기에 적당한 꽃들을 구해 오라는 부탁을 받고 간단한 원예 도구와 씨앗들을 사 오는데, 소설에서 직접 이름이 언급되는 것이 금어초, 목서초, 붓꽃, 초롱꽃, 매발톱꽃, 참제비고깔 등 당시 대표적인 영국 토착종으로 여겨지던 꽃들이라는 점은 우연의 결과가 아니다. 특히 소설 속 정원 풍경에서 가장 지배적인 꽃은 장미로, 장미는 19세기 후반 들어 영국성 자체를 상징하는 꽃처럼 여겨져 1870년대에는 다수의 식민지에 실제로 영국식 장미 정원이 조성되기도 했다(Dümpelmann 8). 위에 언급한 양귀비꽃 묘사에 바로 이어 화자는 "그리고 장미들—장미들!" (167)이라고 격앙된 외조로 외치면서 콜린의 어머니가 가장 소중히 키우던 꽃인 장미가 생명력을 되찾고 정원 전체에 다시 번성하게 되었음을 강조한다. 정원 풍경을 구성하는 다채로운 빛깔과 형체 중 일부로 등장하는 다른 꽃들과 달리 장미는 생명력을 되찾은 뒤 "잔디에서 솟아올라, 해시계를 휘감고, 나무둥치를 둘러싸고, 가지에서 늘어뜨려지고, 벽을 기어오르고, 폭포처럼 쏟아지는 길다란 화환을 이루어 벽 위로 뻗어가는"(167) 모습으로 풍경 전체를 압도한다. 이렇게 볼 때 비록 양귀비와 같은 외래종의 유입이 긍정적으로 그려지는 것은 사실이나 어디까지나 영국성을 대표하는 식물들이 우세를 점하는 가운데 그와 공생하면서 동화된다 하겠다.

20장에서 콜린은 저택을 나와 이전까지 말로 듣고 상상만 하던 정원으로 들어가는 순간 감격에 차서 "나는 건강해질 것 같아! 그리고 영원히 살 것만 같아!"(151)라고 외치고, 실제로 이후 매일 야외에서 활동하면서 건강을 찾는다. 21장 맨 첫 장면에서 그의 눈앞에 처음 펼쳐진 정원은 부자연스러울 만큼 완벽하게 보인다.

> 그러자 콜린은 숨겨진 정원을 둘러싼 네 개의 높은 벽 안쪽에서 마치 처음으로 봄이라는 계절을 보고 듣고 느끼기라도 한 듯했다. 그날 저녁은 온 세상이 몸 바쳐 한 소년에게 완벽과 빛나는 아름다움과 친절함을 베푸는 듯 보였다. 아마도 순전한 하늘의 은혜로 봄이 와서 그것이 줄 수 있는 모든 것들을 그 한 장소에 몰아넣은 듯했다. (152)

콜린이 둘러보는 "네 개의 높은 벽 안쪽" 공간은 마치 특정 테마 아래 조성된 전시장에서처럼 그것이 제공할 수 있는 모든 아름다움과 생명력을 한 자리에 "몰아넣"은 것처럼 보인다. 휠체어를 타고 이동하기 어려운 콜린을 위해 메리와 디콘은 감상할 만한 것들을 종류별로 가지고 오는데, "열리는 중인 꽃봉오리, 단단히 닫힌 꽃봉오리, 이제 막 초록빛이 비치는 잎이 달린 가지들, 잔디에 떨어진 딱따구리 깃털, 어떤 새가 일찍 부화한 뒤 빈 채 남겨진 알껍질"(153) 등을 감상하고 "개미의 방식, 딱정벌레의 방식, 벌의 방식, 새의 방식, 식물의 방식"(167)을 세밀히 관찰하는 장면에서 콜린은 마치 미지의 땅에 발을 들인 뒤 생태학적 지식을 수집하고 그것을 머릿속에 체계화하는 박물학자처럼 보이기도 한다.

디콘이 저택 건물 안으로 야생동물들을 데리고 들어오는 장면도 이와 같은 연장선상에서 읽을 수 있다. 황무지에 사는 동물을 길들이는 데 탁월한 능력을 지닌 디콘은 콜린의 허락을 받아 어린 동물들을 데려온다. 콜린이 자신을 돌보는 간호사에게 이 소식을 미리 알리면서 "소년 한 명, 여우 한 마리, 까마귀 한 마리, 다람쥐 두 마리, 갓 태어난 양 한 마리가 오늘 아침 나를 보러 올 거에요"(141)라고 말하는 대목은 자신이 동화되어야 할 땅에 자생 중인 여러 종들을 동물원 카탈로그에서처럼 나열하는 듯한 인상을 준다. 동물들이 저택으로 들어와 실내공간 이곳저곳에 안락하게 자리 잡은 광경을 두고 메리가 실제로 "동물원"(146)이라고 표현하는 대목에서도 19세기 영국인들이 열광하던 '수집'과 '전시'의 요소가 엿보인다.

이질적인 존재와 본디부터 안쪽에 자생하고 있던 존재들이 공생한다는 면에서, 그리고 다양한 개체들이 한 자리에 전시되어 미학적 경험과 자연과학지식 습득을 동시에 가능케 한다는 점에서 비밀의 정원은 19세기 영국의 유리 온실 및 수정궁(Crystal Palace)의 속성을 공유한다. 버싱은 수정궁이 실체화된 유토피아이자 "정치적이고 산업적인 면의 권력이 정점에 이르렀던 빅토리아 시대 영국사회의 '완벽한' 버전"(31)을 보여주는 구조물이라고 평한 바 있다. 버싱이 지적하는 것처럼 수정궁을 디자인한 조셉 팩스톤(Joseph Paxton)이 본래 온실 디자이너 출신으로, 수정궁의 유리 벽체를 이용해 온도와 습도, 햇빛의 양 등을 이상적인 상태로 유지했다는 사실은 의미심장하다(Bussing 33-34). 19세기 영국에서는 유리가 저렴하게 보급됨에 따라 원예 목적으로 유리를 대량 사용할 수 있게 되었고, 그렇게 건설된 유리 온실에서는 전 세계에서 수집해 들인 이국적인 식물들이 영국 토종식물들과 함께 길러질 수 있었다. 유리 온실이 건축학과 원예학의 교차점에 있는 발명품이자 외국의 자연물이 영국 땅에 길들여지는 장소로서 국가적 힘을 과시하는 데 쓰였음을 고려할 때(Valen 403), 온실과 그것을 본 따 만든 수정궁으로 상징되는 완벽한 버전의 영국이란 토착종들만 자생하는 세계가 아니라 바깥으로부터 새로 유입된 종자들, 그리고 외국의 문화가 영국의 환경에 맞게 변형되고 동화되는 세계일 것이다.

수정궁의 투명한 유리벽은 안쪽과 바깥쪽의 경계가 허물어지는 듯한 효과를 냄으로써 전시 당시 방문자들로부터 많은 열광을 끌어냈으나, 동시에 바깥으로부터의 침입에 대한 불안과 공포 또한 사회 전반에 남아 있었다. 영국의 하원의원이었던 찰스 시브토프(Charles Sibthorp) 등은 영국 본토 한복판에 외국의 요소들이 들어오는 것에 불만을 표하면서 수정궁 전시 자체에 반대하기도 했다(Bussing 47, 51). 이와 비슷한 딜레마 아래『비밀의 정원』속 정원은 안팎 사이에 아무런 경계가 존재하지 않는 것 같은 효과를 내면서 바깥으로부터 들여온 요소들을 일정한 경계 안에 가둔다. 얼핏 보면 이 정원은 항시 바깥과 접촉해 있는 듯 보인다. 메리는 황무지에서 신선한 바람이 정원 안쪽으로 불어 들어오는 것을 느끼고, 담벽 아래에서 담쟁이가 벽을 넘어 안쪽으로 뻗어 들어가는 것을 본다. 실제로 빅토리아 시대에 정원을 에워싼 벽 아래 담쟁이를 심는 것은 자연스러움을 강조하기 위한 가드닝 기법 중 하나였는데,『숙녀들을 위한 가드닝』(*Gardening for Ladies*, 1841)에서 정원 디자이너 제인 러든(Jane Loudon)이 설명하는 것처럼 담쟁이로 벽을 가림으로써 19세기 영국인들은 바깥과 안쪽이 연결되는 느낌을 낼 수 있고, 이는 정원 안쪽에서 보았을 때 안쪽 공간이 바깥을 향해 무한히 확장되는 듯한 효과를 낳았다(Bussing 재인용 240).

메리가 미슬트와이트 장원에 도착한 다음날부터 주변의 공간적 광활함과 개방감은 매우 반복적으로 그려지는데, 그녀가 내다보는 저택 창문 프레임을 통해 독자들은 "황무지 위로 높이 아치를 이룬 빛나는 짙은 푸른 색 하늘"(46)을 보게 되고, 비록 사면이 벽으로 둘러져 있으나 정원에는 천장이 없기에 아이들은 그 안에 있을 때도 탁 트인 하늘을 볼 수 있다. 그러나 이와 같은 개방감에도 불구하고 이 정원은 근본적으로 바깥 공간으로부터 분리되어 있다. 버싱은 수정궁 이전에

"거대한 온실"(The Great Conservatory)이라는 이름으로 지어졌던, 역시 나 유리로 된 19세기 전시 구조물을 언급하면서 "거대한 방울"(a giant bubble, 34)이라는 비유를 사용하는데, 버넷이 그려내는 정원 또한 일종의 "거대한 방울"처럼 개방감을 강조하면서 바깥쪽과 안쪽 사이에 넘을 수 없는 경계가 자리하고 있음을 은폐한다. 메리와 콜린은 황무지에서 불어오는 바람을 마시고 디콘에게서 황무지에 대한 이야기들을 듣고 그가 거기서 데려온 야생동물들을 만나 놀기도 하지만, 흥미롭게도 이들이 그곳에 직접 발을 들이는 장면은 한 번도 나오지 않는다(James 61). 비록 메리가 영국에 처음 도착해서 미슬트와이트 장원으로 이동하는 과정에서 황무지를 지나기는 하나, 그녀는 마차 창문을 통해 어둠 속에 잠긴 황무지를 바라볼 뿐 직접 그 공간 속으로 들어가지는 않는다. 더구나 이 장면에서 그녀가 황무지를 "검은 바다"(19) 같다고 느끼는 장면은 미슬트와이트 장원과 그 안에 위치한 정원이 바다로 둘러싸인 섬처럼 외부로부터 엄밀히 구분되어 있음을 시사한다(James 61).

여기서 우리는 1829년 나다니엘 워드(Nathaniel Ward)가 발명한 원예용 유리 상자를 기억할 필요가 있다. 이는 일종의 미니어처 온실과도 같은 것으로, 유리 덮개로 햇빛을 통과시키면서도 상자 안쪽을 주변 환경과 분리시킴으로써 이국으로부터 수입한 식물들을 영국의 가정집에서 쉽게 키울 수 있게 했다(Chang 31). 유리 상자에서 길러지는 이국 식물들이 유리벽 바깥의 환경에 영향을 주지 못하듯, 이 소설 속에서 정원 바깥쪽에서 안쪽으로는 여러 가지 이동이 일어나지만 반대로 안쪽에서 바깥쪽으로의 이동은 찾아볼 수 없다. 식물들의 경우와 흡사하게 메리의 외국성은 그녀를 이질적으로 느끼는 주변 인물들에게는 아무 영향을 주지 않은 채 그녀가 빠른 속도로 영국 문화와 자연환경에 적응해 동화됨에 따라 사그라지며, 콜린이 보이는 이질성 또한 후반부에서 처음부터 없던 것, 주변인들의 기우에 불과했던 것이 된다. 이러한 일방향의 구조를 보여주는 상징적 이미지로 메리가 저택을 탐험하다 우연히 보게 되는 유리 캐비닛과 그 안의 장식품들을 들 수 있다. 응접실처럼 보이는 빈 방에 들어간 메리는 유리로 된 캐비닛 안에 상아로 만든 백 마리의 코끼리 장식이 전시되어 있는 것을 보게 된다. 다양한 크기와 자세로 만들어진 상아 코끼리들을 본 그녀는 자신이 태어나 자란 인도를 떠올리고, 문을 열고 코끼리들을 가지고 한참 논 뒤에는 다시 유리문을 닫아 놓는다. 저택 안에 있는 수많은 방들 중 하나에서 유리 캐비닛 속 상아 코끼리들을 발견하는 장면은 비밀의 정원에서처럼, 그리고 수정궁이나 유리 온실에서처럼 영국 바깥에서 들여온 이질적 존재들이 경계선 '안쪽'으로 들여 보내지되, 그들이 완벽한 동화를 이루기 전까지 투명한 벽을 빠져나와 영국 본토를 오염시키는 것은 결코 허용되지 않을 것임을 시사한다. 이렇듯 수집과 전시에 대한 영국 사회의 열망, 그리고 그 안에 잠재된 불안과 통제욕은 19세기의 실제 발명품(미니어처 온실)을 똑 닮아 있는 이미지들을 통해 이 소설에서 반복적으로 드러난다.

3. 위쪽으로

황무지 가운데 위치한 컨트리하우스, 그곳에서도 벽으로 분리되어 있는 신비로운 정원을 배경으로 내세워 버넷은 외국성을 지닌 아이들이 영국 땅에 적응하고 동화되는 과정을 식물의 성장과 나란히 보여준다. 앞서 언급한 에세이로 돌아가 보면 「정원 안에서」에서 가드닝이라는 행위는 일견 새로운 생명을 만나는 기쁨과 밝은 미래에 대한 기대감만을 선사하는 듯하나, 행간에는 버넷의 의도와 관계없이 가드닝에 필연적으로 수반되는 공포와 불안, 서스펜스의 요소가 드러나 있다. 땅에 심었던 식물이 싹을 틔우는 것을 목격하는 경험은 버넷에게 흥분과 함께 두려운 감정을 선사한다. 에세이에서 그녀는 오랜 시간 발아를 기다린 끝에 "유령 같은 작은 첫 이파리"(259)가 흙을 밀고 위로 솟아오르는 것을 보았으나 자신이 심은 식물이 아니라 어딘가에서 씨앗이 날아와 싹을 틔운 잡초에 불과했음을 알게 되었던 기억을 떠올린다. 이 대목에는 애타게 기다리던 존재가 아닌 엉뚱한 존재가 대신 모습을 드러내는 순간의 형언하기 어려운 섬뜩함이 깔려 있다.

> 나는 세상의 그 무엇도 미워하지 않기로 한 규칙을 지키기 위해 정말 열심히 노력하지만, 내가 등을 돌린 사이 사랑스럽고, 보드랍고, 색채를 띤 금어초 화단에 솟아나서 그냥 잎사귀의 일부인 것처럼 보이려 애쓰면서 몸을 나부끼고 있는 돼지풀들을 보게 될 때면 유감스럽게도 미움이라는 것이 무엇인지 정확히 알게 되고 만다. 그러고 나서, 그것들을 뿌리째 뽑아 버릴 때면—사랑스러운 어린 금어초가 다치지

> 않도록 조심스럽게—분명 부드럽게 보이던 본성의 깊숙한 곳에 도사리고 있다고는 믿고 싶지 않은 악한 충동들을 억눌러야 한다. (262)

금어초 사이에 싹을 틔운 돼지풀에 대해 본인도 당혹스러울 만큼 강렬한 미움을 느꼈다는 암시는 무엇을 땅 '위쪽으로', 또는 정원 '안쪽으로' 들어오도록 허용하고 허용하지 않을 것인지, 만약 허용한 적 없는 무언가가 제멋대로 안쪽/위쪽 공간을 점유할 경우 어떻게 반응할 것인지에 관련된 문제들을 제기한다. 자신이 심은 씨앗이 기대하던 모습으로 발아했을 때의 환희, 그리고 엉뚱한 것이 발아했을 때의 미움과 두려움이 이토록 강렬하게 나타나는 것은 가드닝에 기다림 또는 지연의 시간이 필수적으로 포함되며 지연의 시간 동안 불안이 부추겨지기 때문일 것이다.

「정원 안에서」와 같이 더할 나위 없이 평화롭고 잔잔해 보이는 글에 균열을 내는 불안과 섬뜩함의 요소는 『비밀의 정원』에서 아이들이 어떤 모습으로 변해 갈 것인지 예측하기 어려운 데서 오는 서스펜스로 표출된다. 메리는 요절할 것이라고 불안해하는 콜린을 찾아가 자신이 발견한 정원의 풍경을 묘사해 들려주면서 "땅은 어둠에서 빠져나오려고 애쓰는 수선화와 스노우드롭, 백합, 붓꽃으로 가득차 있다"(129)고 표현하고, 죽음과도 같은 땅속 공간을 벗어나 지상으로 진입하고자 분투하는 식물들의 이미지를 통해 그를 달래고 격려한다. 캐스린 디지우릴리오(Kathryn DiGiulio)는 정원에서 갑작스럽게 치명상을 입는 콜린 어머니를 상기시키며 이 소설 속 정원 공간이 어머니의 경우처럼 죽음을 가져올 수도, 아들의 경우처럼 소생과 성장을 일으킬 수도 있다고 주장하면서 운율을 이루는 두 단어—무덤(tomb)과 자궁(womb)—을 병치시키지만, 우리가 「정원 안에서」를 논의에 들여온다면 무덤의 반대편에는 자궁 대신 식물의 발아가 이루어지는 '화단'을 놓을 수도 있다. 화단에 심은 씨앗이 끝내 발아하지 못하거나 발아하더라도 기대하지 않았던 식물의 모습으로 나타난다면 가드닝은 실패로 돌아가고 종자의 계승은 끊어질 것이다.

보팅에 따르면 18세기 후반의 전통적 고딕 소설에서는 가문의 계승이 위태로워지는 양상이, 19세기 후반 고딕 소설에서는 진화의 흐름에서 벗어난 개체들로 인해 사회가 퇴화의 길을 걷게 될 가능성이 흔히 다루어지는데(4, 129), 『비밀의 정원』은 이런 고딕 전통들을 복합적으로 차용하여 기다림과 불안의 주제를 표현한다. 거대한 무덤처럼 변해 버린 방갈로에 혼자 남겨졌다가 구출되어 고아가 된 사실을 통보받는 메리, 그리고 가문의 유일한 후계자이자 아버지에게 미움받는 아들로서 오래된 저택에 남겨진 콜린은 그 자체로 가문/국가의 쇠락과 도태를 상징하는 듯 보인다. 더구나 두 사람이 변종된 개체처럼 그려진다는 점에서는 세기말 고딕 소설의 모티프가 차용되는데, 먼저 19세기 말부터 20세기 초반 발표된 소설들에서는 메리와 같은 본국 귀환자를 열등하거나 위험한 인물로 묘사하는 사례를 쉽게 찾아볼 수 있다. 예컨대 코난 도일의 단편소설 「얼룩끈」("The Speckled Band," 1892)에서는 인도에서 의학을 공부하고 돌아온 영국 출신 남성이 살인자로 등장한다. 피부가 햇빛에 그을려 짙은 색을 띠게 되고 인도에서 머무는 동안 성격 또한 포악하게 변한 그는 쇠락한 가문의 마지막 계승자로서, 자신이 물려받은 영지 안에까지 치타와 개코원숭이, 독사 등 인도의 야생동물을 들여옴으로써 영국 자연을 바깥의 위협 요소로 오염시킨다. 이와 흡사하게 『비밀의 정원』의 화자는 메리의 피부가 노랗고 몸이 지나치게 말랐으며 자립심이 부족하고 신경질적인 이유가 인도의 기후에 영향을 받아 병적인 체질을 갖게 된 탓이라고 암시한다. 인도의 환경에 의해 열등한 특성을 띠게 된 귀환자라는 점에서 그녀 또한 코난 도일이 그리는 살인자나 그가 몰래 수입하는 야생동물들처럼 영국 땅에 위험과 불안의 요소로 작용할 가능성을 안고 있는 셈이다.

그러나 콜린 어머니가 가꾸던 정원으로 들어가 그곳을 가꾸는 과정에서 메리는 신체적/정신적 성장을 거듭하면서 소위 '정상적'인 영국 소녀가 된다. 그녀와 같은 변종된 개체의 풍토순응을 돕는 요소 중에는 정원 안쪽으로 불어오는 신선한 공기를 빠뜨릴 수 없다. 넓은 황무지로부터 불어오는 바람은 병약한 아이들을 치유하는 최고의 약처럼 여겨지는데, 이 소설에서 가히 신체적, 정신적 건강의 화신이라 부를 만한 인물인 디콘은 자신이 12년 동안 신선한 공기를 너무 많이 들이마셔 "산사나무 막대처럼 튼튼"(78)해졌다는 어머니의 말을 인용하여 효능을 강조한다. 이렇듯 환기의 중요성을 강조한다는 점은 당대의 원예학적 지식이 인물 묘사에 활용되었음을 알려준다. 19세기 중반부터 영국에서는 식물이 도시에서 잘 자라지 못하는 주된 이유로 공기오염을 꼽았고, 신선한 공기를 제공하는 것을 원예의 필수요건으로 보게 되었다(Ward 14). 동일한 원리를 인간의 신체에 적용하게 되면서 정원의 치유력이 학계와 세간의 관심을 얻었으며 실제로 수정궁을 디자인한 뒤 팩스톤은 동일한 환기 기술을 이용해 병원 건물을 디자인해 달라는 요청을 받기도 했다(Valen 419). 19세기 원예/의학 이론에 비추어 매우 이상적인 조건 속에서 영국 땅에 적응하는 메리는 이질성을 벗고 자신이 속한 가문의 특질을 뒤늦게 발현시키게 된다. 저택의 하인들과 디콘의 어머니 등 주변 어른들은 그녀의 피부가 기괴한 노란빛을 벗고 혈색 좋은 피부로 변했음을 눈치챈다: "메리는 변해 가는 얼굴에 신경을 쓸 시간이 많지 않았다. 자신이 이전과 '다르게' 보인다는 사실, 머리숱이 많아졌고 머리가 매우 빠른 속도로 자라나고 있는 것처럼 보인다는 사실만 알 뿐이었다"(196). 이 같이 스스로도 이해하지 못할 만큼 급속도로 신체가 변화하고 성격 또한 쾌활하고 독립적으로 변하는 소녀의 사례를 통해, 본국 귀환자의 동화와 순응에 대한 일종의 낙관적인 비전이 제시되고 있다.

한편 콜린은 주변인들에게 폭군처럼 군림하고 때때로 히스테릭한 울음을 걷잡을 수 없게 터뜨려 공포를 일으키는데, 메리처럼 인도에서 태어나지는 않았으나 '어린 라자'라고 불리는 그에게도 외국성이 투사된다. 버넷은 콜린 묘사에서 전통적 고딕 소설의 장르적 관례와도 같은 저주받은 가문의 후계자 모티프와 세기말의 퇴화 이론을 결합시킨다. 시체처럼 보이는 육체는 고딕 전통에서 두루 사용되는 것으로, 예를 들어 찰스 디킨스(Charles Dickens)의 『위대한 유산』(*Great Expectations*, 1861)에서 웨딩드레스 입은 시체처럼 보이는 미스 해비

셤(Miss Havisham)의 몸은 거미줄과 먼지로 뒤덮인 실내 광경만큼이나 효과적으로 공포의 분위기를 자아낸다. 이와 비슷하게 『비밀의 정원』의 화자는 크레이븐 씨가 "그의 혈통을 육백 년 동안 붙들어 놓았던 오래되고 거대한 집"(205)에 머물지 못한 채 유럽 각국을 떠돌아다니는 것이 아들에 대한 끔찍한 기억 때문이라고 서술한다. 아내가 죽은 후 홀로 침대에 눕혀진 아들의 얼굴을 들여다보았던 순간을 떠올리며, 그는 아들이 "얼굴과 까만 속눈썹으로 둘러싸인 커다란 회색 눈을 나른하게, 무심하게 쳐들어 올렸는데, 그 눈은 그가 사랑했던 행복어린 눈과 너무나 닮았으면서도 또 너무나 두렵게도 닮지 않은 것이었다"(204)라고 회상한다. 여기서 죽은 어머니의 몸이 아기의 몸에 겹쳐지고 있을 뿐 아니라 '닮으면서도 닮지 않은 형상'이라는 묘사에서 인간의 몸을 어설프게 닮은 괴물의 이미지가 상기된다.[1] 훗날 메리의 눈에 비친 콜린의 몸이 인간의 살이 아니라 "상아나 밀랍으로 만들어진 것처럼 보인다는 점"(155) 역시 미스 해비셤과 공통되는 것으로서 고딕 전통 속 시체의 이미지를 연상시킨다. 마틴 윌리스(Martin Willis)의 주장처럼 밀랍으로 만든 인형 같은 미스 해비셤이 "인간성에서 이탈한 복제품"(20)처럼 그려진다면, 콜린은 죽은 어머니의 이탈한 복제품, 즉 진화의 길로부터 이탈하여 열등한 상태로 추락해 버린 후손이자 가문 전체의 건전성을 위해 하루빨리 솎아내 버려야 할 개체인 셈이다.

1) 로버트 미겔(Robert Mighall)에 따르면 19세기 후반 고딕 소설에서는 괴물성을 띤 인간의 몸이 공포를 일으키는 주된 매체로 사용된다. 식민지 건설의 과정에서 만나게 된 타인종에게 느끼는 이질감 등으로 인해, 타인종과의 결합이나 현지화로 인해 백인종의 몸이 퇴화될지 모른다는 불안이 세기말 소설들에 반영되었다(130).

중요한 것은 그런 콜린의 긍정적 변화를 그릴 때도 마찬가지로 고딕 모티프들이 사용된다는 점이다. 곱사등이가 될 전조가 벌써 나타난다며 우는 콜린의 등에 아무런 혹이 없음을 확인하고 "히스테리증이 혹을 만든다"(126)고 일갈하는 메리는 그를 건강한 소년으로 탈바꿈시킨다. 그러나 아버지가 집으로 돌아올 때까지 그 사실을 감추기 위해 콜린은 병약자를 '연기'한다. 간호사가 그의 건강을 진단하러 온 의사에게 그가 어느 때보다도 많이 먹고 있다고 알리자 콜린은 그것이 "부자연스러운 식욕"이라고 항변하고,[2] 의사가 그에게 살이 붙고 안색도 장밋빛이 되었다고 이야기하자 "아마도 부풀어 오르고 열이 있는 것"(178-79)일 것이라고 일축시킨다. 이처럼 그의 발달하고 있는 신체가 나날이 건강이 악화되어 가는 환자 혹은 부패하여 부푼 시체나 기괴하리만큼 왕성하게 모든 것을 집어삼키는 괴물의 이미지와 연결되는 장면들에서는 고딕 모티프가 소환됨과 동시에 비틀어지는 효과가 난다. 이와 같은 전환의 순간들을 통해『비밀의 정원』은 개개인의 육체와 정신, 특정 세대 전체, 나아가서는 사회 전체에 일어날지 모르는 퇴화의 가능성에 대한 불안과 공포를 상기시키는 한편 무효화

---

2) 지나친 식욕 또한 19세기 후반 고딕 소설에서 괴물성과 연결되곤 하였다. 플로렌스 메리엇(Florence Marryat)의 1897년 작『뱀파이어의 피』(*The Blood of the Vampire*)에서는 등장인물이 뱀파이어로 변해가고 있는 증상 중 하나로 아무 음식이나 게걸스럽게 삼키는 면이 묘사된다(Margree & Randall 222).『비밀의 정원』에서 콜린은 몸이 식욕이 너무나 왕성해져서 병자 연기를 위해 식욕을 억제해야 함에도 불구하고 무엇이든 가리지 않고 먹어치운다. 고딕 소설에서는 인간의 신체가 비정상화되는 증상이자 독자에게 공포를 일으키는 장치로 사용되는 식욕이 이 소설에서는 소년의 급속한 성장을 나타내는 현상으로 바뀌어 나타나고 있다.

해 보인다. 미슬트와이트 장원의 거주민들은 콜린을 두고 무수한 소문을 만들어 내며 크레이븐 가문의 유일한 후계자가 곱사등이가 되어 요절할 것이라는 불안을 감추지 않는데, 후반부에서 아이들의 가드닝을 돕게 되는 정원사 벤 웨더스태프(Ben Weatherstaff)는 처음 콜린을 보았을 때 그가 소문과 달리 저능아가 아니라는 사실에 깜짝 놀라기까지 한다. 결국 주변인들의 우려와 달리 콜린의 병약함이 히스테리의 결과였음이 입증되는 것은 퇴화에 대한 당대 사회의 불안 역시 근거 없는 집단적 히스테리임을 암시한다.

크레이븐 가의 콜린과 그의 사촌 메리 레녹스는 후반부로 가면서 점점 윗 세대를 닮아 간다. 메리는 처음 영국에 도착했을 때는 미인이었던 어머니와 전혀 닮지 않았다는 조롱조의 말을 듣지만 마지막에 가서는 주변 어른들에게서 어머니와 많이 닮아졌으며 앞으로도 점점 더 닮아질 것이라는 이야기를 듣게 된다. 덧붙여, 소설 초반부에서 비가 와서 밖에 나가지 못하고 저택을 혼자 돌아다니던 그녀는 우연히 크레이븐 가문 조상들의 초상화가 전시돼 있는 갤러리에 들어갔다가 앵무새를 손가락에 얹은 어린 소녀의 그림을 보고 자신과 닮아 있다고 생각한다. 뒤이어 그녀는 복도에 늘어선 수많은 방문 중 하나를 열고 들어가 초상화에서 본 것과 똑같은 소녀의 그림이 액자에 담겨 있는 것을 보고 먼 옛날 그 소녀가 그 방에서 생활했을 것이라 짐작한다. 나중에 메리와 함께 갤러리를 다시 찾은 콜린은 그녀가 초상화 속 소녀와 비슷하게 생겼다고 말하면서 그 소녀가 자신의 5대조에 속하는 고모임을 알려준다(188). 후계자인 콜린이 그녀에게 조상들 중 한 사람을 빼닮았다고 확인시켜 주는 이 대목은 '퇴화'와 '계승'의 문제가 밀접히 연결되어 있음을 암시한다. 인도에서 태어나 자란 후손임에도 조상과의 끈이 그대로 남아 그것이 누구라도 알아볼 수 있을 정도로 또렷이 메리의 얼굴에 각인돼 있다는 사실은 제국 팽창으로 인해 종국에는 본토와 식민지의 연결이 희미해지고 혈통이 오염될 것이라는 19세기 후반의 불안을 잠재우는 효과를 낸다. 콜린 또한 어머니의 모습을 열등한 형태로 물려받은 아들이 아니라 건강한 시절의 어머니를 점점 더 닮아가고, 마침내 소설 맨 마지막 장면에서는 집으로 돌아온 아버지의 곁에서 승리에 찬 태도로 걸어가면서 아버지의 분신과도 같은 아들이자 후계자로 자리매김한다. "그리고 그의 곁에서 허공에 머리를 높이 들고 눈에는 웃음이 가득 찬 채로, 요크셔에 있는 어느 소년 못지 않게 강하게, 굳건하게 걸었다—콜린 나리가!"(210)라는 말로써 화자는 크레이븐 나리(Master Craven)의 뒤를 이은 "콜린 나리"의 시대가 곧 도래할 것임을 선언하고 있다. 이로써 메리와 콜린은 마치 흙 속에 묻혀 있는 동안 미결정 상태로 남아 있던 식물이 땅 위로 솟아나 자기 종자의 고유한 특질을 드러내듯 '정상적'이고 건강한 아이로서의, 그리고 가문과 국가의 계승자로서의 자질을 입증해 낸다.

4. 나가며

지금까지 살펴본 것처럼 메리와 콜린 두 사람은 일정한 방향을 따라 움직인다. 정원을 둘러싼 벽 안쪽으로, 영국 문화 안쪽으로 들어서며, 흙을 뚫고 지상으로 솟아오르는 식물처럼 죽음이 아닌 성장을 향하는 한편, 퇴화의 혐의를 벗고 세기말 고딕 소설에서 그리는 "하강과 추락"(Brantlinger 229)의 방향을 뒤집어 위쪽으로 향한다. 그와 같은 안쪽/위쪽으로의 움직임은 개별적인 등장인물을 넘어 국가 전체의 운명에 대한 작가의 낙관을 보여준다. 『비밀의 정원』이 "가설적인 정원 공간"(107)을 배경으로 하고 있으며 소설에서 그리는 아이들의 성장 또한 "가설적인, 장래를 예상하는 자기 형상화"(105)라는 창의 주장은 이런 맥락에서 많은 것을 말해준다. 가설적 공간에서 아이들 스스로도 "마법"(154)의 힘을 빌린 것이라고 표현할 만큼 극적인 변화를 겪는 모습을 통해, 버넷은 제국주의가 야기한 변종과 퇴화에의 불안을 누르고 밝은 미래에 대한 가설을 세워 보인다.

물론 비밀의 정원이 영원히 그 자리에 남을 수는 없다. 메리와 콜린은 영국의 자연환경과 문화에 동화된 이후 본인들이 예전만큼은 아닐지라도 여전히 "특이하다"고 자평하는데, 어쩌면 한 차례 계절이 지나가는 동안 보여준 모습과 달리 두 사람은 소설이 끝난 뒤 제국의 이상에 맞춰 조성된 정원 풍경에는 어울리지 않는 개체로 다시금 변화해 갈지도 모른다. 콜린은 자신이 평생을 살아온 저택 건물에 인도를 상징하는 미니어처 상아 코끼리 방을 비롯하여, "모든 종류의 방들이 있다"(188)는 사실을 미처 몰랐었다며 기뻐한다. 비록 이 소설 내에서는 바깥으로부터 들여온 요소들이 영국 본토의 전통을 침범하지 않은 채 크레이븐 가문의 역사가 축적된 초상화 갤러리와 동일한 건물 공간에 공존하고 있으나, 그들이 언제까지나 유리벽 안쪽에 안전히 가두어져 있을 것이라는 보장은 없다. 완벽하게 자연스러움을 연출해 놓은 풍경이 사실은 부자연스러운 것임을, 정원의 모든 공간, 모든 개체를 흘러가는 시간 속에서 통제하는 것은 불가능함을 아는 독자들은 『비밀의 정원』 속 세계가 언젠가 깨질 가설 위에 위태롭게 서 있었음을 알고 있다.

참고 문헌

신혜원. 「『지킬 박사와 하이드 씨』의 고딕 소설적 특징과 각색 공연물과의 비교」. 『근대영미소설』 28.2 (2021): 5-28.

Botting, Fred. *Gothic: the New Critical Idiom.* London: Routledge, 2014.

Brace, Catherine. "Gardenesque Imagery in the Representation of Reginal and National Identity: the Cotswold Garden of Stone." *Journal of Rural Studies* 15 (1999): 365-76.

Brantlinger, Patrick. *Rule of Darkness: British Literature and Imperialism, 1830-1914.* New York: Cornell UP, 1988.

Burnett, Frances Hodgson. "In the Garden." 1924. *Unearthing the Secret Garden.* Marta McDowell. Portland: Timber P, 2021. 256-67.

_____. *The Secret Garden.* 1911. Oxford: Oxford UP, 2011.

Bussing, Ilse Marie. *The Haunted House in Mid-to Late Victorian Gothic Fiction.* Ph. D. Diss. U of Edinburgh, 2010.

Chang, Elizabeth Hope. *Novel Cultivations: Plants in British Literature of the Global Nineteenth Century.* Virginia: U of Virginia P, 2019.

DiGiulio, Kathryn. "Between Misselthwaite Manor and the 'Wild, Dreary' Moor: Children and Enclosures in *The Secret Garden.*" *Re: Search* 1.1 (2014): 20-34.

Dümpelmann, Sonja. "Introduction." *A Cultural History of Gardens: In The Age of Empire.* Ed. Sonja Dümpelmann. London: Bloomsbury, 2013. 1-36.

Elliot, Brent. "Chapter Two. Types of Gardens."*A Cultural History of Gardens: In The*

Age of Empire. Ed. Sonja Dümpelmann. London: Bloomsbury, 2013. 37-67.

Goodwin, Mary. "The Garden and the Jungle: Burnett, Kipling and the Nature of Imperial Childhood." *Children's Literature in Education* 42 (2011): 105-17.

Hunt, Peter. "Introduction." *The Secret Gard*en. 1911. Oxford: Oxford UP, 2011.

James, Susan E. "*Wuthering Heights* for Children: Frances Hodgson Burnett's *The Secret Garden.*" *Connotations* 10.1 (2000): 59-76.

Margree, Victoria and Bryony Randall, "Fin-de-siecle Gothic." *The Victorian Gothic: An Edinburgh Companion.* Ed. Andrew Smith and William Hughes. Edinburgh: Edinburgh UP, 2012. 217-33.

McCausland, Elly. "From the Plant of Life to the Throat of Death: Freakish Flora and Masculine Forms in Fin de Siècle Lost World Novels." *Victorian Literature and Culture* 49.3 (2021): 481-509.

Mighall, Robert. *A Geography of Victorian Gothic Fiction.* Oxford: Oxford UP, 1999.

Parker, Elizabeth. *The Forest and the EcoGothic: The Deep Dark Woods in the Popular Imagination.* London: Palgrave Macmillan, 2020.

Silver, Anna Krugovoy. "Domesticating Brontë's Moors: Motherhood in *The Secret Garden.*" *The Lion and the Unicorn* 21.2 (1997): 193-203.

Spencer, Kathleen. "Purity and Danger: *Dracula*, the Urban Gothic, and the Late Victorian Degeneracy Crisis." *ELH* 59 (1992): 197-225.

Valen, Dustin. "On the Horticultural Origins of Victorian Glasshouse Culture." *Journal of the Society of Agricultural Historians* 75.4 (2016): 403-23.

Ward, Nathniel Bagshaw. *On the Growth of Plants in Closely Glazed Cases*. London: John Van Voorst, 1852.

Willis, Martin. "Victorian Realism and the Gothic: Objects of Terror Transformed." *The Victorian Gothic: An Edinburgh Companion.* Ed. Andrew Smith and Willism Hughes. Edinburgh: Edinburgh UP, 2012. 15-28.

* 이 글은 『근대영미소설』 29권 2호(2022)에 발표한 논문을 일부 수정한 것이다.

『블랙 뷰티』로 읽는 빅토리아 시대: 제국주의, 여성, 동물에 담긴 숨겨진 이야기

전세재(숙명여자대학교)

『블랙 뷰티』로 읽는 빅토리아 시대: 제국주의, 여성, 동물에 담긴 숨겨진 이야기

Ⅰ. 작가 소개

애나 슈얼(Anna Sewell, 1820-1878)은 영국의 소설가로, 단 한 권의 작품 『블랙 뷰티』(*Black Beauty*)를 통해 세계적으로 이름을 알린 작가이다. 이 작품은 출간 이후 지금까지 많은 독자들에게 사랑받으며, 동물에 대한 윤리적 대우와 복지에 대한 사회적 인식을 높이는 데 크게 기여하였다. 슈얼은 영국의 독실한 기독교 가정에서 태어났다. 그녀의 어머니 메리 슈얼(Mary Wright Sewell)은 시인이자 작가로 활동하며 딸에게 문학적 영감을 심어주었다. 14세 때 발목 부상을 입은 슈얼은 치료 과정에서 문제가 생겨 평생 거동이 불편하게 되었다. 이로 인해 그녀는 마차에 의존하여 이동하게 되었으며, 말에 대한 깊은 애정을 키우게 되었다. 1871년, 의사로부터 시한부 선고를 받은 슈얼은 남은 생애 동안 말의 복지에 대한 메시지를 전달하기 위해 책을 쓰기로 결심하였다. 그녀는 건강이 악화되어 글을 직접 쓸 수 없게 되었으나, 어머니의 도움으로 구술하여 집필을 이어갔다. 약 6년의 작업 끝에 완성된 『블랙 뷰티』는 1877년 출간되었으며, 동물의 관점에서 이야기를 풀어낸 최초의 영어 소설 중 하나로 평가받고 있다. 이 작품은 당시 독자들에게 큰 반향을 일으켰고, 동물 학대를 줄이는 데 중요한 영향을 끼쳤다. 슈얼은 책이 출간된 지 5개월 만에 세상을 떠났으나, 그녀의 유산은 여전히 빛나고 있다.『블랙 뷰티』는 세대를 넘어 동물과 인간의 공존과 윤리에 대해 깊은 통찰을 제공하며, 시대를 초월한 감동을 주는 작품으로 남아 있다.

Ⅱ. 작품 소개

블랙 뷰티라는 이름의 말이 영국의 한 아름다운 농장에서 태어난다. 그는 어머니의 따뜻한 보살핌 속에서 자라며, 어린 시절을 자유롭고 행복하게 보낸다. 첫 주인인 고든 씨(Mr. Gordon)는 친절하고 책임감 있는 사람이었고, 블랙 뷰티는 그의 손길 아래에서 사랑받으며 건강히 자란다. 이 시기는 블랙 뷰티에게 인생의 가장 평화롭고 행복한 시절로 남는다. 그러나 곧 블랙 뷰티는 여러 주인을 거치며 인간 사회의 다양한 얼굴을 마주하게 된다. 친절한 주인을 만나기도 하지만, 무책임하거나 학대적인 주인을 만나 고통과 어려움을 겪는다. 한 예로, 블랙 뷰티는 런던의 교통량 많은 거리에서 마차를 끌며 가혹한 환경에 시달린다. 이 과정에서 그는 잔인한 장비와 무지한 주인의 학대 속에서 힘겹게 견뎌야 했다. 블랙 뷰티의 여정에서 그는 동료 말들과 다양한 인간들을 만나게 된다. 특히, 진저(Ginger)와 메리레그스(Merry-legs) 같은 말 친구들과의 만남은 그에게 위로와 연대를 제공한다. 진저는 학대받은 과거를 가진 말로, 인간의 잔혹함에 대한 슬픔을 표현하며 독자들에게 동물의 고통을 깊이 느끼게 한다. 반면, 메리레그스는 밝고 긍정적인 성격을 가진 조랑말로, 블랙 뷰티에게 희망의 상징으로 남는다. 또한, 여정 중 만난 주인들 중 일부는 자신들의 무지함을 깨닫고 더 나은 대우를 블랙 뷰티에게 해주기 위해 노력하는 모습을 보여준다. 결국, 블랙 뷰티는 여러 번의 고난 끝에 은퇴할 수 있는 평화로운 농장으로 돌아가게 된다. 마지막으로 만난 주인들은 그를 사랑하고 보살펴 주며, 블랙 뷰티는 생애 마지막 시기를 행복하게 보낸다. 그의 여정은 단순히 말의 삶을 묘사한 것이 아니라, 인간의 행동이 동물에게 어떤 영향을 미치는지를 되돌아보게 만드는 메시지를 담고 있다.

『블랙 뷰티』는 단순한 동물 이야기가 아니라, 당시 빅토리아 시대의 사회적 관습과 문제를 비판적으로 성찰하는 작품이다. 이 소설은 동물 학대에 대한 경각심을 일깨우며, 인간이 가진 윤리적 책임을 상기시킨다. 블랙 뷰티의 여정을 통해 작가는 인간과 동물이 공존하는 세상에 대해 독자들에게 묻고, 모두가 서로 공감과 자비로 대해야 한다는 메시지를 전한다. 이 작품은 동물과 인간의 관계뿐만 아니라, 당시 노동자 계층이 겪었던 고난과 불평등을 은유적으로 드러내며, 여러 층위의 독해가 가능하도록 구성된 문학적 가치 높은 작품이다.

Ⅲ. 작품 연구

1. 들어가며

19세기 중반의 영국은 노예제도법, 제2개혁법안, 남아프리카, 인도와 크리미아에서의 전쟁(1854-1856)으로 국내외적으로 제국주의 팽창을 거듭했다. 제국주의 정책에 따른 식민지 침탈은 식민지 영토 점령뿐만이 아니라 식민지의 동물, 식물, 광물을 포함한 모든 자원에 대한 침탈을 의미했다. 제국의 팽창과 부를 위해 식민지 자연 생태계의 급격한 파괴가 이루어졌고 제국의 만족할 줄 모르는 채집욕을 만족시키기 위해, 식민지의 동물, 식물을 포함한 각종 자원들이 제국의 수도인 영국으로 채집되어왔다. 식민지에서 수집되어 온 사자, 호랑이, 코뿔소, 코끼리 등과 같은 이국적인 동식물들은, 말 그대로 영국인들에 의한, 또한 인간에 의한 자연의 정복과 식민지 침탈을 상징하며 제국의 위상을 드높이는 역할을 했다. 제국의 식민지 경영의 한 방법으로 이국적인 맹금류를 가두어 놓고, 잔인한 방법으로 죽임으로써 제국과 제국 시민의 우월성, 그리고 생태계 정복을 정당화하였다. 또한 동물원과 식물원은 다른 제국들과의 식민지 쟁탈과 맞물려, 얼마나 많이 이국적인 식민지 동물과 식물을 수집하느냐가 각 제국들의 식민지 장악력의 상징이 되기도 했다. 빅토리아인들은 정기적으로 식민지에서 잡혀온 동물들을 전시함으로써, 제국의 자신감과 중심성을 과시하기도 했으며, 정기적으로 영국의 대표적인 장터인 스미스필드(Smithfield) 시장에서 황소 물어뜯기(bull-baiting)와 닭싸움과 같은 동물에 대한 잔혹행위가 대중 오락의 변용된 형태로 열리기도 했다. 이러한 동물학대 행위는 동물학대를 금지한 1822년 제정된 마틴 법령(Martin's Act)과 1824년 동물학대 반대 모임(Society for the Prevention of Cruelty to Animals)의 설립을 기점으로 많은 저항에 직면하게 되었다.

대외적으로 제국의 팽창과 맞물려 있는 동물학대에 대한 늘어나는 관심은 대내적으로는 18세기 후반부터 움트기 시작한 영국 내의 사회적 변화에 밀접한 관계가 있다. 즉 영국 사회의 삶의 양식이 동물을 생산의 기본적인 도구로 사용하던 농경사회에서 생산의 원동력이 기계로 전환되면서 산업화와 도시화 속에서 사육동물의 선택적 교배, 애완동물 사육의 증가와 동물 학대 반대운동에서 암시되는 동물에 대한 차별적 대우와 감상주의적 태도를 들 수 있다. 특히 인간과 동물의 관계에 있어서 중요한 역할을 한 것이 감수성인데, 18세기에는 자넷 토드(Janet Todd)가 지적한 것처럼, "감수성 예찬"(the cult of sensibility, 4)이 모든 장르에 걸쳐 이데올로기적인 장치로서 영향을 미쳤다. 하지만 빅토리아 시대로 넘어와서는 이러한 감상주의(sentimentalism)가 일부 빅토리아인들에게는 경멸적으로 여겨졌으나, 프래드 케플런(Fred Kaplan)에 따르면 감상주의 자체는 빅토리아 문화를 형성하는데 매우 유용한 방식이 되었다(3). 즉 "대부분의 빅토리아인들은 사회라는 공동체는 공통적인 도덕적 감성을 지니고 있으며 감상주의 자체는 도덕적으로 우리 자신의 느낌을 표현하는 바람직한 방식으로 여겨졌"(Kaplan 3)으며, 빅토리아 시대의 중요한 문화자본으로서, 19

세기 초기의 복음주의 운동뿐만이 아니라, 토리적인 보수주의, 문학의 미학화와 함께, 19세기 중후반의 동물학대 반대운동에까지 큰 영향을 미쳤다(Fulweiler 21).

문화사적 영향뿐만 아니라 변화하는 역사적 관점에서 제임스 터너(James Turner)는 빅토리아 시대에 움트기 시작한 "동물 애호 정신"은 농경사회에서 근대사회로 넘어감으로 인해 생긴 심리적 부담으로 발생하여 자연세계에서 인간이 스스로를 떼어내려는 시도에서 생긴 것으로 빅토리아 시대의 동물은 동정과 우월감이 혼재한 형태로 존재한다고 지적한다(30). 반면 키스 토마스(Keith Thomas)는 동물 애호의 기원을 중세 시대의 인간성 타락을 방지하기 위한 관점에서 찾고, 19세기에 이르러서는 "동물을 잔혹하게 다루는 것은 그것이 인간에게 영향을 미치건 안 미치건 간에 잘못된 것이다"(151)라고 주장하면서 동물애호 운동이 빅토리아 시대에 동물권 자체에 대한 심각한 논의로 전개되었다고 주장한다.

빅토리아 시대의 동물권에 대한 관심의 증가와 밀접한 관계가 있는 것은 여성권 운동이다. 19세기 영국 시민들에게 영국은 가장 선진화된 나라였으며, 문명화된 나라였다는 것은 의심할 바 없는 사실이다. 식민주의 경영을 통해서 영국은 계몽이라는 이름 아래서 자신들의 문화적 우월성을 강화시키고 있었다. 이러한 가운데 여성의 사회적 지위는 가정이라는 사영역을 토대로 하고 있었으며, 이 사영역은 빅토리아 시대의 사회 팽창의 기반이 되었다. 여성 문인들은 동물과 자신들을 주변화된 타자로서 동일시하며, 가부장적 사회에서의 약자로서의 여성, 인간중심주의 사회에서의 약자로서의 동물, 제국주의 사회의 약자로서의 식민의 감상적 동일화를 통해, 반노예제운동, 반식민지운동과 연계하여, 동물의 보호자임을 표방하는 동물보호 운동과, 이를 반영하는 작품 활동을 촉발케 했다. 유럽 중심적 백인의 우월함은 문화적인 허세로 드러나는 가운데 동물학대 반대에 대한 여성의 글쓰기는 여성의 인도주의적 사회참여와 맞물려 있다. 여기서 동물보호는 무엇보다도 정치적이며, 국가정체성과 외교정책과 밀접한 관련을 맺고 있는데, 여성작가들은 동물학대를 비판했을 뿐만 아니라, 노예를 비롯한 사회에서 주변화된 대상들에 대한 근심과 우려를 표현했다. 즉 여성작가들이 종종 노예를 인간에게 사로잡힌 새, 곤충, 동물들로 표현함으로써, 무기력하게 주인들의 잔학행위의 대상으로 변질된 노예들을 학대받는 동물의 처지와 유사하게 표현하여 남성주의적 사회에서 약자인 여성, 제국주의 사회에서 약자인 노예, 인간중심 사회에서의 약자인 동물의 입장을 대변하고자 했다.

물론 19세기 여성 작가들의 이러한 관심이 전혀 새로운 것이 아니라, 실제로는 18세기 말 여성 작가들의 동물 학대 반대운동과 저술 활동에서도 그 근원을 찾을 수 있다. 특히 세라 트림어(Sarah Trimmer), 메리 로빈슨(Mary Darby Robinson), 도로시 킬너(Dorothy Kilner), 마리아 에지워쓰(Maria Edgeworth), 메리 콜만(Mary Ann Coltman)과 같은 작가들은 유사한 주제를 가지고 작품 활동을 전개했다. 하지만 이러한 제국주의, 여권운동, 그리고 동물권 운동의 명백한 관련성에도 불구하고, 19세기 여성 작가들의 소설에 대한 최근의 연구에서 모이라

퍼거슨(Moira Ferguson)의 연구를 제외하고는 여성의 동물보호 운동과 문학의 관계에 대한 연구는 전무한 상태로, 이러한 비평적 공백은 제국의 수도에서 벌어지고 있는, 제국주의, 생태주의, 여권운동의 상호 역학적인 관계에 대해, 부분적이거나 왜곡된 시각을 만들어낼 가능성이 농후하다. 따라서 본 논문에서는 이러한 문제의식을 지니고, 위에서 제기된 제국, 여성 그리고 동물의 상호 관계에 대한 연구를 위해 18세기 여성 작가들의 정신을 계승하고 있는 19세기 여성작가인 슈얼의 『블랙 뷰티』를 분석하고자 한다.

2. 말의 시선으로 본 제국과 억압

슈얼의 『블랙 뷰티』는 세 부분으로 나누어지며, 모두 말의 관점에서 이야기를 서술하고 있다. 첫째 부분은 블랙 뷰티의 주인인 지주 고든(Squire Gordon)과 말의 생리를 잘 아는 마부인 존 맨리(John Manly)와 블랙 뷰티와의 관계를 다루고 있다. 둘째 부분은 블랙 뷰티가 부유한 귀족 집안에 팔려가서, 그 귀족의 부인과 아들에게 학대를 당하고, 이러한 학대는 블랙 뷰티의 부상으로 이어진다. 셋째 부분은 블랙 뷰티가 런던에서 맨리처럼 말을 제대로 다룰 줄 아는 제리 바커(Jerry Barker)라는 마부의 상업용 마차를 끄는 생활을 묘사하고 있다. 첫 번째, 두 번째 부분이 귀족 집안에서의 말의 생활에 대해서 묘사하고 있다면, 세 번째 부분은 런던의 길거리에서 마차를 끄는 말로 전락한 블랙 뷰티를 보여줌으로써, 보다 현실적으로 말이 당하는 고통에 대해 보여주고 있다. 하지만 결국 마지막 부분에서 블랙 뷰티는 어릴 적 자신을 돌봤던 조 그린(Joe Green)이 머무는 전원으로 다시 돌아가게 되는 내용으로 구성되어 있다.

『블랙 뷰티』에 대한 기존의 비평을 살펴보면, 로버트 딩글리(Robert Dingley)와 피터 스톤리(Peter Stoneley)는 『블랙 뷰티』를 도덕적 가르침을 목적으로 한 교훈 소설의 장르로 간주하고 있는 반면, 산드라 길버트(Sandra M. Gilbert)와 수잔 구바(Susan Gubar), 수잔 치티(Susan Chitty), 코랄 랜스버리(Coral Lansbury)와 같은 평자들은 『블랙 뷰티』라는 작품 자체가 빅토리아 시대 여성이 처한 상황을 은유적으로 표현하기 위한 슈얼의 수사적인 전략의 소산이라고 평하고 있다. 즉 슈얼은 다른 빅토리아 여성들이 가명으로 출판을 한다거나, 비주류의 장르를 이용하는 방법과 유사한 전략을 사용하여 여기서는 비록 자신의 이름을 직접 사용하기는 했으나, "말의 자서전"(The Autobiography of a Horse)이라는 부제를 붙임으로써, 자신을 권위를 지닌 작가의 위치가 아니라, 단순히 말의 이야기를 통역할 뿐이라는 수사적 장치를 사용하고 있다. 또한 빅토리아 시대 여성작가의 전형적인 수사 전략으로 이 소설이 비판적인 사회적인 논평을 담고 있지만, 평론이나, 논설문이 아니라 하류 장르로 취급되던 "자서전"의 형태를 취하고 있다. 반면 퍼거슨의 경우 『블랙 뷰티』에서 거론되는 동물에 대한 잔혹 행위를 노예제와 연결시키면서 이것이 젠더에 따른 영국 정체성(Englishness)을 재확립하는 데 결정적 역할을 했다는 주장을 편다(50).

기존의 비평들은 위에서 지적한 것처럼, 여권 운동, 동물권 운동, 노예제 비판이라는 세 가지 고리의 일부분만을 지적함으로써, 슈얼의 작품이 지닌 중의성을 지적해 내지 못하고 있다. 이러한 중의성은 바로 슈얼의 『블랙 뷰티』의 서술자이자 주인공이 동물인 말이라는 사실에서 생긴다. 빅토리아 시대 이전의 신화나, 동화와 같은 장르에서 동물이 서술자로 나오는 경우가 없었던 것은 아니다. 하지만 등장하는 대부분의 동물들은 동물의 입장을 사실적으로 묘사하고 표현하기보다는 이솝우화처럼 어떤 특정한 도덕적 교훈을 목적을 전달하는 데 동물이 이용되었다. 이와는 차별적으로 『블랙 뷰티』에서 서술자가 동물로 선택된 이유는 제국의 팽창과 더불어 빅토리아 시대의 과학과 의학의 발달에 따라 동물은 더 이상 물화된 착취의 대상이 아닌, 감정이 있는 타자이며, 생태계를 구성하는 중요한 축으로 여기게 된 시대 배경과 동물이라는 대상이 침묵의 존재라는 점에서 빅토리아 시대의 침묵하고 있는 수많은 사회적 약자를 대변할 수 있는 대상이기 때문이다. 또한 『블랙 뷰티』는 처음 출간되었을 당시, 마부나, 마구간지기 등과 같이 말에 대한 전문적 지식이 있는 사람들을 대상으로 쓰였으나, 후에 독자층이 아동에게까지 확대될 수 있었다(Gavin 38).

18세기에 쓰인 『걸리버 여행기』(*Gulliver's Travels*)에서 걸리버가 방문하게 된 말의 나라(The Houyhnhnms)에서 인간(Yahoo)보다 더욱 이성적이고 이상적인 말이 등장하기도 했으며, 윌리엄 호가스(William Hogarth)의 「잔혹함의 4단계」("Four Stages of Cruelty")에 보면 무지하고 잔혹한 인간에 의해 학대받는 말이 등장하는 것처럼 빅토리아 시대에도, 말은 다양한 문화적, 문학적 텍스트들 가운데서 사회적, 경제적, 제국주의적, 정치적인 다양한 욕구가 충돌하는 지점이다. 말은 이데올로기적으로 매우 생산적인 아이콘으로 영국의 잔여적이며, 전통적인 가치, 명예와 귀족적인 가치를 전달하는 표상일 뿐만이 아니라 암묵적으로 성, 계급 차별, 노예제를 포함한 식민지 경영을 용인하는 장이 되기도 했다. 프랭크 휴겟(Frank E. Hugget)에 따르면 "마차는 사회적 성공의 징표"(10)이며 말을 소유한다는 것 자체가 사회적으로나 신분적으로 상류계층에 속한다는 것을 드러낸다. 또한 휴트니 채드윅(Whitney Chadwick)에 따르면 "말의 이미지와 여성의 이미지는 남성의 상상력 속에서 매우 밀접하게 동일시되며 … 성적인 개념에서 여성의 이미지가 말의 이미지로 쉽게 변용되기도 한다"(91). 다시 말해 말의 몸은 남성에 의한 여성의 지배, 제국에 의한 식민지 지배의 은유적 장소로 말을 통제하고 규율하는 것이 바로 19세기 성, 계급, 제국 경영의 암시적 표징이 되기도 한다. 하지만 역으로 이러한 말의 몸은 다양한 여권운동, 반노예제운동, 동물학대 반대운동의 핵심에 위치해 있기도 하다.

팀 모리스(Tim Morris)는 "말이 지닌 매력은, 매우 고귀하게 생긴 말이 인간을 위한 노예처럼 여겨진다는 데서 온다. 귀족적으로 생긴 동물이 인간의 겸손한 하인이 된다. … 만일 이렇게 고귀한 동물이 우리 의지에 종속된다면, 우리는 세계의 주인임에 틀림없다"(2)라고 지적한다. 여자나 아이들처럼, 노예들도 자신들의 목소리와 관점을 지니고 있으나, 주인의 관점에서는 항상 주변화된 타자로 남게 된다. 하지만 슈얼은 이렇게 주변화된 타자의 목소리와 관점을 복원함으로써, 주인의 관점이 지닌 독점성을 공격한다.

말은 빅토리아 시대의 양가적인 의미로 존재한다. 멜리사 피어슨(Melissa Holbrook Pierson)은 여성과 말의 관계에 대해 논하며, "여성들은 자신이 알고 있는 것 이상으로 말과 유사하다. 무엇보다도, 여성의 내면의 귀는 남성들보다 훨씬 더 잘 부드러운 소리를 감지할 수 있다. 위험, 특히 깊은 어둠의 소리에 매우 민감하게 반응"(161)한다는 점에서 둘 사이의 유사점을 찾기도 한다. 하지만 인간에게 혹사당하고, 신체적인 구속을 당하는 상황에 놓인 말들인 경우에는 빅토리아 시대의 약자로서의 여성, 노예, 노동자의 처지를 연상시킨다.

박해받는 약자로서 등장하는 말, 진저와 레이디 앤(Lady Anne)은 인간의 학대에 못 견뎌 저항하기도 한다. 특히 진저는 마부가 보기에도 혈기 왕성한 말처럼, 학대받거나, 괴롭힘을 당하면 곧장 앙갚음을 할 기세였다(78). 하지만 앤과 진저의 저항은 앤의 경우는 양처럼 길들여지고, 진저인 경우에는 두들겨 맞는 좌절과 훈육의 과정을 겪게 되었다. 제니퍼 브로디(Jennifer Devere Brody)에 따르면, "19세기에는 동물의 분류법도 바뀌었는데, 여성과 가축처럼 사육되는 부류와 야생의 부류로 나뉜다"(136). 즉 브로디가 지적하는 것처럼 야성적인 여성은 반드시 훈육의 과정을 거치게 되며 야성적인 측면이 억압되거나, 내면화 된다. 하지만 관습적인 의미에서 보았을 때 귀족 집안에서 키워지는 혈통 좋은 말들은 빅토리아 시대의 상류 계급의 가치를 표방하는데, 혈통 좋은 말을 소유하는 것이 소유주의 신분을 상징하며, 가부장적이며 남성 중심적인 영국성을 형성하는 데 핵심적인 역할을 하기도 했으며, 육체적으로 통제된 여성의 성적 환상을 자극하는 대상으로 여겨지기도 했다.

하지만 말에 대한 슈얼의 인식은 위에서 언급한 말에 대한 관습적이고, 통념적인 관계와는 거리가 멀다. 슈얼은 어릴 적 발목 부상으로 평생 동안 반불구로 지내게 되었으며, 이런 상황에서 말이 끄는 마차는 슈얼에게 있어서 세상과 자신을 연결해 주는 매우 귀중한 수단이었다. 블랙 뷰티의 무릎과 다리에 난 상처에 대한 언급이 나오고 있는데, 이것은 루벤 스미스(Reuben Smith)가 만취된 상태에서 블랙 뷰티를 무리하게 혹사해 한쪽 편자 없이 돌길을 달리게 만들어 생긴 부상으로(92) 슈얼 자신의 장애에 대한 무의식적인 반영일 수도 있다. 치티에 따르면, 소설에 등장하는 말에 대한 슈얼의 이해는 피상적인 것이 아니라 실질적인 이해가 바탕이 되어있다고 한다. 즉 빅토리아 시대의 숙녀는 말의 습성과 마구간과 같은 주제를 대화에 올리는 것 자체가 사회적으로 용인되지 않았으며 설령 관심이 있다고 하더라도 마부와 같은 낮은 계층의 사람들과 어울리는 것은 고사하고 말의 신체 상태에 따라 어떻게 말이 행동하는가와 같은 지식을 소유하고 있지도 못했다(Chitty 109). 따라서 슈얼이 마부처럼 상세하게 말에 대한 지식을 지니고 있었으며, 그것을 글로 썼다는 사실은 여자라는 신분으로서 사회적인 불이익과 눈에 보이지 않는 차별에서 자유로웠다는 것을 보여준다.

말에 대한 직접적인 지식을 바탕으로 하여 슈얼은 노예제를 비판하고 있다. 블랙 뷰티의 생활을 보면, 납치, 슬퍼하는 가족들, 말에게 가해지는 잔혹 행위, 팔려 가는 처지, 또한 검은 말이라는 사실에서 매우 명백하게 인종 문제와 밀접하게 관련되어 있음을 보여주고 있다.

이러한 연관성은 『블랙 뷰티』의 미국판 출판 배경을 살펴보면 보다 명확해진다. 해리엇 스토우(Harriet Beecher Stowe)의 1852년 작 『톰 아저씨의 오두막』(*Uncle Tom's Cabin*)이 미국 독자들의 상상력을 사로잡았던 것과 마찬가지로, 『블랙 뷰티』는 미국에서 출판 이후부터, 『톰 아저씨의 오두막』과 항상 비교가 되어왔다. 치티의 지적처럼 『블랙 뷰티』의 미국출판업자인 조지 에인절(George T. Angell)은 『톰 아저씨의 오두막』이 흑인의 견해를 대변한 것처럼 말의 견해를 대변해 줄 수 있을 만한 책이 나오기를 기대했다고 밝힌 것처럼(Chitty 224) 미국 출판 초기부터 『블랙 뷰티』는 반노예제와 밀접한 관련이 있는 것으로 여겨졌다. 『톰 아저씨의 오두막』은 억압자와 피억압자의 관점이 끊임없이 교차하면서 독자에게 두 입장에서 사태를 파악하도록 만든 반면, 『블랙 뷰티』는 대조적으로 억압받는 대상의 관점에서 쓰였다. 따라서 강력한 감정이입을 통해서 더 호소력 있게 독자의 감정에 파고들어 피억압자의 처지에서 사태를 파악하도록 만들었다.

블랙 뷰티가 시장에서 팔리는 장면을 자세히 살펴보면, 마치 흑인 노예들이 노예시장에서 상거래를 통해 팔려나가는 과정과 매우 유사하다. 입을 벌려보고, 눈을 쳐다보고, 다리를 쓸어내려 보고 피부와 살의 상태를 확인(118)하는 과정을 겪게 된다. 블랙 뷰티는 마치 노예가 자유를 갈구하듯이 인간에 의한 가혹행위에 대해 저항하여 자유를 갈구한다.

> 자유를 달라! 삼년 반 동안 나는 내가 바랄 수 있던 모든 자유를 누렸다. 하지만 지금은 일주일이 가고, 한 달이 가고, 일 년이 가고, 의심할 바 없이 밤이고 낮이고 내가 필요할 때를 제외하고는 항상 마구간에서 준비하고 있어야 한다. (20)

이와 유사하지만, 블랙 뷰티의 자유에 대한 갈증보다도 진저는 훨씬 강력하고 원초적인 자유에 대한 강렬한 갈망을 품고 있다. 삼손(Samson)으로부터 "안장, 굴레, 재갈을 물리고, 고삐와 채찍으로 후려치는 가혹행위를 받은 후에 진저가 갈망하는 자유"(23)는 마치 노예가 자신의 처지를 한탄하며 자유를 갈망하는 것과 매우 유사하다.

말을 노예와 같은 하나의 소모품으로 여기는 빅토리아 시대의 경향은 제국주의의 팽창과 맞물려 있는 서구 자본주의 사회의 생산 양식의 변화에 영향을 받기도 했다. 말을 기계처럼 어떤 고통도 겪지 않은 채로 노동할 수 있는 대상으로 만들고 소모품으로 전락시킨다. 이러한 인식 속에서 조랑말이 "살과 피로 되어있느냐?"(40)는 질문이 나오는 것은 전혀 놀랄 만한 일이 아니다. 또 다른 말, 메리레그스는 다음과 같은 이야기를 한다.

> 소년들은 말이 채찍질만 하면 계속 달리는 기계나 증기 기관차와 같다고 오해하고 있거든. 원하는 만큼 빠르게, 멀리 갈 수 있는 기계 말이야. 조랑말도 피곤함이라든가 감정을 느낀다고 생각지 않는 거지.

멈추어 섰을 때 계속 채찍질한 녀석은 그 뜻을 알아채지 못한 것이지. (31)

이 소년들은 말을 살아있는 하나의 생명체로 보고 있지 않다. 그들에게는 "말이 병에 걸리거나 기운이 다하면 다른 말로 대체되는"(83) 상품과도 같다. 돈을 내고 말을 빌렸다면, "원하는 만큼 멀리까지, 빨리 그리고 내가 원하는 만큼 많은 짐을 지고 달릴 수"(104) 있다고 생각하고, 때로는 말을 기차와 경주시킴으로써, 말들을 기계와 동일한 선상에서 비교 대조하려고 하거나, 마부인 스키너(Skinner)의 경우처럼 말을 기계처럼 이용하여 짧은 기간 동안 최대한의 수익을 올리는 데 혈안이 되어있다. 이러한 현상은 빅토리아 시대가 가축과 인력을 동원한 전근대적인 생산 양식에서 기계를 이용하는 근대적 생산 양식으로 변화하는 시점에 놓여있었으며, 백인 주체를 제외한 동물, 노예 혹은 노동자와 같은 모든 타자를 깎아내리는 현상과 무관하지 않다.

슈얼은 산업화 시대 노동자의 처지를 연상시키는 블랙 뷰티의 처지를 부각하면서 매우 전복적이고 극단적인 논평을 서슴지 않고 있다. 슈얼은 진저의 죽음을 마부 시디 샘(Seedy Sam)의 죽음과 대조적으로 부각하면서 사람들을 이기적으로 만드는 산업화로 인한 부작용을 질타하고 있다.

『블랙 뷰티』는 빅토리아 시대의 박해받는 타자로서 노예, 노동자, 여자의 입장을 은유적으로 대변할 뿐만 아니라, 실제로 제국주의 침략전쟁 속에서 인간뿐만이 아니라 동물도 희생자라는 것을 보여주고 있다. 말이 잔혹하게 다루어지고 있는 런던과 크리미아 전쟁터를 서로 연상 대조시키면서, 말이 당하는 고통은 소수의 귀족 계급을 위해 수행되고 있는 제국주의 전쟁에서 희생되고 있는 가난한 평민들의 고통과 다르지 않다는 사실을 보여준다.

러시아에 대항하여 프랑스-영국 연합군이 벌인 제국주의 패권전쟁인 크리미아 전쟁은 유럽의 패권을 쥐기 위해, 러시아가 흑해(Black Sea)지역, 나아가 지중해 동부지역까지 영향력을 확장하려 하자, 이를 견제하기 위해 프랑스와 영국이 연합하여 벌인 전쟁이었다. 그 전쟁 중 가장 잔혹한 전투에서 러시아 포진지를 공격하도록 명령받은 영국 경기병 여단은 자살 공격 명령과도 같은 무모한 명령임에도 불구하고, 러시아군의 포격에 완전히 노출된 채로 '죽음의 계곡'으로 진격함으로써 수많은 사상자를 냈다. 후에 알프레드 테니슨(Alfred Lord Tennyson)이 「경기병 여단의 공격」("The Charge of Light Brigade")이라는 시에서 추모하기도 한 이 전투에 기마 장교의 말로 참여한 캡틴(Captain)이라는 말은 제국주의 전쟁에서 희생자가 인간뿐만이 아니라, 수많은 말들이라는 점을 강조한다.

> 우리는 격전지로 돌아갔지. 피를 너무 많이 흘려 살아날 가망이 없는 말들이 쓰러져 있더군. 다리 하나를 잃고 세 다리로 지탱해 보려는 것들, 뒷다리가 으스러져 앞다리로 서겠다고 낑낑대는 말들. 듣기에도 끔찍한 말들의 신음은 땅을 가득 메웠었어. 어찌할 힘도 없는 우리가 지나갈 때 보내던 애원과 간청의 눈빛을 잊을 수는 없을 거야. (128)

또한 블랙 뷰티가 말들의 희생이 애국주의적 관점에서 보았을 때, 영웅적인 희생을 "훌륭한 일"(fine thing)이라고 표현하자, 캡틴은 다음과 같이 말한다.

> 의심할 여지 없이 적군만 없다면 전쟁도 멋질 수도 있지. 훈련과 행진, 가상전투만 한다면 아주 멋질 거야. 하지만 수천의 병사들과 말들이 죽어 쓰러지고 다치는 꼴을 보면 생각이 달라질 거야. (129)

블랙 뷰티와 캡틴 사이의 이러한 대화는 리처드 애덤스(Richard Adams)의 1988년 소설 『여행자』(*Traveller*)를 말의 관점에서 인간이 벌이는 전쟁에 대한 논평과 비교해 보면 매우 흥미로운 대조를 보인다. 『여행자』는 미국 남북전쟁 당시 리 장군(General Lee)의 말을 주인공으로 등장시켜 남북전쟁을 말의 눈을 통해 보여주는 수사적 전략을 채택하고 있다는 점에서 『블랙 뷰티』와 매우 유사하지만, 전쟁을 대하는 태도에 있어서는 매우 극명한 차이를 보인다. 즉 여행자(Traveller)는 곧 전투가 벌어진다는 소식을 듣고서, 전투가 벌어지는 곳은 지금 자신이 머무는 곳보다 "훨씬 더 좋은 곳"(a mighty fine place)이며, 전투 현장을 말들이 활기가 넘치고, 먹이가 풍부하며, 말들과 사람이 혼연일체가 되어 싸우는 매우 긍정적인 곳으로 묘사를 한다(*Traveller* 28). 하지만 이러한 묘사는 캡틴이 전쟁에 나가기 전에 군대에서 사용되는 말의 삶은 매우 유쾌한 것으로 생각했지만, 일단 "거대한 배에 실려 외국으로 나가게 되고"부터, 즉 제국주의 침략전쟁에 동원되고 나서 자신의 생각이 잘못되었다는 것을 깨닫게 되었다고 증언하는 것과 일맥상통한다(125). 또한 캡틴을 통해서 드러나고 있는 제국주의 전쟁을 수행하는 과정에서 희생되는 것은 사람들뿐만이 아니라 동물이며, 희생을 정당화하는 제국주의적 이데올로기의 허구성을 두 말의 대화를 통해 엿볼 수 있다.

3. 말의 목소리와 억압의 서사

동물을 선택함으로써 그 동물의 처지를 객관적으로 묘사하고 파악하는 것이 아니라, 작가의 의도에 따라서 대상이 되는 동물의 삶을 어떤 목적을 위해서 변용시킬 수도 있다. 이런 변용이 가능할 수밖에 없는 구조는 동물과 인간 사이에 의사소통할 수 없는 것과 관련이 있다. 마치 가야트리 스피박(Gayatri Spivak)적인 의미에서 "하위 주체는 말할 수 있는가?"라는 질문과 유사하게 블랙 뷰티는 자신들이 먹을 귀리를 가로챈 마부를 비난하면서, "말 못 하는 짐승이라고! 그래. 우리는 벙어리다. 내가 말을 할 수 있었다면"(111)이라고 종(種)의 언어 장벽이 불러오는 차별에 대해 토로한다. 하지만 이런 슈얼의 복화술이 말의 입장을 대변하는 것이 아니라 의인화로써 동물성 자체에 대한 인간 중심적인 폭력성을 지니고 있다. 이 복화술은 인간 중심적인 테두리를 벗어나지 못하고 있으며, 재현의 변용은 어떤 관점에서 그 대상을 어떤 목적에서 보느냐에 따라 달라질 수 있다.

블랙 뷰티를 서술자로 선택한 것은 일종의 수사적 전략으로서, 자신이 가부장적 사회에서 약자로서의 설움과 갈등을 나타내기에 매우 적절한 방식이며, 또한 제국에 의해서 침탈당하는 공동체에 대해서 유사하게 묘사하고 있는 점은 매우 특기할 만하다. 다른 면에서 보면, 침묵하는 타자로서 여성과 동물을 유사한 처지에 병치시킴으로써 그들의 처지를 동감을 통해 잘 보여주었으며, 타자의 목소리를 대변한다는 점에서는 그 의의를 지니고 있다. 표면적으로는 노예제 비판, 동물권과 여성의 권리에 대한 강력한 희구가 깔려있다. 즉 빅토리아 시대 노예제를 둘러싼 가열찬 논쟁, 산업화가 몰고 온 동물의 물화, 그리고 제국주의 전쟁의 피해자가 인간뿐만 아니라 동물도 포함하고 있다는 슈얼의 비판은 빅토리아 시대의 타자의 목소리 수용이라는 관점에서 높이 평가할 만하다. 하지만 슈얼의 이러한 관점을 보다 면밀히 검토해 보면, 슈얼 자신이 비판하고 전복하려고 한 문제를 내면화시키는 경향을 보이고 있다.

먼저 슈얼은 블랙 뷰티를 등장시킴으로써 인종차별주의적인 계급의식을 철저하게 각인하고 있다. 비록 블랙 뷰티는 사전적 의미에서의 순종은 아닐지라도, 좋은 혈통을 지니고 있다는 데 자부심을 느끼는 듯하다. 말 혈통의 순수성에 대한 슈얼의 무의식적인 강조는 생물적으로 고착된 특성을 그대로 반영한다. 또한 블랙 뷰티가 다양한 종류의 말들과 어울리고는 있지만 여전히 예의도 모르는 짐마차를 끄는 말들과는 다르다고 꾸짖고, 블랙 뷰티의 할아버지 역시 유명한 경주마인 혈통을 지니고 있다고 강조한다(3-4).

이런 차별과 구분은 혈통적일 뿐만 아니라, 이름에도 각인되어 있다. 블랙 뷰티를 칭하는 다양한 호칭이 존재한다. 슈얼은 퀘이커

(Quaker) 신자였으며, '검은' 색은 단순히 인종을 지칭하는 것 일이 아니라, 퀘이커 교도들에게는 자만심 없는 위엄과 화려함 없는 우아함을 나타내는 색이기도 하다. 하지만, 블랙 뷰티는 슈얼이 일관되게 사용하고 있는 이름이며, 간혹 "검둥이"(Darkie, 4)라고 불리는 것은 명백하게 인종적으로 경멸적인 의미도 띄는 양가적인 의미를 지닌다.

또한 블랙 뷰티의 '미'(beauty) 역시 블랙 뷰티 자체의 성적 변용의 산물이다. 첫째로 블랙 뷰티는 거세된 수말임에도 불구하고, 여성화된다. 대부분의 수말들은 암말들과 섞여서 짐을 끌기 위해서 거세되기 때문에, 블랙 뷰티를 미라고 칭한 것은 성적 대상으로서의 블랙 뷰티를 희석시키는 역할도 한다. 둘째로 슈얼은 말을 블랙 뷰티라고 칭함으로서 말의 도덕적 특성에 관심을 집중시킨다. 또한 블랙 뷰티는 아름답기 때문에 도덕적으로 선할 것이라는 유추는 성적 함의와 인종적 차이를 희석시키는 듯 하지만, 실제로는 성적 변용과 인종적 고정관념과 도덕관념이 혼재된 양의성을 지닌다.

이러한 양가성 이외에도 슈얼은 동물에 가하는 잔혹 행위를 비판하는 준거로서 신학적, 법적 논리를 동원하고 있다. 슈얼에 따르면, 유행 때문에 말에게 멈춤 고삐(bearing rein)와 곁눈가리개를 씌우는 폭력을 행사하고, 말이 원기왕성하다는 것을 나타내기 위해서 귀의 끝부분을 자르는 행위는 신학적으로 잘못된 행위라고 질타한다. 즉 동물도 신의 피조물이며, 신의 피조물에게 고통을 가하고, 흉측하게 만들 근거가 있느냐는 것이다(34-35). 치티에 따르면, 슈얼은 호레이스 부쉬넬(Horace Bushnell)의 「동물에 관한 소고」("Essay on Animals")를 베일리 부인(Mrs. Bayly)을 통해서 접하게 되었다고 한다. 부쉬넬은 이 글에서 "인간은 신을 위해 창조되었기 때문에 인간의 행복은 인간이 신의 의지에 맞게 사는 것이며, 동물과의 관계도 마찬가지이다. 동물은 본능적으로 인간의 의지에 맞게 사는 것이 자신들의 의무라고 여긴다. 따라서 인간들은 현재 우리가 그러한 것처럼 동물에게 친절하게 대하고, 대해야만 한다"(Chitty 140)라고 주장한다. 비록 이런 관점은 피터 싱어(Peter Singer)와 토마스 리건(Thomas Regan)과 같은 현대의 동물권 운동가들이 주장하는 것처럼, 동물의 완전한 권리를 인정하는 것은 아닐지라도, 18세기와 19세기에 일어나기 시작한 동물에 대한 인도주의적 대우에 대해서도 많은 영감을 준다. "주인은 말했다. 하느님은 인간에게 이성을 주셨고, 그 이성에 따라서 인간은 행동한다. 하지만 하느님은 동물에게는 이성에 의존하지 않는 지식을 주셨는데, 그 지식은 보다 더 빠르고 완벽해서 종종 사람의 목숨까지도 구할 수"(44) 있다는 것이 블랙 뷰티의 생각이다. 이는 블랙 뷰티가 다리가 곧 부서질 것을 본능적으로 알아차려 주인을 구하는 장면에서도 (43-44) 잘 드러나듯 인간보다 우월한 동물의 능력이 존재한다는 것을 인정한 것이다. 하지만 이러한 동물의 능력은 인간의 이성에는 미치지 못하며, 설령 동물에게도 어떤 특정한 능력이 있다 하더라도 그것은 인간의 생명을 구할 수 있기 때문에 중요한 능력이 된다는 단서가 붙는다.

또한 슈얼은 동물에게 가하는 고통 역시 잘못된 것이라는 주장을 하고 있는데, 이러한 주장을 밑받침하는 데 신학적 근거를 대고 있다.

우리에게는 합당한 이유 없이 하느님의 피조물에게 고통을 가할 권리가 없다. 우리는 동물을 멍청하다고 여기고, 실제로 그러한 것으로 여긴다. 왜냐하면 동물들은 우리에게 어떻게 느끼는지 말해줄 수 없기 때문이다. 하지만 동물이 말을 못한다고 해서 덜 고통을 겪는 것은 아니다(177). 하지만 이러한 논평 역시 "합당한 이유 없이"라는 단서가 붙어 있다. 즉 인간의 관점에서 합당한 이유가 있을 경우, 동물에게 고통을 가하는 것이 가능하다는 것이다.

이러한 신학적 근거 이외에도, 말을 학대하는 장면을 목격하고, 이 일에 대해서 치안판사 앞에서 증언해 줄 수 있겠냐는 요청에 그린이 기꺼이 응하며 "동물학대범은 동물학대죄로 두세 달을 감옥에서 지내야 할 것"(71-72)이라고 언급되는 장면에서 엿볼 수 있는 것처럼, 이미 영국에서는 동물학대에 대한 법안이 제정되어 있었다. 여기서 마부가 어긴 법은 1835년에 제정된 소와 개를 포함한 가축을 잔혹하게 다루는 것을 금지한 법령으로 1822년 제정된 마틴 법령에 기본을 둔 것이다(*Annotated Black Beauty* 171). 하지만 여기에서 염두에 두어야 할 점은 마틴 법령을 비롯한 동물권 보호 옹호 운동의 주된 흐름은 동물 자체에 대한 애정과 관심에서 비롯되었다기보다는 존 로크(John Locke)적인 인간 중심주의가 깔려 있다는 것이다. 즉 "열등한 존재의 고통과 파괴에 기뻐하는 사람들은 자신과 같은 종류에게도 동정적이거나 자애로울 수 없다"(180)는 로크의 발언처럼 동물 학대 반대가 인간학대로 전이될 것을 우려한 발상과 맥을 같이 하고 있다.

하지만 신학적인 근거이건, 법적인 근거이건, 동물학대를 종식시키기 위해서는 두 가지 방법 모두 큰 소용이 없는 것으로 여겨진다. 슈얼은 동물 타자 혹은 여성, 흑인으로 대변되는 타자에게 가해지는 가혹한 행위에는 분명히 반대하고 있다. 즉 빅토리아 시대에 말에게 가해지는 특정한 행태의 가혹행위, 예를 들면 멈춤 고삐를 사용하는 일은 말에게 지나친 고통을 가하는 것임으로 그렇게 해서는 안 된다고 주장한다. 하지만 동물 복지에 대한 생각은 종종 중상류계층이 베푸는 선별적 자선과 계급의 경계를 넘지 않는 범위 내에서 이러한 일이 행해졌다. 말을 비롯한 여러 동물에게 인간 폭력의 특정 부분만을 고친다면, 말에 대한 인간의 우위 및 훈육은 정당한 것으로 여겨진다. 따라서 『블랙 뷰티』는 사회제도의 모순을 밝히고, 그 제도를 개선하려는 전반적인 사회운동의 우회적 표현이라기보다는 개량주의적인 측면을 지니고 있다.

이런 개량주의적 관점을 지니고서 슈얼은 동물을 통해서 제국주의의 모순점을 폭로하고 있으며, 가정적인 힘과 제국주의 힘 사이의 팽팽한 긴장관계 속에서, 블랙 뷰티를 통해 인간의 우월성에 대해서는 전혀 아무런 의문도 제기하지 않는다. 노예들처럼 말들도 재갈이 물려지고, 묶이고 채찍질 당하는 처지에 놓이기 때문에 노예의 상황을 그대로 감내하던지 아니면 이에 저항하여 죽임을 당하든지 두 가지 상황에 처하게 된다. 하지만 『블랙 뷰티』나 『톰 아저씨의 오두막』에서는 검은 색이 함의하는 전복성을 직접적으로 제시하거나, 암시하고 있지는 않다.

말은 한편으로는 고귀해 보이기도 하면서, 다른 한편으로는 인간에게 복종하고, 인간을 위한 도구로 쓰인다는 것은 사실이다. 하지만 가부장적 사회, 제국주의적 사회 구조 안에서, 여자나 아이들처럼, 노예는 다른 목소리와 관점을 지닐 수 있겠지만, 데카르트적인 이분법의 관점에서는 지배의 대상일 뿐이다. 슈얼을 통해서 동물에 대한 학대가 가부장제 속의 주변인과 피해자로서의 여성, 백인중심사회 속의 노예에 대한 비유로도 읽힐 수 있는 여지가 많다. 하지만 그렇다고 해서 슈얼 자체가 동물해방, 여성해방, 노예해방을 적극적으로 표방하고 있다고 주장하기에는 여러 가지 문제점을 지니고 있다. 블랙 뷰티는 다른 말과의 대화를 통해서 말에게 가해지는 폭력과 부당한 처지에 대해서 분노를 느끼지만, 블랙 뷰티에게 "좋은" 주인이란 "충분한 음식"을 제공하는 주인이며(4), 좋은 주인은 자신이 제대로 행동할 때는 절대로 채찍질도 하지 않으리라 믿으며(15), 주인을 등에 태우고 다니는 것을 자랑스럽게 여기고(10), 주인을 기쁘게 만드는 것이 가장 현명한 일이라는 충고를 받아들인다(12). 이러한 블랙 뷰티의 인식은 참을 수 없을 정도로 가혹한 대접을 받지 않는 한 현재의 삶을 수동적으로 있는 그대로 받아들이고 살아야 한다는 의미를 전달하고 있다.

슈얼은 저항이 정당화 될 경우가 있다는 것도 인정한다. 진저는 멈춤 고삐를 쓰지 않기 위해 소동을 벌인다. 말에게 고통을 가하는 멈춤 고삐는 단순히 말을 보다 "멋지게(stylish) 보이게 하기 위한"(26) 용도로 쓰인다. 멈춤 고삐로 인한 고통에 못 이겨서 진저가 벌이는 반항에 대해 마침내 블랙 뷰티는 진저에게 "부당하게 학대를 받았을 경우에

의연하게 맞서곤 했는데"(154)라고 말하며 일정 부분 그 정당성을 인정하는 듯하다. 하지만 진저의 경우는 블랙 뷰티의 어머니와 마찬가지로 암말이고 간혹 전복적 요소를 보이지만, 이러한 전복적 요소가 약탈당하고, 고통받는 도시의 말의 처지에만 몰입하면서, 인간 사회의 성, 계급 문제를 은폐하거나, 노동계급과 노예 문제를 감상적으로 희석시키는 이데올로기의 작용을 한다.

또한 메리레그스는 가혹하게 자신을 대하는 나이 어린 주인에게 저항하는 것이 당연하다고 주장하면서 이것은 단지 하나의 "교훈"(lesson, 30)에 불과하다고 주장한다. 하지만 오히려 노예제도와 같은 억압에 저항하는 메리레그스나 진저의 경우에 부당한 주인, 부당한 대우를 항의할 뿐이지 그 제도 자체에 대해서는 아무 문제도 삼지 않는다. 블랙 뷰티는 억압자가 선호하는 피억압자의 모습으로 그려지고, 진저와 메리레그스는 반드시 규율되어야 할 위험한 피억압자의 모습을 보인다. 이런 의미에서 진저는 『톰 아저씨의 오두막』의 반항적인 노예인 캐시(Cassy)와 유사하고, 또한 존 맨리(John Manly) 역시 『톰 아저씨의 오두막』의 세인트 클레어(St. Clare)와 말들을 그리고 흑인 노예들을, 비록 그 처지를 벗어나게 도와주지는 못하지만, 달래고 또 편안하게 해준다는 점에서 유사하다.

블랙 뷰티는 반면 큰 저항 없이 멈춤 고삐를 써야 되는 운명을 받아들인다. 어떤 점에서 보면, 진저는 블랙 뷰티의 억압된 자아가 폭발적으로 용솟음친 경우일 것이다. 진저는 잔혹하게 다루어질 때마다, 반란을 일으킨다. 진저는 어릴 적에 삼손이라는 주인에 의해 가혹하게 다루어졌는데, 진저는 삼손에게서 "그가 내게 무엇을 원하는지 처음부터 알았지. 그는 내게서 용기를 빼앗으려 했던 거야"라고 인식한다. 그는 삼손이 자신을 "그저 하라는 대로 하고 얌전한, 복종하는 고깃덩어리"(23)로 취급하는 것을 알고 있다. 마부와 한바탕 소동을 벌인 후, 진저는 들판으로 도망간다. 그 들판에서 진저는 다른 사람을 만나게 되는데, 그는 "부드러운 목소리의 백발 신사"(24)로 칭하며 자신을 잘 대해주는 주인을 만난 듯이 기뻐한다. 즉 도망을 가더라도 좋은 주인을 만나면 모든 문제가 해결된다는 것이다.

블랙 뷰티는 어려움을 겪으면서도 희망을 잃지 않았지만, 소설의 말미에 가서 결국 블랙 뷰티가 가장 행복한 곳으로 여긴 곳은 바로 "주인인 아가씨들이 나를 절대로 팔지 않겠다고 약속"(189)한 곳이다. 이러한 행복의 이면에는 팔려 갈 지도 모른다는 공포가 항상 깔려있다. 반면 진저는 가혹한 주인들을 만나면서, 점점 자유에 대한 열망을 상실하게 된다. "예전에 낯선 사람에게 보이던 경계심 많고 도전적인 모습"(28)은 온데간데없고 결국에는 "모든 것을 포기한 듯한 흐리멍덩한 눈"(153)을 한 신세가 된다. 두 말의 처지를 비교해 볼 때, 슈얼이 『블랙 뷰티』에서 말의 천국 혹은 지옥을 그리고 있다고 볼 수는 없다. 확실히 슈얼은 노동에 동원되는 말의 처우를 개선하는 데 관심이 있다고는 하지만, 블랙 뷰티 자체가 사회 전반에 대한 개혁의 목소리를 내고 있는지는 확실하지 않다.

유토피아적인 결말에도 불구하고, 이 소설은 제레미아 바커(Jeremiah Barker)나 샘의 죽음에서 드러나는 것처럼, 말의 처지나 단순 노동자의 처지가 그리 다르지 않다는 사실을 역설적으로 보여주고 있다. 샘이 파업을 선동하는 과정과 그 파업을 평화시위로 이끌어가는 블랙 뷰티의 수사적인 간섭은 당시에 활발하게 전개되어 온 반제국주의 시위가 식민의 독립을 위한 전쟁을 선동하는 방향으로 전개되지 않고, 평화적이며 비폭력적인 시위로 타협됨을 드러낸다. 또한 이야기 전개상, 블랙 뷰티가 세상의 혹독한 경험을 겪고 그린에게 돌아가는 구조는 당대 도시와 농촌 사이의 갈등 관계를 신비화하는 경향이 있다고도 볼 수 있다. 인근 부락의 노동자들과 거주자들은 모두 자신들의 선량한 귀족을 위해 슬퍼하는 단일한 모습으로 그려져 있는데, 물론 당대 몇몇 귀족들은 예외적일 수 있겠지만, 당대의 노동 상황을 감안할 때, 이러한 재현은 비현실적이거나 지나치게 미화됐다는 비난을 면할 수 없다. 슈얼은 『블랙 뷰티』를 통해서 제국의 팽창과 그 팽창이 가져오는 비인간적인 동물학대에 반대하며, 또 이 문제를 노예제도와 여성이 겪는 고통과 연계시켜, 이를 확대 재생산하는 제국주의 경영에 문제점을 지적하고 있다. 하지만 이러한 문제들을 포함하여 동물과 제국의 관계가, 제국과 식민이라는 구도 속에서 자신이 전복하고자 했던 이데올로기 자체를 내면화시키고 있음을 드러낸다.

4. 나오며

슈얼의 『블랙 뷰티』는 단순한 동물 교훈 소설을 넘어, 빅토리아 시대의 사회적 모순을 드러내는 중요한 문학적 텍스트로 기능한다. 본 글은 이 작품이 동물권, 여성 억압, 노예제 비판이라는 다층적 의미를 담고 있으며, 말이라는 침묵하는 타자의 관점을 통해 빅토리아 시대의 계급과 권력 구조를 재현하는 방식을 분석했다. 그러나 『블랙 뷰티』는 이러한 억압의 구조를 폭로하면서도, 궁극적으로 이를 전복하기보다는 기존 질서 내에서의 점진적 개선을 강조한다는 점에서 개량주의적 한계를 드러낸다. 작품 속에서 블랙 뷰티는 순응적인 이상형으로, 진저는 저항하는 피억압자로 대조되며, 이는 당시 사회에서 기대된 이상적 피억압자의 모습을 반영한다. 또한, 말에 대한 학대와 노동 착취를 비판하면서도, 그 해결책을 근본적 사회 개혁이 아닌 '착한 주인'의 보호 속에서 찾는다는 점에서, 이 작품이 가진 구조적 모순을 확인할 수 있다. 결국, 블랙 뷰티는 피억압자의 관점을 대변하며 동물과 인간의 처지를 동일선상에서 논의하는 진보적 시각을 제공하지만, 동시에 제국주의적 가치관을 완전히 탈피하지 못한 채 기존 사회 질서를 재확인하는 역할도 수행한다. 이러한 양가성은 이 작품을 단순한 반동물학대 소설이 아닌, 빅토리아 시대의 계급, 젠더, 그리고 제국주의의 복합적 논리를 반영하는 중요한 문학적 담론의 장으로 자리하게 한다.

참고 문헌

Adams, Richard. *Traveller.* New York: Knof. 1988.

Brody, Jennifer Devere. *Impossible Purities*. Durham: Duke UP, 1998.

Chadwick, Whitney. "The Fine Art of Gentling" *The Body Imagined.* Cambridge: Cambridge UP, 1993.

Chitty, Susan. *The Woman who Wrote Black Beauty.* London: Hodder and Stroughton, 1971.

Dingley, Robert. "A Horse of a Different Color: Black Beauty and the Pressures of Indebtedness." *Victorian Literature and Culture* 25.2 (1997): 241-51.

Ferguson, Moira. "Breaking in Englishness." *Women* 5.1 (1994): 34-52.

Fulweiler, Howard W. *Here a Captive Heart Busted: Studies in the Sentimental Journey of Modern Literature.* New York: Fordham UP, 1993.

Gavin, Adrienne E. "Anna Sewell." *Studii de limb si literaturi moderne* 23 (1997): 33-43.

Gilbert, Sandra M. and Susan Gubar. *The Madwoman in the Attic.* New Haven: Yale UP, 1984.

Hollindale, Peter. "Plain Speaking: Black Beauty as a Quaker Text." *Children's Literature* 28 (2000): 95-111.

Hugget, Frank E. *Carriages at Eight.* New York: Charles Scribner's Sons, 1980.

Kaplan, Fred. *Sacred Tears.* Princeton: Princeton UP, 1987.

Lansbury, Coral. *The Old Brown Dog: Women, Workers and Vivisection in Edwardian England.* Madison: U of Wisconsin P, 1985.

Locke, John. *Some Thoughts Concerning Education.* Oxford: Clarendon P, 1989.

Morris, Tim. *You're Only Young Once.* Urbana: U of Illinois P, 2000.

Pierson, Melissa Holbrook. *Dark Horses and Black Beauties.* New York: W.W. Norton, 2000.

Sewell, Anna. *Black Beauty: The Autobiography of a Horse.* Ed. Peter Hollindale. Oxford: Oxford UP, 1992.

Sewell, Anna. *The Annotated Black Beauty*. Ed. Ellen B. Wells and Anne Grimshaw. London: J. A. Allan, 1989.

Stoneley, Peter. "Sentimental Emasculations: Uncle Tom's Cabin and Black Beauty." *Nineteenth-Century Literature* 54.1 (1999): 53-72.

Thomas, Keith. *Man and the Natural World.* London: Oxford UP, 1996.

Todd, Janet. *Sensibility*. London: Metheun, 1986.

Turner, James. *Reckoning with the Beast*. Baltimore: Johns Hopkins UP, 2000.

* 이 글은 『19세기 영어권 문학』 9권 3호(2005년)에 발표한 논문을 일부 수정한 것이다.

동물에 '대한' 시선과 동물'의' 시선: 포의 「검은 고양이」와 데리다의 고양이는 어떻게 다른가?

최성희(부산대학교)

동물에 '대한' 시선과 동물'의' 시선: 포의 「검은 고양이」와 데리다의 고양이는 어떻게 다른가?

I. 작가 소개

스스로 '기구한' 삶을 산 작가이자, '미국의 꿈' 이면의 우울과 공포를 잘 그려내는 작가로 정평이 나있는 에드거 포(Edgar Allen Poe, 1809-1849)는 1809년 1월 19일에 미국 보스턴에서 출생하였다. 그는 모두 배우였던 양친을 매우 어린 나이에 잃었고 다른 두 형제들과 헤어져 각각 다른 가정에서 자랐다. 친부인 데이비드 포(David Poe Jr.)는 성공한 아일랜드 이주민의 자식으로 법률가가 되길 바라는 가족의 소망을 저버리고 배우가 되었으며, 친모인 엘리자베스 포(Elizabeth "Eliza" Poe)는 어린 시절 역시 배우였던 그녀의 어머니와 함께 영국에서 미국으로 건너와, 9살부터 무대에 섰으며 다재다능한 배우로 인정받았다. 부모를 일찍 여읜 포는 두 살 되던 해 사업을 하던 존 앨런(John Allan)의 양자로 들어가 6살 때 영국으로 이주하여 초등 교육을 받은 후 다시 미국으로 돌아온다. 양부와 사이가 좋지 않았던 포는 결국 그와 결별하고 미국 동부의 여러 도시를 떠돌면서 편집인이자 작가의 삶을 살았다. 사촌이자 어린 신부와의 짧은 결혼 생활 후 볼티모어의 한 술집에서 쓰러져 사망한다.

포는 추리소설의 창시자이자 미국에서 단편소설 장르의 기틀을 확립한 작가로서 당시 미국에서 인기가 높았다. 그가 쓴 유명한 공포소설 및 추리소설로는 「어셔가의 몰락」(“The Fall of the House of Ursher,” 1839), 「모르그가의 살인 사건」(“The Murders in the Rue Morgue,” 1841), 「도둑맞은 편지」(“The Purloined Letter,” 1844)가 있다. 그는 한 비평문에서 훌륭한 단편소설은 한자리에서 읽을 수 있고 단일한 효과를 내며 사건의 체계성을 지녀야 한다는 ‘단편소설의 공식’을 제시한 바 있다. 소설뿐 아니라 시 창작에도 관심이 많아 『시작의 철학』(*The Philosophy of Composition*, 1846), 『시의 원리』(*The Poetic Principle*, 1850) 등 시론과 「갈가마귀」(“The Raven”), 「애나벨 리」(“Annabel Lee”) 등 다수의 시를 발표하였다. 미와 진리가 근본적으로 양립이 불가하다는 포의 주장은 프랑스 상징주의 시인들에게 환영받았고 추앙받기까지 하였다.

II. 작품 소개

「검은 고양이」(“The Black Cat”)는 포가 필라델피아에 살던 1842년에 구상하고 1843년에 발표한 단편소설이다. 포의 필라델피아 시절은 그가 왕성한 글쓰기를 하며 잡지에 연재하던 시기로, 「리지아」(“Ligeia”), 「윌리엄 윌슨」(“William Willson”), 「어셔가의 몰락」 등 주옥같은 작품들이 발표되었고 그의 단편소설 이론도 정교화되었다. 그는 어느 필라델피아 신문에서 코네티컷의 한 집 천장에서 살해된 여성의 뼈가 발견되었다는 기사를 보고 이 소설을 구상하였다고 한다.

「검은 고양이」는 1인칭 서술가가 주인공으로 등장하여 자기가 기르던 검은 고양이를 죽인 사건에 대해 회상하는 식으로 전개된다. 여기서 서술자는 어느 만취한 밤에 한때 자기를 잘 따르곤 했던 '플루토'(Pluto)라는 이름의 고양이가 자기를 깨물었다는 이유로 잔인하게 학대하고, 결국 못된 충동에 사로잡혀 목매달아 죽인다. 그날 밤 그의 집에 불이 나 다 타버리는데, 유일하게 오롯이 남겨진 벽면에 매달려 죽은 고양이의 형상이 남아있었다. 그 뒤 얼마 후 그는 죽은 고양이를 대체할 비슷한 애완동물을 찾는 마음이 생겨 술집에서 다른 검은 고양이를 발견하여 데려온다. 하지만 그것에 대한 혐오와 증오가 점점 커져 급기야 그것을 도끼로 쳐 죽이려 하는데, 이때 그를 말리던 아내를 실수로 죽이게 되고 사체를 지하실 벽에 벽돌로 막아 숨긴다. 며칠 뒤 경찰들이 와서 수색하다 떠나려던 차, 벽 속에서 울부짖는 비명 소리가 들려왔고, 그 속에서 그가 못 찾고 말았던 검은 고양이가 발견된다.

포의 이 소설은 단순히 공포를 불러일으키는 데 그치지 않고 그 서술 과정에서 서술자 주인공의 내면적 죄의식과 정당화 방식 등 심리적 내면을 조밀하게 보여주고 있어 이후 많은 근대 작가와 예술가들뿐만 아니라 많은 대중에게도 큰 인상을 남겼다. 무엇보다 이 소설은 스릴 넘치면서도 깔끔한 구성에 힘입어 널리 읽히게 되면서 '검은 고양이'를 다룬 대표적인 소설로 회자되곤 하는데, 그 괴기스런 이미지로 인해 검은 고양이에 대한 부정적인 인상을 남겼다고 볼 수 있다.

III. 작품 연구

1. 들어가며: 고양이에 대한 두 시선

여기 고양이를 보는 한 시선이 있다. 어린 시절부터 온순하고 인정이 있는 기질로 주목받았던 그는, 다정다감한 마음이 하도 두드러져서 급우들의 놀림을 받을 정도였다. 그는 특히 동물들을 사랑했으며 그런 그의 기질은 부모에 의해 뒷받침되었다. 성인이 되어서도 동물을 먹이고 쓰다듬는 것이 제일의 삶의 낙이었던 그는 자기와 마음이 맞는 아내와 결혼하여 많은 애완동물을 기르면서 살아간다. 그중에는 그가 특히 좋아하며, 어디든지 그를 따라다니는 크고 아름답고 영민한 검은 고양이, '플루토'가 있었다. 하지만 알코올 중독증이 심해지던 그는 술 취한 어느 날 플루토의 눈을 도려내고, 며칠 뒤 멀쩡한 정신으로 플루토를 나무에 목매달아 죽인다. 그는 자신이 이후에 겪을 기이한 불행들의 시작을 이와 같이 술회하고 있다. 이 이야기는 바로 잘 알려진 포의 「검은 고양이」의 시작 부분이다. 이 소설에서는 서술자인 주인공 남자와 그의 아내, 그리고 고양이 두 마리가 등장한다. 첫 번째 고양이의 이름은 '플루토'이고 두 번째 고양이는 이름이 없다. 그는 첫 번째 고양이를 목매달아 죽이는데, 그것을 목매단 이유를 다음과 같이 말한다.

> 그것이 나를 사랑한다는 걸 알았기에, 그것이 내게 아무런 공격의 이유도 제공하지 않는다고 느꼈기에 매달았다. 그렇게 함으로써 내가 죄를, 내 불멸의 영혼을 위태롭게 만들어 그걸 매달게 할 정도의 대죄, 만일 그런 게 가능하다면, 가장 자비로운 신과 가장 무서운 신의 무한한 자비도 미치지 못할 그 너머의 죄를 저지르고 있다는 걸 알았기에 매달았다. (63)

그가 자기의 고양이를 죽인 이유는 말하자면 그것이 날 사랑했기 때문이고, 내가 그것을 죽일 이유가 없었기 때문이고, 그래서 그것을 죽이는 것이 '죄'이기 때문이었다. 즉, 그가 말하는 죄라는 것은 별다른 이유가 없는 살해의 이유가 된다.

여기 고양이를 바라보는 또 한 사람이 있다. 그는 알몸으로 서 있는 자신을 바라보는 고양이를 본다. 그는 고양이의 시선 앞에서 부끄러움을 느낀다. 하지만 고양이의 시선 앞에서 부끄러움을 느끼는 그 사람, 자크 데리다(Jacques Derrida)는 이 부끄러움에 대하여 '무엇을 부끄러워하며 누구 앞에서 발가벗었나?'라는 질문을 던진다. 그러다 그는 자신의 부끄러움이 지극히 인간적인 것이라는 점에 주목한다. 바라보는 고양이는 인간이 옷을 입었건, 옷을 벗었건 개의치 않지만, 옷을 입는 것을 상식으로 아는 인간은 자신의 벌거벗음을 의식하며 그 앞에서 어떤 부끄러움을 느낀다는 점이다. 그래서 그가 느끼는 수치심은 '고양이를 보는 자신을 보는 고양이의 시선을 의식하고, 자신이 발가벗었음을 아는' 인간의 것이다.

위의 두 사람이 고양이의 시선, 나의 정체성이 흔들리는 순간에 맞닥뜨린 고양이의 시선 앞에서 나오는 두 반응은 사뭇 대조적이다. 한쪽은 나를 바라보는 고양이에 대해 극도의 혐오감을 느끼며 그것이 나의 폭력성 표출로 이어지고, 다른 한쪽은 '나의 알몸을 바라보는 고양이에 대해 수치심을 느끼는 나'라는 인간에 대해 의문을 제기하며 고양이 자체와 인간의 시선 사이의 관계를 묻는다. 자기와 친밀한 관계에 있는 한 동물에 대한 이처럼 상이한 반응은 다음과 같은 물음을 일으킨다. 첫째, 우리의 시선의 대상은 무엇/어디인가? 하는 물음이다. 고양이를 바라보는 '나'의 시선이 가닿는 곳은 그 고양이인가, 아니면 그것을 바라보는 나인가? 둘째, 이러한 두 시선의 차이는 어디에서부터 비롯되는가?이다. 각 화자의 인격에서인가, 아니면 문화 내에서부터인가? 시선에는 주체가 있기에 그 당사자의 주관성과 맺는 연관성을 생각하기 쉬울 것이다. 하지만 그 대상에 대한 여러 다른 사람들의 시선들에 어떤 일관성이 있다면 그것은 단지 개인의 주관성 혹은 인격성의 문제에 국한되지는 않을 터이다.

그리고 우리는 차원을 달리하여 세 번째 물음을 던질 수 있다. 이러한 동물에 대한 다른 시선을 가진 이야기는 실제로 우리 삶에 어떤 영향력을 행사하는가? 모든 서사 혹은 이야기는 그것이 철학적 이론적이건 허구적이건 정도의 차이는 있을지언정 우리의 삶에 영향을 미친다. 이 글에서 포의 「검은 고양이」를 다루는 이유도 이 소설의 파급력 때문이다. 포의 '검은 고양이'는 다른 많은 이야기 속의 고양이 중 단연 으뜸가는 대표적 고양이 상(figure) 중 하나로 자리 잡고 있음을 부인하기는 힘들 것이다. 이러한 대표적 상은 우리가 직접적으로 만나는 고양이들에 대한 경험에 영향을 끼친다. 그 상은 작가가 이 글을 쓴 진짜 의도가 무엇이었든 그것과 무관하게 그 자체의 경로를 따르며 고양이에 대한 어떤 관념을 확대하고 재생산하는 데 기여한다.

이 글에서는 이러한 물음을 염두에 두고서 앞의 두 시선을 다시 바라보고자 한다. 포의 「검은 고양이」와 데리다의 글[1]인 『동물, 그러니까 나인 동물』(*The Animal That Therefore I Am*, 이하 *Animal*)에서 나타난 두 시선을 염두에 두면서, 데리다의 동물에 대한 사유가 우리가 동물을 바라보는 시선에 어떤 문제점을 제기하는지 따라가 보려 한다. 시선은 단지 감각적인 '보기'에 지나지 않는 것이라고 단정 지을 수 없다. 시선에는 시간이 배여 있고, 그 시간의 결을 따라 문화와 사회가 기입되어 있다. 데리다는 시선이라는 감각 자체에 대한 문제를 제기하는 대신, 동물을 바라보는 우리의 시선이 어떻게 작동해왔는지 응시하며 그 작동 방식에 단절을 낼 수 있는 길을 모색한다.

---

1) 혹은 '말'이라고 할 수 있겠다. 이 책은 원래 그가 1997년 프랑스의 세리지 라 살(Cerisy-la-Salle) 학회에서 발표한 강연문인 「동물, 그러니까 나인 동물(계속)」("L'Animal que donc je suis (à suivre)")에서 시작되기 때문이다. 'à suivre'(계속)이란 말에 드러나듯 데리다의 동물에 관한 논의는 이후에도 이어진다. 데이비드 윌스(David Willis)가 영어로 번역하여 2002년 『비판적 연구』(*Critical Inquiry*) 겨울호에 같은 제목으로 실렸고, 이후 그의 다른 글들과 함께 묶여 프랑스와 영국에서 책으로 출간되었다.

2. 동물 친화적 시선

「검은 고양이」의 서술자는 고양이를 '사랑'하지 않은 것이 아니었다. 그는 어릴 적부터 "동물 친화적"인 기질을 가지고 있었다. "나는 특히 동물을 좋아했고, 부모님들 덕분에 정말로 많은 애완동물들과 뒹굴었다"(62)라고 쓰고 있듯이, 이 소설의 첫 부분은 서술자가 일찍부터 동물과 친하게 지낸 경험을 강조한다. 그런데 그런 사랑이 그리 쉽게 동물에 대한 극단적 폭력으로 바뀌는 이유는 무엇일까? 이 소설은 한 동물 친화적'이었던' 사람이 겪은 동물과 관련된 병리학적 기록인가, 아니면 동물을 소재로 하여 비유적으로 인간관계의 잔혹성을 그린 소설일까? 이 소설의 서술자는 아내와 고양이 '플루토'에 대한 자신의 태도가 변화해 가는 과정이 자신 내면의 변화와 관련 있음을 암시한다. 폭력적으로 변하기 전에 그는 매일 점점 "더 우울하고, 더 초조해하고, 점점 더 다른 사람의 기분에 대하여 상관치 않게"(62) 되었다고 기술하고 있다. 그래서 서술자의 폭력성 표출이 내면에 쌓인 그의 불만 표출이라고 해석할 여지는 충분히 있어 보인다. 사실상 영미권에서「검은 고양이」에 대한 전통적인 비평은 대체로 정신분석학이나 신경생리학적 맥락 속에 위치한다.

윌리엄 크리스먼(William Crisman)의 비평은「검은 고양이」에 대한 기존의 해석이 보여주는 정신분석학적 구도를 잘 보여주는 사례 중 하나이다. 크리스먼은 이 이야기의 첫머리에 나오는 "단순한 가정사"(a mere household, 61)라는 구절에 주목하여 그 의미를 탐구해 들어가면서 이를 '사랑의 삼각구도' 속에서 해석한다. 이런 그의 해석은 전통적으로 다른 해석자들이 이 구절을 해석해 온 방식과 다소 차이가 난다. 전통적인 해석자들은 이 말이 검은 고양이에게 저지른 잔인한 처사에 대한 비방을 모면하기 위한 장치라고 보거나, "가정사"라는 말에 착안하여 남편의 아내 살해 욕망과 관련지으면서 고양이를 아내의 대리 희생자로 해석하곤 하였다.

하지만 크리스먼은 이러한 해석들이 충분치 않다고 보면서, 일종의 발달심리학적 관점에서 다시 접근한다. 그는 대부분의 정신분석학적 분석들이 취하는 '검은 고양이=아내'라는 등식이나 '검은 고양이=서술자'라는 등식에서 결정적으로 빠진 것이 있다고 본다(87-88). 「검은 고양이」에 대한 전통적인 정신분석학적 해석들은 "그 검은 고양이와 그의 아내 모두에 대한 서술자의 관계의 역사"(Crisman 88)를 놓치고 있다고 보기 때문이다. 그에 의하면, 작중 서술자는 어릴 적부터 친구도 별로 없이 외톨이로 지내며 동물들과 친하게 지낸 경험 때문에 인간관계에서의 잦은 부정(不貞)과 거부에 민감한 성격을 지니며, 고양이가 아내의 사랑을 독차지하자 아내의 사랑을 두고 경쟁하는 구도가 형성된다. 그래서 "작중 서술자는 그의 가장 친한 어릴 적 친구[고양이]에 의해 사랑을 배신당할 위치"(Crisman 88)에 놓인다는 것이다. 서술자에게 고양이의 학대와 살해는 사랑의 경쟁자를 파괴함으로써 매력을 잃게 하는 신체 훼손의 의미를 띠며, 고양이를 방어하려다 함께 살해된 아내는 최대의 부정을 저지른 자인 셈이다.

이런 식의 해석이 현재 우리가 너무나 쉽게 접할 수 있는 진부한 것이라는 사실보다 더 중요한 점은 여기에 결정적으로 빠진 것이 있다는 사실이다. 크리스먼은 "단순한 가정사"라는 서두의 구절에 너무 집중하여 가정사라는 테두리, 즉 남편과 아내의 관계 속에서 고양이를 사유하는 데서 벗어나지 못한다. 하지만 그의 아내와 두 마리의 고양이들은 과연 동일선 상에 놓일 수 있는가? 더 나아가, 플루토와 플루토를 닮은 두 번째 고양이는 동일시될 수 있는가? 그리고 평자들은 혹은 독자들은 고양이가 한 마리가 아니라 두 마리라는 사실에는 왜 주목하지 않는가? 그러한 읽기의 습관은 우리에게 훨씬 더 많은 것을 시사해 줄지 모른다. 고양이는 인간에 빗대어서만 말해질 수 있으며, '고양이들'은 모두 그냥 '고양이 일반'으로 생각하는 습관에 대해서 말이다. 이러한 습성은 이야기 속 화자의 시선에서나 평자들의 시선에서나 여지없이 드러나고 있다.

우리는 「검은 고양이」의 주인공 서술자는 자신의 고양이 살해를 스스로 일종의 '사회도덕에 대한 반항'으로 해석하고 있음을 볼 수 있다. 그가 자신이 "죄를 짓는다는 것을 알았기에"(63) 플루토를 죽였다고 말하면서 종교와 사회가 정한 도덕을 거스른다는 점을 부각시키고 있기 때문이다. 하지만 그러한 종교와 사회가 어떤 성격을 띠는지에 대해서는 아직 의문의 여지가 있다. 조셉 스타크(Joseph Stark)는 서술자가 언급하는 '죄'의 동기를 설명하는 논문에서 이 소설이 1848년에 쓰여졌다는 점에 주목하며 당시의 종교 및 과학적 배경을 분석하고 있다. 그는 포의 「검은 고양이」와 「모르그가의 살인사건」 등 단편소설이 당시 미국 사회에서 성행하던 복음주의 부흥 운동, 보수적 자연 신학, 그리고 차츰 세력을 키워가던 찰스 다윈(Charles Darwin)의 진화론을 계승한 실증주의 과학의 틈바구니에서 태어났다고 기술한다. 1840년대의 미국의 신교도들은 자연주의와 다윈의 결정론의 영향 등으로 인간에 대한 시각이 달라짐에 따라, 아담의 타락 이후 인간은 죄를 타고난다는 원죄설보다는 죄는 죄스런 행위로부터 생겨난다는 관념 쪽으로 기울게 되면서 인간의 의지를 강조하는 경향을 띠었다. 스타크는 이러한 상태에 대해 "프로테스탄트 신학과 인간의 기원에 대한 과학적 이론이 다른 궤도를 타고 엇갈리면서 교차하고 있었다"(257)고 규정하면서, 포는 이 소설에서 그의 시대에 일어났던 "신학적, 철학적, 그리고 의학적 논쟁을 보여주고 있다"(263)고 주장한다.

하지만 이러한 해석 역시 서술자의 내면이 고양이에게 투사된다는 해석의 연장선에 있다고 할 수 있으며, 그 고양이가 인간이 아닌 동물이라는 점은 역시 간과되고 있다. 물론 주인공 서술자의 폭력은 고양이뿐만 아니라 아내에게도 행해지지만, 서술자의 주된 폭력과 관심의 대상은 여기 등장하는 두 마리 고양이라는 사실을 부정하기는 힘들다. 그의 아내 살해는 그녀가 고양이에 대한 폭력행사를 방해하는 순간에 일어난 우연한 사건이기 때문이다. 그래서 나는 이 소설을 정신분석학적 사랑의 관계에서 대상의 전치라는 식으로 해석하는 흐름이든, 서술자의 어린 시절의 어떤 경험에 의한 '삐뚤어짐'(perversiveness)으로 해석하든, 종교적 혹은 신경생리학적 관점에서 해석하든, 주된 해석들에 가장 중요한 한 가지 사실이 빠져 있다고 본다. 바로 '고양이들'이다. 그리고 설령 고양이에 대한 주인공의 폭력이 사회도덕에 대한 반항의 의미를 띤다고 하더라도, 그 반항은 진실로 사회도덕 바깥에 위치하는가?라는 물음을 던져볼 수 있다. 어쩌면 그것은 반항 혹은 반대라는 이름으로 그 사회도덕이 전제하고 있는 이면에 지극히 충실한 것일 수 있다. 그가 거스르고자 한 것은 선과 악의 구분이 있는 사회의 도덕일진대, 그 도덕은 인간과 동물의 위계를 전제로 하며, 따라서 인간이 아닌 동물을 배제한 채 세워진 것이다. 여기서 배제라 함은 대상으로 삼지 않는다는 의미가 아니라, 철저히 대상화함으로써 주체가 될 가능성을 완전히 차단해 버린 것을 뜻한다.

그러므로, 특이하게도 이 소설에서는, 검은 고양이의 영향력이 소설 전체에서 작용하지만, 그 고양이 자체를 느끼기는 힘들다고 말할 수 있다. 서술자는 자신의 '애정'을 말하지만, 고양이를 바라보는 그의 시선 속에서 드러나는 것은 그의 시선일 뿐, 고양이의 시선은 찾아볼 수 없다. 서술자가 강조하는 동물과의 친화성과 근접성은 동물을 바라보는 그의 관점에 아무런 변화를 주지 않는다. **우리는 동물과의 친화적 관계가 그 동물에 대한 이해와 배려를 수반하리라고 기대하는 습관이 있다.** 이는 근대화와 더불어 동물을 실험실의 관찰 대상으로 삼거나 대량 사육하면서 그들을 인간의 '먹이'로 계산하거나, 또는 인간의 청결한 주거 환경과는 조화를 이루기 힘든 야생의 생물로 생각하게 된 습관과 대비되는 낙관적 기대라고 할 수 있겠다. 과학과 자본의 처리 대상이 된 동물과는 달리 느낌과 생활을 공유하기에 살아있는 생명체로서, 친구나 가족으로서 가까운 접촉을 하면서 더 많은 이해를 하리라는 기대이다.

실제로 이른바 '반려동물'(companion animal)과의 생활은 우리가 가진 동물에 대한 일반적인 편견들을 제거해 주곤 하는 것이 사실이다. 린다 윌리엄스(Linda Williams)는 "반려동물이야말로 우리가 동물의 타자성을 조우하고 그리하여 우리가 얼마나 동물의 삶과 역사적으로 상호 의존적인지 돌아보거나, 혹은 인간의 정서가 얼마나 다른 존재의 있음과 되어감의 존재론적 상태와 닮았는지 보여주는 더 많은 기회를 제공한다"(22)라고 말한다. 하지만 포의 「검은 고양이」는 이런 기대를 깨뜨린다. 이 소설은 내 옆의 친밀한 동물을 죽이는 것이 단순히 계산적 거리감이나 적대감이나 혐오에서 비롯되는 문제만이 아님을 보여준다. 그리고 그런 친밀감이 적대감이나 혐오를 막을 수도 없음을 보여준다.

문제는 동물을 그린 이야기에서 혹은 동물에 대해 말하는 담론에서 동물이 없어지고 인간인 '나'의 시선과 인식만 남는 현상이 반복되고 있다는 데 있다. 이러한 손쉬운 전환은 전통적으로도, 일상적으로도 어디에서나 관찰 가능하다. 좀 덜 문명화되고, 동물들과 더 많은 교감을 했을 것으로 추정되는 사회에서도 이와 비슷한 식의 모순적 사고가 존재했음을 알 수 있다. 잔 카제스(Jean Kajez)는 『동물에 대한 예의』(*Animalkind: What We Owe To Animals*)에서 에스키모인들이 고래 사냥을 하면서 지녔던 기묘한 논리 속에서 모순점을 발견한다. 그에 따르면, 에스키모인들은 사냥당한 고래가 사냥꾼에게 자기 자신을 '선물'로 주었다고 믿었으며 지금도 그렇게 믿고 있는 이들이 많다고 한다. 하지만 고래가 아무 대가도 바라지 않으면서 자신을 필요로

하는 인간에게 자신의 몸을 선물로 바쳤을 것이라는 가정에는 지나칠 수 없는 모순이 있다. 만일 그처럼 "고래가 상당히 정교한 사고를 할 줄 아는 이타주의자라면" 그것이 고래를 먹지 말아야 할 이유가 되어야 된다. 왜냐하면, 이런 고래라면 "먹이가 아니라 동료로 여겨야 마땅하기 때문"(42)이다. 카제스는 이러한 모순을 '존중을 담은 착취'라는 말로 정리하는데, 그의 이러한 분석은 존중이라는 가치조차 인간중심적인 인식의 틀 안에서 작동하면서 인간을 위해 봉사하는 데 이용된다는 사실을 단적으로 보여준다.

그렇다면 우리는 동물을 어떻게 바라보아야 할까? 데리다가 자신의 나체를 보는 고양이를 보면서 품는 의문은 앞의 모순에 대한 질문이기도 하다. 그는 "우리는 동물의 입장에 서서 발가벗은 채 보여지는 자신을 볼 수 있는가? 악[*le mal*]에 앞서서 또 모든 나쁜 것들[*les maux*]에 앞서서 동물의 입장에서?"(*Animal* 20)라고 묻는다. 그렇다면 '동물의 입장에서' 본다는 것은 무슨 의미인가? 흥미롭게도, 데리다는 이러한 질문에 대한 답을 '어떻게 본다'로 대답하지 않고 '어떻게 느낀다'에서 찾고 있다. 동물의 관점에서 보기 위해 데리다는 먼저 자기를 느끼는 데서 시작한다. 그는 동물 앞에서 발가벗고 있어서 부끄러움을 느끼고, 그런 "부끄러움을 느낀다는 사실에 부끄러워한다"(*Animal* 20). 데리다는 왜 부끄러움 혹은 수치심이라는 정념을 동물에 대한 재접근의 첫 단초로 삼는가? 즉, 동물의 시선 앞에서 부끄러워하는 나의 정체는 무엇이며, 그것이 인간과 동물의 관계에서 어떤 점을 밝혀주는가?

3. 수치심이 시선에 미치는 영향

데리다의 동물에 대한 사유를 제대로 이해하기 위해 우리는 엠마누엘 레비나스(Emmanuel Levinas)의 타자 철학을 짚고 넘어갈 필요가 있다. 타자에 대한 나의 시선 혹은 인식과 타자의 타자성을 존중하는 것 사이의 관계에 대해 생각해 보기 위해서이다. 레비나스에 따르면, 시선 그 자체에는 타자에 대한 존중이 들어있지 않다. 그는 시선, 즉 본다는 것은 이미 '조명'한다는 것이며, 따라서 그것은 자아가 타자를 규정하는 재현의 영역에 속한다고 주장한다. 이러한 레비나스의 주장은 주체의 동일자적인 인식으로서 시선이 가진 한계를 겨냥하고 있다. "자아, 동일자, 주체나 존재의 우위성을 주장하는 자아론"(Davis 40)에 머물러왔던 종래의 철학에 대한 반역을 시도하는 레비나스의 철학은 타자를 타자 그 자체로 인정하는 데서 시작하며 주체 혹은 자아에서 타자로 관심의 초점을 이동시키는 데 집중된다. 그에게 타자의 타자성이란 주체의 이해가능성 너머의 것이며, 나아가 무한 그 자체이다. 시선은 그런 타자를 대상화하여 이해하는 메커니즘을 지닌다. 시선에는 개체의 독특성을 일반성으로 대체하여 타자를 그 일반성의 틀 속에서 '개념화'하는 특성이 있다. 그래서 레비나스는 '보기' 대신 '듣기'가 타자와의 관계성 측면에서 더 개방된 감각이라고 내세우며, 타자와의 만남의 가능성을 보기보다 '듣기'에서 찾는다(215). 데리다는 이러한 레비나스의 주장은 한 마디로 "보기에 대한 듣기의 초월"("Violence and Metaphysics" 124)이라고 정리한다.

레비나스와 달리, 데리다는 「동물, 그러니까 나인 동물」에서 감각의 종류를 달리해서 타자에 접근하는 방법을 취하는 것 대신, 시선의 주체인 자신에 대해 사유하는 것부터 시작한다. 이것은 얼핏 데카르트식의 자기반성의 방식처럼 보이기도 하지만 데리다와 데카르트와의 차이는 선명하다. 앞서 말했듯이, 그는 '나는 누구인가?'라고 묻는 대신, '나는 무엇을, 누구 앞에서 부끄러워하는가?'라고 묻는다.[2] 그의 물음은 나의 생각보다 나의 부끄러움을 앞세우면서 동시에 나와 동물이라는 타자를 함께 결부시킨다. 시선이 가지는 타자의 포섭과 폭력을 누구보다도 잘 의식하고 있으면서 시선이 가지는 의미, 동물을 '바라본다는 것'(to see)의 의미를 추적한다. 데리다는 레비나스와 달리 시선의 한계에만 초점을 맞추지 않고 그 한계의 심연을 들여다본다.

그렇다면 수치심은 동물을 바라보는 그의 시선에 어떤 효과를 발휘하는가? 우선, 그가 느끼는 동물 앞에서의 이중의 부끄러움은 시선의 폭력을 미리 차단하는 효과를 지닌다. 부끄러움은 나의 시선이 직선적으로 내 앞의 동물을 포착하여 나의 인식 속으로 끌어 들이는 자동적 과정에 단절을 가한다. 두 번째 효과는 내 앞의 한 동물의 시선에 맞닥뜨린 나의 부끄러움이 동물과는 아무런 관련이 없다는 사실을 부각시키는 것이다. 데리다는 부끄러움이라는 내밀한 감정이 나와 인식의 공통지점이 없는 동물과는 하등의 관계가 없다는 점을 부

2) 이 글의 제목인 「동물, 그러니까 나인 동물」("L'Animal que donc je suis (à suivre)"/"The Animal That Therefor I Am (More to Follow)")은 데카르트의 명제인 "나는 생각한다, 고로 나는 존재한다"(je pense donc je suis)를 비튼 제목이다.

각시킨다. 옷을 걸치지 않은 채 맨몸으로 고양이의 시선 앞에 노출된 나, 그 내가 느끼는 부끄러움의 정체가 무엇인지 분석해 들어가는 중에 데리다는 동물과 인간 사이에 깊은 '어긋남'이 있음을 깨닫게 된다. 나는 내 앞의 고양이 앞에서 그것의 시선을 받고 있는 나의 알몸을 민망해 한다. 하지만 그 고양이는 나의 알몸에 대해 신경 쓰고 있을까? 아니다. 그 고양이는 내가 벗었건 입었건 신경 쓰지 않는다. 그것의 시선은 옷을 입은 것과 입지 않은 것 사이의 차이에 대한 의식이 없다. 그 의식은 오직 인간-동물인 나의 것이다. 다시 말해, 발가벗고 있음을 의식한다는 것은 옷을 입는 인간만이 느끼는 지극히 인간적인 것이며, 정작 항상 발가벗고 있는 동물은 그러한 의식 자체가 없다. 그래서 발가벗고 있는 나를 보는 고양이의 시선을 의식하는 나의 수치스러운 감정은 오로지 나의 것에 불과하다. 데리다는 이를 "동물은 나체여서 비-나체성 속에 있고, 인간은 나체가 아니어서 나체성 속에 있다"(*Animal* 5)는 역설적 문장으로 정리한다. 수치심을 매개로 한 데리다의 통찰은 우리로 하여금 인간적인 것과 동물적인 것에 대해 우리가 일으키는 착오를 일깨워준다. 이 글은 우리 인간이 동물에 접근하는 태도에 동요를 일으킨다. 즉, 시선을 통한 접근법이 가지는 인간중심적 폭력성에 대해 수치심이라는 내밀한 정념이 던져줄 수 있는 가능성을 제시한다. 그 가능성이란 바로 동물을 타자로 바라볼 수 있는 가능성이다. 데리다는 발가벗고 있는 자기 앞에서 나를 바라보는 한 마리 고양이로 인해 부끄러움을 느끼는 그 순간들을 가장 '절대적인 타자성'을 절실히 느끼는 시간이라 말한다.

> 동물은 나에 대한 자기의 관점을 가지고 있습니다. 절대적 타자의 관점을 말이죠. 지금까지 그 어떤 것도 고양이의 시선 아래 내가 발가벗은 모습으로 보여지고 있는 것을 보는 이 순간들보다, 이웃 혹은 옆(집)의 이러한 절대적 타자성에 대해 생각할 거리를 더 많이 주지는 못할 것입니다. (*Animal* 11)

이 순간은 결정적으로 바로 나의 인식에서 타자가 포섭될 수 없는 어긋남을 깨닫는 순간이다. 이것은 레비나스가 말하는 얼굴을 통한 타자의 만남과 겹쳐진다. 레비나스에게서 진정한 타자와의 만남은 대면적 관계, 즉 '얼굴을 만남'이다. 레비나스가 타자의 타자성이 얼굴을 통해 드러난다고 말할 때, 그는 얼굴이 하나의 재현된 상 이상임을 의미한다. 그에게 얼굴은 생김새나 표정도 아니고, 바라보는 나와 동일시될 수 없는 독특성(singularity)이자 절대적 타자성을 표현하는 것이다. 『윤리와 무한』(*Ethique et Infini*)에서 그는 자신이 말하는 '얼굴을 본다'는 의미가 '얼굴의 현상학'으로 말해지는 것을 경계하며, 그것은 "차라리 얼굴로 나아가는 것"(79)이라고 고쳐 말한다. '쳐다본다'는 것은 '앎'이며 결국 '지각'이기 때문에 이것과도 다르다. 레비나스는 '얼굴은 본다'는 것이 "타인을 만나는 최상의 방식, 그것은 타인의 눈 색깔마저 알아차리지 못하는 것이다. 눈 색깔을 관찰할 때는 이미 타인과 사귐의 관계에 있는 것이 아니다"(79)라고 하면서 지각(perception)과의 구별 짓기를 분명히 한다. 우리는 데리다가 한 마리 동물 앞에서 느낀 타자성을 레비나스가 얼굴에서 찾으려고 했던 그러한 타자성에 견주어 생각할 수 있을 것이다. 데리다도 이 점을 상기하며 다음과 같이 말한다.

레비나스는 타자의 시선을 바라보면서 사람들이 그 눈 색깔을 잊는다고 말하죠. 달리 말해, 사람들은 그 시선을 본다는 겁니다. 즉 타자의 가시적인 눈에 앞서, 바라보는 얼굴을 본다는 것이지요. 하지만 레비나스가 "타인을 만나는 최상의 방식, 그것은 타인의 눈 색깔조차 알아차리지 못하는 것이다"라고 환기할 때, 그는 사람에 대해, 사람인 이웃에 대해, 동포와 형제에 대해 말하는 것입니다. 레비나스는 다른 인간을 생각하고 있는 것이죠. 그리고 이점은 나중에 우리의 진지한 생각거리가 될 겁니다. (*Animal* 12)

여기서 타자와 조우한다는 것이 타자의 구체적인 눈이 아니라 그 시선(gaze)을 보는 것이라는 점은 데리다가 레비나스에게서 수용하고 있는 생각임을 알 수 있다. 또한 레비나스가 얼굴을 발가벗은 것으로 보는 점과 데리다가 동물 앞에 말 그대로 발가벗고 있다는 점도 겹쳐지는 지점이다. 하지만 레비나스는 동물을 진지하게 타자의 범주에 포함시켜 고려한 적이 없다. 그는 타자를 무한성으로까지 확대하지만 그의 글에서는 타자는 여전히 '타인', 즉 인간으로 남아있다는 인상을 지우기 힘들다.[3] 데리다는 한 마리 고양이 앞에서 느낀 수치심이라는

3) 이러한 점에 대한 지적이 간간이 표출되고 있다. 레비나스의 주요 저작들을 번역했던 알폰소 링기스(Alphonso Lingis)는 "어떻게 레비나스의 사유들에서 다른 종들의 고통에 대한 언급이 그리 없을 수 있는가?"(398)라고 물음을 던질 정도이다. 데리다는 레비나스보다 10년 정도 후배로서, 그리고 일찌감치 레비나스의 타자철학에 공감을 표하며 서로 긍정적인 영향을 주고받았던 사이이지만, 레비나스 타자철학에서 타자에 대한 일련의 배제를 읽어낸다. 한 인터뷰에서 그는 이러한 배제를 세 가지로 정리한다. 바로, 여성성, 동물성, 그리고 정치 문제와 관련해서이다(「레비나스와 데리다」 참조).

정념을 이러한 레비나스의 인간 중심적 타자 철학의 한계에서 벗어나는 출발점으로 삼는다. 그는 수치심이라는 감정을 매개로 해서 효과적으로 동물의 절대적 타자성을 부각시키고 있다. 이는 무엇보다 수치심이라는 감정이 인간과 동물 사이에서 공감이 이루어지지 않는 정서이기 때문이고, 또한 그러한 단절로 인해 시선이 의미하는 바가 달라지기 때문이다.

발가벗은 나를 보는 고양이의 눈에는 수치심의 기미가 전혀 없다. 이것은 나를 향한 고양이의 시선을 보는 나의 수치심 어린 시선과 극명한 대비를 이룬다. 그리고 그 동물의 응시는 일종의 "바닥없는 시선"(bottomless gaze)처럼 "인간적인 것의 심연적 한계"(the abyssal limit of the human, *Animal* 12)를 나의 시선에 제시한다. 이로 인하여 데리다는 인간이라는 경계를 의식하면서 세상의 종말을 경험하는 것과 같은 혼란에 빠진다. 혼란의 경험은 우리로 하여금 우리가 세상을 바라보았던 관점이나 태도를 뒤돌아보게 하면서 그런 자세로 보았던 세상에 대한 초점을 수정하게 하는 효과를 지닌다. 물론 그런 효과는 잠시 생겨났다가 사라지기 십상이겠지만, 그 경험에의 충실성이 동반될 때 지속적인 효과를 낼 수 있다. 데리다는 자신의 그런 사소한 경험에 충실하기로는 단연 으뜸인 사람이라 할 수 있다. 그는 한 동물의 시선 앞에서의 당혹스런 경험에서 그동안 인류의 역사에서 그려온 동물의 상(figure)들을 재고찰하기를 시도한다. 그가 '동물지'(動物誌)라고 지칭하는 동물의 상은 이야기나 박물관, 회화 속의 동물들뿐만 아니라, 성경이나 책, 심지어 동물원의 동물들까지 모두 아우르고 있다.

한마디로 말해, 그는 유사 이래로 인간들에 의해 그려진 동물들에서 인간의 시선이 아닌 동물의 시선이 삭제되었다고 판단한다. 모든 철학자와 이론가들이 마치 공모라도 한 듯이, 데리다의 표현을 따르면, 그들 모두를 동류(as such)로 만들어 버리는 것은 바로, 그들이 동물을 보고 관찰하고 분석하고 성찰하긴 했으나 "단 한번도 동물에 의해 **바라보아진 적이 없다는 듯한**"(who have never been *seen* by the animal, *Animal* 13) 사람처럼 텍스트를 써내려 갔다는 점이다.

> [데카르트, 칸트, 하이데거, 라캉, 레비나스 등 하나의 '시대'로 분류될] 그들의 담론은 건전하고 심오하지만, 그 속에 든 모든 것이 마치 그들 자신이 그들에게 말거는 한 동물에 단 한 번도, **특히 옷을 벗은 채로, 바라보아진 적이 없다는 듯이** 진행됩니다. 적어도 이 곤혹스러운 경험이 그들이 이런 경험을 겪었다고 가정할 때 이론적으로 인지되지 않은 것처럼 진행됩니다. 바로 거기서 그들은 동물로부터 하나의 **정리**(定理)를, 보는 것이 아니라 보여지는 사물을 만들어냅니다. (*Animal* 13-14, 필자 강조)

'옷을 벗은 채로, 바라보아진 적이 없는 듯이'라는 구절은 자신을 보는 시선으로 인한 수치의 느낌이 결여된 것을 의미하며, 그로 인하여 한 번도 자신의 시선을 반성해 보지 않았고, 따라서 그들의 시선에서 동물의 시선이 삭제되어 왔다는 사실을 부각시킨다. 즉, 인간의 연구 혹은 사유에서 동물이 관찰이나 사유의 '대상'이 되는 시선의 일방향성을 지적하고 있다. 여기서 우리는 발가벗고 있는 인간이 느끼는 수치와 나를 바라보는 동물의 시선을 느끼는 것, 즉 그 동물을 독특성으로 경험하는 것 사이에 일련의 관련성이 있음을 보게 된다.

데리다는 시선의 일방향성이 동물의 일반화와 긴밀한 관계를 맺는 것을 세 가지 영역 혹은 측면에서 분석한다. 하나는 근대 이후의 세대인 우리의 사고방식을 지배하는 동물학들, 즉 칼 린네(Carl von Linne) 이후에 활성화된 동물에 대한 관점의 분류학이다. 그는 투명성과 객관성을 내세운 이와 같은 관찰의 방법에서는 동물에 대한 완전히 다른 기원을 간과하고 있다고 본다. 그들은 "사람들이 '동물'이라 부르는 것"(what they call the 'animal,' *Animal* 12)[4]이 완전히 다른 기원에서부터 다르게 보여질 수 있으며, 말 걸 수 있다는 점을 전혀 고려하지 않았다는 것이다. 두 번째로 그는 모든 철학자들과 이론가들도 이와 동일한 실수를 하고 있다고 본다. 예를 들어 하이데거의 경우, 동물을 일컬어 단지 살아있는 것 이상은 아닌 것이란 의미로 'Nur-lebenden' (merely living)이라고 기술하고 있다. 데리다의 의심은 순수하고 단순한 상태의 삶을 상정하는 이러한 사유가 "정확히 역사의 증상이 된 순수철학"이 아닌가 의심한다(*Animal* 22). 그리고 세 번째는 이러한 역사의 증상에서 그 기원(단지 시간적인 순서가 아닌)을 찾아가는 과정에서 돌출된다. 이는 오래된 믿음의 체계, 즉 종교와 신화라는 틀과 관계된 것으로, 데리다는 고대의 담론인 「창세기」와 그리스·로마 신

4) 데리다는 동물을 일반적인 것(as such)으로 지칭하는 것에 반대하기 때문에, 일반화된 동물, 혹은 동물의 일반화라는 관습을 피해가기 위해서 대표명사 '동물'을 '사람들이 동물이라고 부르는 것'이라는 말로 대체해서 사용한다. 그가 이 책에서 이후 'animot'라는 조어를 조심스럽게 내세우는 것은 이런 이유에서이다.

화에서 동물이 인간의 절대적 우위성에 종속된 지위에 놓이는 과정을 따라간다.

'나를 바라보는 동물의 시선을 제대로 응대한 적이 있는가?'라고 묻는 데리다의 문제 제기는 통렬하지만, 여기에 대한 반론의 여지가 없는 것은 아니다. 도나 해러웨이(Donna J. Haraway)는 이 중 대표적인 경우이다. 그녀는 데리다가 이 글에서 자기 앞에 선 고양이를 그 자체의 존재적 특수성으로 존중한다는 점을 인정한다. 특히 많은 이들이 동물을 대할 때 으레 제기해 왔던 것처럼, 동물의 응답(response)이라는 문제를 '그것이 말할 수 있는가'라는 물음으로, 즉 고양이를 일종의 '서발턴'(subaltern)으로 취급하지 않는다는 점을 높이 산다. 하지만 그녀는 데리다가 첫 장면 이후로 그 고양이의 실제 느낌과 생각이 어떠했을까에 관심을 기울이기보다 그가 익숙한 서양의 철학 및 문학 정전 속으로 빠져버리고 만다는 점에 아쉬움을 표한다. 한 마디로, 데리다의 "수치심이 호기심을 압도"한 경우로 보인다는 것이다. 데리다는 능히 동물의 타자성을 존중하지만, 해러웨이는 데리다가 "반려동물과 살아갈 때 가능한 일상적인 종-간 대화(the daily inter-species dialogues)를 좇아가지 못한다"고 주장한다. 더불어 데리다가 "동물에 의해 한 번도 바라보아진 적이 없는 듯이"(21) 관찰하고 사유했다고 힐난하는 사상가들과 달리, 이와 다른 태도로 그렇지 않았던 생물학자들이 통째로 빠져 있다는 점에 다음과 같이 불만을 제기한다.

> 데리다는 원론적이나마 그레고리 베이트슨(Gregory Bateson)이나 제인 구달(Jane Goodall), 혹은 마크 베코프(Marc Bekoff)나 바바라 스무츠(Barbara Smuts) 및 다른 연구자들이 다양한 살아있는 동물들의 시선을 받아들여 그에 대한 응답으로 자신들이나 자신들의 과학을 폐기하고 재작업했는지를 왜 묻지 않는가? (Haraway 21)

해러웨이는 적어도 여기서 언급한 생물학 관련 학자들은 충분히 동물과 시선을 교환하며, 교감을 느끼면서 작업했다고 보기에 데리다의 평가가 한쪽에 치우쳐 있다고 생각하는 것이다. 또한 그녀는 데리다가 내세우는 수치심은 "또 다른-세계화(an autremondialisation)를 위해 좋은 징조가 되지 못한다"(22)라며 수치심만으로 충분치 않다고 주장한다. 그녀가 말하는 또 다른-세계화란 인간이 다른 종들, 즉 동물들과 식물들까지 포함하여 구성하는 세계상을 의미한다. 해러웨이의 이 같은 지적은 충분히 의미 있지만 데리다에게서 전환적 생물학자의 방식을 요구하는 듯하여 다소 무리가 있어 보인다. 그래서 해러웨이처럼 데리다의 수치심을 "모든 동물들 앞에서의 철학의 수치라는 상"(23)이라고 단정 짓기 전에 수치심이 가지는 작동 방식에 좀 더 주목할 필요가 있다고 생각한다.

앞서 보았듯이, 데리다가 느낀 수치심에서 그가 강조하는 것은 그 수치심의 성격이 아니라 그 수치심이 온전히 자신의 것이라는 점, 즉 그 수치심은 고양이라는 타자의 시선과 무관하다는 점이다. 이러한 태도는 수치심을 인간과 동물을 구분 짓는 인간만의 특유한 현상으로 강조하는 것과는 사뭇 다르다. 예를 들어, 다윈은 『인간과 동물의 감정 표현』(*The Expression of the Emotions in Man and Animal*)에서 수치심이라는 정서가 "인간을 다른 동물과 구분하는 인간 특유의 감정"(303)이라는 점을 강조한다. 다윈은 인간이 가지는 독특한 감정 표현으로 얼굴을 붉히는 현상(blushing)에 주목하면서 그 현상의 공통된 원인이 다른 사람의 평가에 대한 의식이라고 주장한다. 부끄러움이나 수치심, 또는 수줍음이나 겸손을 느끼는 경우가 이에 해당한다. 얼굴 붉힘의 현상이 인간에게 고유하다는 것은 다른 사람의 시선 혹은 평가에 신경 쓴다는 것을 말한다. 윌리엄스에 따르면, 다윈의 이러한 주장은 당시 빅토리아 시대의 담론이 강조하던 방향과는 상당한 대조를 이룬다. 당시 지배적인 빅토리아 시대의 담론에서는 수치심이 인간 고유의 것이라는 이론이 윤리적 책임에 대한 인지라는 면에서 '인간'과 '짐승'의 차이를 강조하기 위한 것이었다. 이에 반해, 다윈은 치밀한 관찰을 통하여 얼굴붉힘 현상이 "인간의 자기 자신에 대한 주의(self-attention)와 다른 사람의 마음에 자신이 어떻게 표상될까를 되새기는 인간의 상상력에 기반한다"(32)는 사실을 강조했다. 데리다의 관찰은 다윈의 관찰과 비슷한 맥락에서 시작하지만 다시 다른 방향으로 나아간다. 그는 자신의 수치심이 고양이의 시선을 의식함에서 비롯되지만 그 의식에는 고양이의 시선이 삭제되어있다는 점에 더욱 주목하기 때문이다. 그는 자신이 느낀 수치심이 자신을 '어디로' 데려가는지 따라가 본다. 마치 자기가 띄우고 어디에 도착할지 알 수 없는 편지처럼.

이에 대하여 윌리엄스는 데리다가 수치심을 "정치적인 흐름을 형성할 정도로 공통된 정서"로서 기호론적으로 운용한다고 평가한다(31). 우리는 정서가 정치성을 띨 수 있는가?라고 물을 수 있을 것이다. 만일 그것이 동물에 대한 시선의 일방성이 팽배한, 인간 중심적 시간의 역사에서 효과적으로 균열을 낼 수 있다면, 데리다가 느낀 수치심은 단지 개인적인 감상이 아니라 '정치적'인 정념이라 할 수 있다. 여기서 우리는 동물이 타자의 윤리학에 포함되지도 못한 채 여전히 보이지 않는 존재로 취급되는 현실을 돌아보게 된다. 수치심은 동물이라는 타자를 바라보는 인간의 시선에서 삭제되었던 그 동물의 시선을 마주하게 하는 효과를 지니는 것이며, 그리하여 동물이 타자의 영역에서 배제되는 기존 담론의 관행에 의문을 제기한다.

4. 동물이라는 이름과 동물들의 독특성

다소 차이를 보이긴 해도, 레비나스와 데리다는 모두 진정으로 타자를 대한다는 것은 시선이나 개념으로 내 앞에 놓인 타자를 포획하지 않는 것, 즉 일반성이 개체의 독특성을 선점하거나 침범하지 않아야 한다는 점에서 행보를 같이한다. 우리는 포의 「검은 고양이」의 주인공 서술자에게서 이와 반대되는 움직임을 읽어낼 수 있다. 앞서 지적한 바 있듯이, 이 작품에는 두 마리 고양이가 등장하지만, 서술자는 점점 이 두 다른 고양이를 '검은' 고양이라는 유사성에 주목하여 동일시하는 경향을 띠어간다. 처음에 그는 두 번째 나타난 고양이가 그가 처참하게 죽인 고양이와 닮았다는 점에서 불길함을 느끼지만, 두 번째 고양이에게서 첫 번째 고양이와 유일하게 다른 점인, 가슴에 하얀 털이 있다는 사실을 발견하고 애써 그 점에 주목하려 한다. 하지만 점점 커져가는 그의 두려움이 그런 노력을 무색하게 만들어 버린다. 그에게 위안을 주던 유일한 차이였던 그 하얀 털의 모양이 '교수대'의 형태로 점점 뚜렷해지는 것처럼 보였기 때문이다. 소설 속에 두 번째 고양이의 이름은 한 번도 등장하지 않는다. 서술자는 단지 그 고양이를 "야만적 짐승"(a brute beast)이나 "그 물건"(the thing)으로 지칭한다(66). 이 화자의 시선은 처음 고양이에 대해서는 친밀함이나 혐오감[5], 그리고 나중 고양이에 대해서는 두려움을 통하여 한 마리 다른 고양이의 독특성에 접근하는 데 실패한다.

서술자는 플루토를 '그럴 이유가 없었기에 매달았다'고 분명히 기술하고 있다(63). 이러한 '동물 살해의 이유 없음의 이유'라는 모순이 인간 중심적 선악의 이분법에 근거하고 있는 듯하지만, 사실 그 이전에 주인공 남자의 마음에는 검은 고양이에 대한 미신이 영향을 미치고 있었음을 찾아볼 수 있다. 플루토를 학대하기 전에 남자의 아내는 모든 검은 고양이는 마녀가 변장하고 있는 것이라는 미신을 그에게 자주 상기시키곤 했다.

> [이 고양이는] 두드러지게 크고 아름다운 동물로, 몸 전체가 까만색이고, 놀라울 정도로 영리했다. 그의 지력에 대해 말하자면, 내 아내

5) 친밀감이나 혐오감은, 항상 그러하다고 볼 수 없지만, 동전의 양면으로 작용할 수 있다. 친밀감이 강했던 상대일수록, 어떤 어긋남의 순간이 닥쳐왔을 때 혐오감도 그에 비례하는 크기로 커지는 사례를 찾아보기 어렵지 않다.

는 조금도 미신에 물든 사람이 아니었지만, 검은 고양이는 모두 마녀가 변장하고 있는 것이라는 옛날 사람들의 생각을 자주 언급하곤 했다. (62)

합리적인 아내와 서술자의 이성은 자기들도 모르게 점점 미신에 물들어가다 급기야 결정적인 순간에 그러한 미신의 먹이가 된다. 플루트의 동공을 도려내기 직전, 술에 취한 그는 그 고양이가 자신을 피하는 듯한 느낌이 들었는데(fancied), 이때 그의 정신은 이미 그러한 미신의 포로가 된 것처럼 보인다. 소설의 후반부에서 그가 두 번째 고양이를 다시 또 다른 불길한 '검은 고양이'로 환원시키는 것에서 우리는 그러한 미신이 두려움과 결합되는 것을 목격한다. 그래서 이 소설은 동물 개체에 대한 일반화가 우리가 의식하지 못하는 사이에 얼마나 쉽게 행해지며, 미리 준비되어 있는지, 또한 이미 깊은 버릇으로 남아 있는지를 보여주는 소설이라고 할 수 있다.

동물을 대하는 이러한 우리 인간의 버릇의 깊이가 데리다의 시선이 다음으로 응시하는 곳이다. 데리다가 '벌거벗은 나를 보는 고양이'를 보는 데서 시작하는 것은 그런 깊은 버릇을 더 깊게 흔드는 대면을 말하기 위해서이다. 벌거벗은 내가 느끼는 부끄러움의 실체가 지극히 인간적인 것이라는 깨달음, 즉 옷을 입지 않은 동물은 벌거벗음에 대한 의식이 없기에 '벗었지만 벗지 않았다'는 사실을 깨달으면서 동물과 나 사이의 심연 앞에서 어지러움을 느낀다. 이때 벌거벗은 나를 보는 고양이에 대한 수치심과 그에 뒤따를 수도 있을 분노는 일어나지 말아야 할 것이 된다. 데리다는 고양이의 시선에 노출된 나의 나체를 동물과 인간의 위계질서가 틀 지워지기 이전의 '기원'을 상기시키는 장면이라 말한다. 이것은 「창세기」에서 신이 인간에게 동물에게 이름을 주는 것을 '보기 위해' 동물들을 불러 모았을 때, 앞으로 무슨 일이 일어날지 알 수 없는 상태, 첫 사건에의 노출, "시간 이전의 시간"(*Animal* 17)에 비견된다

이러한 어지러움 혹은 어긋남에 대한 성찰은 우리가 동물들을 대할 때 실제 동물을 우리가 이미 가지고 있는 동물의 상으로 수렴해 버리는 지극히 인간 중심적인 버릇에 균열을 일으킨다. 그래서 데리다는 '발가벗고 있는 나를 보는 고양이'가 『이상한 나라의 앨리스』(*Alice in the Wonderland*)에 나오는 고양이도 아닐뿐더러, 좀 더 우호적인 에른스트 호프만(Ernst. T. A. Hoffman)이나 미셸 몽테뉴(Michel de Montaigne)의 고양이도 아니라는 점을 강조한다.

데리다가 말하는 것은 한 마리의 진짜 고양이(a real cat)이지 그 많은 고양이들의 계보 중의 어느 하나가 아니다. 또한 그것은 '고양이' 종의 한 사례도 아니다. 이처럼 데리다가 '진짜' 한 마리 고양이를 강조하는 것은 우리가 '동물' 혹은 다른 이름으로 부르는 그 대상들에 이미 우리의 인간성이 반영되어 있다는 점을 지적하기 위해서이다. 이후에 상술하겠지만, 이름짓기에는 어떤 위계성이 개입되며 이름은 개념화의 결과이다. 이에 반해 벌거벗은 나의 앞에 서 있는 한 마리 고양이는 다른 것으로 "대체 불가능한 독특성"을 지닌 실존이다.

그 고양이가 자기 이름에 응답할 때 … 그 고양이는 '고양이'라는 종의 사례로서 그렇게 하는 것이 아니지요. '동물'의 한 유(類)나 계(界)의 사례로서는 더더욱 아닙니다. 내가 그것을 하나의 수고양이나 암고양이로 식별하는 것은 사실입니다. 그러나 그런 식별 이전에, 그것은 어느 날 내 공간에 들어오는 대체할 수 없는 이 생명체로 내게 옵니다. … 여기서 초점은 모든 개념화를 거부하는 하나의 실존입니다. 그 어떤 것도 이런 확신을 내게서 제거할 수 없어요. (*Animal* 9)

이 구절들에서 우리는 데리다가 실제 고양이의 대체 불가능한 독특성을 "확신"한다고 말하는 대목을 주목할 필요가 있다. 이러한 확신을 가능하게 하는 시발점은 분명히 그의 수치심이다. 앞서 말했듯, 수치심이 그의 개념화하는 일방적 시선에 균열을 일으키기 때문이다. 이는 「검은 고양이」의 서술자가 '검은 고양이'에 대해 가지는 불길한 두려움과 대비된다. 데리다 식으로 보자면 '이' 검은 고양이와 '저' 검은 고양이는 똑같이 불길한 고양이가 될 수 없다. '검은 고양이'도 하나의 이름으로서, 고양이, 개, 혹은 동물이라는 명칭과 마찬가지로 각 생명체의 독특성이 제거된 개념이다. 마치, 욕실에서 발가벗은 내가 고양이의 시선을 피하기 위해 서둘러 옷으로 나를 덮듯이(*Animal* 9), 동물들에 대하여 나를 덮는 덮개, 나의 폭력을 변명하는 구실이다. 이처럼 모든 개별 종들을 포함해서 우리가 말하는 '동물'이라는 이름은 인간 이외의 다수 생명체를 일컫는 말로서 통용되면서, 인간을 은폐하거나 두드러지게 하는 말이 된다.

요컨대, 이름은 동물의 독특성, 대체불가능성의 사라짐 혹은 삭제와 깊은 관련이 있다. 그것은 "내가 그의 이름을 불러주었을 때/ 그는 나에게로 와서/ 꽃이 되었다"(김춘수 195)는 식의 낭만적 이름부르기가 아니라, 자리매김이라는 일반화의 기능을 수행함으로써 독특성의 사라짐으로 귀결되는 이름이다. 전자와 후자의 차이가 무엇인가라는 문제는 이미 많은 사상가들이 관심을 가졌던 문제이기도 하다. 그들은 종종 그 분기점을 찾기 위해 '기원'으로, 그래서 「창세기」로 돌아가곤 한다. 발터 벤야민(Walter Benjamin)도 그 중의 한 사람으로, 「언어 일반과 인간의 언어에 대하여」("On the Language as such and on the Language of Man")에서 「창세기」에서 신이 인간을 창조하고 동물이 이름 지어지는 순간 언어가 어떠한 양상이었는지를 되새겨보면서, 이름의 타락은 언어의 타락과 관련된다고 제시하고 있다. 애초에 신이 동물을 이름 지을 때 신의 언어는 타락하지 않은 언어, 즉 그 자체로 사물의 본질을 전달하는 언어이기에 그 자체로 '슬픈' 것은 아니라고 말한다. 이에 대한 하나의 예로 그는 독일 작가 프리드리히 뮐러(Friedrich Müller)가 묘사한 창세기에서, 아담에게서 이름을 받은 후 동물들이 기뻐서 깡충깡충 뛰어갔다는 구절을 인용한다. 언어를 기호적, 자의적으로 보는 근대의 언어관에서 벗어나 언어의 의미를 확장시키려는 시도였던 이 논문에서 벤야민은 '모든 사물에는 언어가 있으며 그 단계가 각각 다를 뿐'이라고 주장한다. 즉 돌에도 짐승에도 그 나름의 언어가 있다는 것이다. 다만 인간을 제외한 사물의 언어는 말없음(muteness)의 언어일 뿐인데, 그 자체는 애초 슬픈 것이 아니었음에 그는 주목한다. 하지만 인간의 타락 이후, 즉 언어가 인간의 언어로서 자리매김되고 신적 언어의 창조적 소통성이 사라진 이후 그 양상은 바뀌어 자연의 말없음은 "자연의 깊은 슬픔"(72)으로 바뀐다고 기술하고 있다. 그것이 하나의 언어로서의 기능과 생명력을 잃었기 때문이다.

데리다는 벤야민의 이러한 사유에 기대면서도 거리를 둔다. 창세기에서 신은 인간을 자신의 모양을 본 따 만들고 그들에게 이름과 말을 선사하며 모든 동물들을 지배하고 권력을 행사하라고 말한다. 그리고 인간이 동물들을 어떻게 '이름 짓는지 보려고' 동물들을 불러 모은다. 바로 이 마지막 장면이 데리다가 벤야민과 결별하는 지점이다. 그는 벤야민의 사물(동물)의 말없음의 슬픔이라는 논리를 따라가지 않는다. 데리다가 주목하는 것은 동물이 언어를 갖지 못했다는 식의 '결여'가 아니다. 그는 그리스의 프로메테우스 신화에서, 다른 동물들과 달리 아무것도 갖추지 못한 인간의 약점이 오히려 인간이 다른 동물들보다 우위를 차지하게 되는 기반이 된 역설을 환기시킨다. 이 신화에서 다른 동물들과 달리 아무것도 갖추지 못한 인간의 약점은 오히려 인간이 다른 동물들보다 우위를 차지하게 되는 기반이 되기 때문이다. 모든 동물들에게 완전한 장비를 갖추어준 에피메테우스의 실수로 신발도, 옷도, 무기도 받지 못한 채 '벌거벗은 상태로' 남겨진 인간이 "자신의 약점과 실패에 기반하여 자연과 동물의 주인인 주체로 만들어지게 된다는 것은 역설적이다"(*Animal* 47)라고 그는 쓰고 있다. 이러한 연유에서 그는 벤야민처럼 구원의 시간을 타락 이후에서 찾지 않고, 「창세기」와 그리스·로마 신화의 목적론적 교차에 두고 있다. 그러므로 '동물이라고 불리는 생명체'에 대한 인간의 우위성은 어떤 결핍이나 장점과는 상관없이 기독교 전통이든 그리스·로마 전통이든 흔들리지 않는 논리의 법칙이며 이는 현대에도 변함없이 이어져 오고 있다고 주장한다.

이처럼 신화는 과학과 철학과 공모하여 동물을 인간의 동일화의 희생물로 만든다. 그리고 그것은 인류의 역사 자체이자 제도이다. 고양이든 개든 동물이라고 불리는 것과 인간이라고 불리는 것 사이의 명확한 경계가 전제되어 있는 한, '동물사랑'이니 '동물보호'니 동물의 '권리'니 하는 모든 구호들은 이미 인간 특권적인 개념을 동물에게 적용하는 것이 된다. 동물이라는 말 속에는 광범위한 수의 살아있는 존재들이 한데 뭉뚱그려져 담겨있다.

> 동물(The animal)이란 이 말!
> 동물이란 하나의 말입니다. 그것은 인간이 제도화한(have instituted) 호칭이지요. 인간이 다른 생명체에게 이름을 줄 권리와 권위를 스스로에게 부여한 그런 이름입니다. (*Animal* 23)

그의 말대로 동물이 어느 시대나 누구에 의해서나, 즉 동물에 대한 생물학적 분류와 정의, 동물에 대한 철학적 고찰, 그리고 신화나 문학 속에 등장한 동물들 등 그 무엇이든 "인간이 제도화한 명칭"에 불과하다면, 동물에 대한 인류의 모든 서술들은 일종의 자기중심적 기록에 불과할 것이다. 데리다는 그것들을 모두 '자-서전'(auto-biography)이라는 항목으로 한데 정리한다. 동물이라는 말에 대한 데리다의 문제 제기는 최근 들어(그는 구체적으로 2세기 전부터라고 지시하고 있다) 생물학, 유전학, 동물학 등 과학기술의 발달로 예전부터 존재하던 동물에 대한 폭력이 더욱 대규모로 산업화되는 현상을 비판하기 위한 것이다. 동물은 이제 단순히 인간을 위한 소비용 고기로 그 존재가 폄하될 뿐만 아니라, 우리가 추정하는 모든 "인간의 웰빙(well-being)에 봉사하는"(*Animal* 25) 생산물로 환원되고 있다. 조르조 아감벤(Giorgio Agamben)의 용어를 빌어 말하자면, 동물은 태어나는 그 순간부터 혹은 탄생이 계획되는 그 순간부터 벌거벗은 생명, 즉 '호모 사케르'(Homo Sacer)라고 할 수 있을 것이며,[6] 삶의 매 순간 나치의 대학살에 비견될 만한 상황에 맞닥뜨린다.

이런 현실에 대한 문제 제기로서 데리다는 '동물'이라는 일반명사의 사용을 문제 삼는다. 그래서 그는 대표명사인 동물(정관사가 붙은 'the animal'과 복수형 'animals') 대신, 프랑스어의 동음이의어를 이용하여, 'animaux'(동물의 복수형)와 발음이 같은 'animot'(동물-말)라는 단어를 제시한다. '동물'(animal)과 '말'(mot)의 결합인 이 단어는 동물이 곧 하나의 말임을, 그래서 말에 지나지 않음을 보여준다. 그는 자신의 조어 'animot'를 통해 그리스 신화 속의 키메라(chimera, 머리는 사자, 가슴은 양, 꼬리는 뱀으로 된 괴물)처럼 이질적인 세 요소를 한 단어 속

---

6) 아감벤의 '호모 사케르'는 살해되어도 처벌받지 않는 '절대적 살해 가능성에 노출된 (인간) 생명체'를 의미한다. 원래 이 개념은 '호모'라는 말에서 보이듯 법 테두리 바깥으로 밀려났으면서도 그 법의 영향력 아래 있는 인간 존재들을 일컫는 개념이지만, 위와 같은 맥락에서는 동물도 포함시켜 볼 수 있을 것이다. 무엇보다, 동물은 너무나 쉽게 죽일 수 있는 생명체가 아닌가!

에 담고 싶었다고 밝히고 있다. 데리다가 '동물'(animal) 대신 '아니모' (animot)라는 말을 제안하는 이유는 다음과 같다.

첫째, 그는 동물의 복수형을 단수처럼 들리게 하고 싶었다. 그래서 이 말은 인간에 해당하지 않는 것 중에는 폭력이나 무시 외에는 어떤 식으로든 동질화될 수 없는 다른 살아있는 것들의 광대한 다수성이 있으며, 그 맨 처음에 동물이 자리한다는 점을 상기시킨다. 이는 곧 인간이 아닌 살아있는 생물을 모두 '동물'로 지칭하는 일반화가 크나큰 '범죄'임을 알려주는 말이다. 알다시피, 동물 살해는 일급범죄인 살인죄에 해당되지 않는다. 여기서 데리다는 (레비나스까지 포함하여) '죽이지 말지어다'는 계명이 오직 인간에게만 적용된다는 점을 지적한다. 둘째, 이 말의 접사 'mot'는 명사라는 말의 성격을 상기시킨다. 명사는 현재 눈앞의 사물을 사물 일반으로 한계 짓는다. 데리다는 '동물'이라는 말이 우리가 명사 혹은 이름이라고 부르는 단어를 가장 나중까지 지니고 있을 것임을 '동물-말'로 나타내고자 한다. 세 번째로 이 어휘는 동물에게 '말을 돌려주는' 문제와 관련된 것이라기보다, 이름과 말의 부재를 박탈이 아닌 다른 것으로 '달리' 사유하기 위한 것이라고 밝힌다(*Animal* 47-48). 이 마지막 의도에서 우리는 그가 생각하는 윤리, 즉 동물이라는 타자를 대하는 윤리가 어떤 것인지에 대한 실마리를 찾을 수 있을 것이다.

5. 나오며: 수치심이라는 정념과 '힘없음의 힘'의 윤리

우리는 동물에 대해 생각할 때, 동물이 우리 인간에게 어떤 의미인가?, 그들은 우리에게 유익한가 혹은 무해한가? 같은 질문을 던진다. 그러나 그런 질문을 던지기 이전에 동물은 이미 인간의 통제권 밖에 있다. 우리가 동물에 대해서 던지는 많은 질문과 주장들은 사실상 인간의 통제권과 관련된 것일 경우가 많다. 인간의 목적에 맞게 통제될 수 있는가, 없는가의 문제인 것이다. 그 목적에 부합하지 않다고 판단되는 동물은 쉽게 처리할 수 있는 것으로 간주된다. 나는 현실에서 동물에 대한 돌봄의 범위에 대한 논의와 그 당위성에 대한 주장은 인간을 위한 이유가 있으면 '동물이니까 죽여도 된다'는 논리 앞에서 늘 무색해지곤 하는 것을 경험한다. 이 논리의 힘은 생각보다 힘이 세다. 그 확고한 인간과 동물에 대한 이분법 앞에서 '생명의 존엄성' 운운하는 것은 너무나 힘이 약하다. 가령, 요즘 우리 사회에서 일고 있는 길고양이에 대한 논란이 이에 해당할 것이다. 비록 최근 들어 여러 사람들의 노력과 연대를 통하여 조금씩 변화가 일어나고 있지만, 얼마 전까지만 해도 길고양이들은 도시의 미관을 해친다거나 그저 동물에 불과하다는 이유로 살해나 포획-감금-안락사라는 체계의 무차별한 대상이 되어왔다. 동물이 언제든 필요에 따라 처리할 수 있는 대상으로 인식되는 한, 길고양이에 대한 돌봄의 문제는 한 개인의 개성 혹은 인격의 문제로 전락한다. 인간과 동물 사이의 확고한 경계에 대해 데리다가 그토록 천착하는 이유를 이처럼 우리는 가까운 현실 속에서도 얼마든지 찾아볼 수 있다.

나는 포의 「검은 고양이」에서 서술자가 펼치는 진술에서 이와 같은 논리를 읽어낸다. 그는 동물과의 친화성을 주장하면서도, 심지어 그것이 '죄'라고 생각하면서도 거침없는 폭력을 행한다. 그의 동물에 대한 '사랑'이나 생명을 해치는 것에 대한 죄책감은 '동물이라는 이름' 앞에서 쉽게 자취를 감추고 만다. 그에게서 고양이들은 '검은 고양이'로 일반화 되어가면서 그의 심리적 자장에 포획되고 만다. 하지만 포가 의도했던 것이 이 소설의 서술자의 태도와 일치하는지에 대해서는 속단할 수 없을 것이다. 그리고 이 소설 전체로 보았을 때 서술자의 논리와 행동이 그리는 동선은 동물을 대하는 일반적인 인간의 방식을 극단적으로 보여주는 사례로 읽을 수도 있다. 한 작품의 서사가 가지는 효과의 층위는 다양하기 때문이다. 그러나 대중적인 독서의 효과 면에서 볼 때, 이 소설은 '검은 고양이'라는 하나의 뚜렷한 상을 만들어내면서 모든 검은 고양이들뿐만 아니라 기타 모든 고양이들에 대한 편견을 확산하는 데 훨씬 더 많이 기여하는 것으로 보인다.

데리다의 동물에 대한 접근이 의미 있다고 생각되는 이유는 그가 보이는 동물들에 대한 깊은 관심 때문이다. 이러한 깊은 관심은 동물과 함께 생활하며 직접 돌보면서 인간과 동물이라는 경계를 넘나드는 경험에서 비롯되는 것으로 보인다. 이는 구달 등 동물 실험을 거부하며 인내심을 가지고 동물들을 알아가려고 노력한 몇몇 생물학자들이 보이는 태도와 유사해 보인다.[7] 하지만 데리다와 그들의 차이점은 그

7) 데리다와 구달은 또 다른 유사점을 공유한다. 구달은 동물 세계의 약육강식을 몸소

에게는 '관찰 기록'이라는 임무가 주어져 있지 않다는 점이다. 데리다는 오직 자신의 반려동물에 대한 관심과 의리에서 출발하여, 그것에 세심하게 반응하면서 이 글을 적고 있다. 매튜 칼라르코(Matthew Calarco)는 『동물지(動物誌)』(*Zoographies*)[8]에서 "생명체와 살아있는 동물에 대한 물음은 … 항상 가장 중요하고 결정적인 질문이 되어 있을 것이다"(103)라는 데리다의 말이 데리다에 꽤 익숙한 독자들에게까지 기이하게 느껴질 것이라고 추측한다. 나는 칼라르코가 말하는 그 기이함이 일면 데리다가 동물과 함께 오랫동안 친구처럼, 가족처럼 지내온 사람으로서 동물에 대한 인간의 취급 방식이 얼마나 일방적이고 부당한지를 체감한 데서, 즉 동물은 지구상의 '마지막 타자'라는 체감에서 비롯되지 않았을까 생각한다. 그래서 『동물, 그러니까 나인 동물』은 그의 그러한 체감을 직접적으로 드러내고 있는 글이라고 본다.

부끄러움 혹은 수치심이라는 정념은 그 자체로 수동적인 정념이다. 데리다는 그러한 낮은 자세에서부터 동물들에 접근할 것을 주장한다. 발가벗은 수동성(passivity)과 동물로서 나의, 그리고 동물에 대한 나의 정념(passion)에서 어근 'pass'는 라틴어 어근 'pati'(to suffer, endure)에서 파생한 말로서 서로 통한다(*Animal* 11). 이런 태도로 접근하는 것은 동

목격해서인지 인간의 육식은 일면 불가피한 면이 있다고 주장한다. 데리다도 "타자들의 요청에 다른 타자들을 희생하지 않고는 응할 수 없다."(*Gift* 68)며 가장 '덜 나쁜' 해결책을 찾기를 주장한다(구자광 8).

8) 이 말 또한 '에코그라피'(ecography)처럼 번역하기 어려운 말일 것이다. 데리다는 '에코그라피'나 '자서전'(autography)에서처럼 '-graphy'란 말을 즐겨 사용하는 경향이 있다. 이 말은 '쓰기' 혹은 '기록'이라는 행위를 지칭한다.

물을 바라보거나 동물을 판단할 때 대개의 사람들이 그러하듯이 그것이 발휘할 수 있는 힘이나 역능, 또는 그것이 가진 속성들로 파악하는 것과 상반된다(*Animal* 27). 이성을 가지고 있는가, 말할 수 있는가, 추론할 수 있는가 등의 물음들이다. 이런 식의 물음을 가진 채 동물을 바라볼 때 동물은 모두 무력함, 할 수 없음, 힘없음으로 귀결된다. 이런 물음의 출발과 귀결은 곧 인간 위주의 지도 그리기, 즉 '자서전'의 메커니즘을 보여준다. 바로 이 지점에서 데리다는 동물에 대한 물음을 바꿀 것을 제안한다. 수동성과 정념에 기반하여 동물의 무력함과 상처입기 쉬움, 그리고 고통에 기반하여 재사유하기를 주장하는 것이다.

> "그들은 고통받을 수 있는가?"는 "그들은 하지 못할 수 있는가?"(Can they *not be able?*)를 묻는 것이다. 고통받을 수 있음은 더 이상 하나의 힘(a power)이 아니다. 그것은 힘이 없는 가능성, 불가능의 가능성이다. 도덕성은 거기에 깃든다. (*Animal* 27)

'고통받을 수 있음'이라는 사실은 데리다가 동물을 절대적 타자로서 사유하는 두 가지 주요 준거 중 하나이다. 앞서 살펴본 '대체불가능한 독특성'이라는 개념과 함께 이 두 준거는 모두 정념과 관계가 있다. 대체불가능성에 대한 자각의 계기를 그는 수치심에서 찾고 있기 때문이다. 수치심이 동물에 대한 인간의 일방적 접근과 해석에 대한 자각의 계기라면, 고통받을 수 있음은 동물의 입장에서 생각하는 것으로 입장의 지점이 동물로 옮겨간 것이라 볼 수 있다.

동물과 인간의 이분법에 근거하여 자행되는 동물에 대한 대규모 살해라는 현재의 참혹한 풍경들이 과연 "수치심에 대한 인간의 능력"(Williams 35)에 의해 변화될 수 있을지는 확신할 수 없다. 하지만 한 가지 분명한 것은 수치심으로 인한 인간의 한계와 인간중심적 폭력에 대한 자각이 동물의 고통으로 눈돌리게 하는 계기로 작용할 수 있다는 점이다. 동물을 그저 동물이라 치부하지 않고, 동물들 하나하나의 느낌과 고통에 감응하는 것은 동물을 타자로서 바라볼 수 있는 출발점이 될 수 있으리라 본다. 데리다는 동물을 '대체불가능한 독특성'으로 만나는 순간을 '절대적 타자성'을 경험하는 순간이라고 말한다. 나는 이 말에서 그의 환대 개념을 연상한다. 그가 말하는 순수한 환대란 초대받은 사람에게 행해지는 것이 아니라 '뜻밖의 방문자'를 받아들이는 경우에만 해당된다. 초대받지 않은 자 중에 가장 초대받지 않은 자는 현재로선 동물이 아니겠는가. 레비나스는 '언어가 곧 환대이다'라고 말하지만, 데리다는 『환대에 대하여』(*Of Hospitality*)에서 "환대란 어떤 한정된 언어를 정지시키는 것"(141)이라고 말한다. 그러므로 동물이라는 말과 분류를 정지시키고 하나의 동물 앞에서 겸손해지는 것에서부터 동물에 대한 환대는 시작된다고 할 수 있을 것이다.

참고문헌

김춘수. 「꽃」. 『현대문학』 9 (1955): 195.

다윈, 찰스. 『인간과 동물의 감정표현에 대하여』. 최원재 옮김. 파주: 서해문집, 1998.

데리다, 자크 . 「레비나스와 데리다」. 최영주 옮김. 『세계의 문학』 119 (2006): 393-405.

_____. 『환대에 대하여』. 남수인 옮김. 서울: 동문선, 2004.

레비나스, 엠마누엘. 『윤리와 무한』. 양명수 옮김. 서울: 다산글방, 2000.

카제스, 잔. 『동물에 대한 예의』. 윤은진 옮김. 서울: 책읽는수요일, 2011.

Agamben, Giorgio. *Homo Sacer: Sovereign Power and Bare Life*. Trans. Daniel Heller-Roazen. Stanford: Stanford UP, 1998.

Benjamin, Walter. "On Language as Such and on the Language of Man." *Selected Writings*. Vol. 1, 1913-1926. Ed. Bullock Marcus and Michael W. Jennigns. Cambridge: Harvard UP, 1996. 62-74

Crisman, William, "'Mere Household Events' in Poe's *The Black Cat*." *Studies in American Fiction* 12.1 (1984): 87-91.

Calarco, Matthew. *Zoographies: The Question of the Animal from Heidegger to Derrida*. New York: Columbia UP, 2008.

Davis, Colin. *Levinas: An Introduction*. Notre Dame: U of Notre Dame P, 1966.

Derrida, Jacques. *The Animal That Therefore I Am*. Ed. Marie-Louise Mallet. Trans. David Wills. New York: Fordham UP, 2008.

_____. "Violence and Metaphysics: An Essay on the Thought of Emmanuel Levinas." *The Writing of Difference*. Trans. Alan Bass. New York: Routledge, 2001. 97-192.

Haraway, Donna. *When Species Meet*. Minneapolis: U of Minnesota P, 2008.

Levinas, Emmanuel. *Totality and Infinity*. Trans. Alphonso Lingis. Pittsburgh: Duquesne UP, 1969.

Lingis, Alphonso. "Objectivity and of Justice: A Critique of Emmanuel Levinas's Explanation." *Continental Philosophy Review* 32 (1999): 395-407.

Poe, E. Allen. "The Black Cat." *The Complete Works of Edgar Allan Poe*. Hertfordshire: Wordsworth Editions Limited, 2009. 61-68.

Stark, Joseph. "Motive and Meaning: The Mystery of the Will in Poe's *The Black*

Cat." *Mississippi Quarterly* 57.2 (2004): 255-64.

Williams, Linda. "Haraway contra Deleuze and Guattari: The Question of the Animals." *Communications, Politics & Culture* 42.1 (2009): 21-54.

* 이 글은 『새한영어영문학』 55권 4호(2013년)에 발표한 논문을 일부 수정한 것이다.

상처 입은 동물과 재현의 윤리:
토마스 하디의 『더버빌 가의 테스』

서정은(국립한국교통대학교)

상처 입은 동물과 재현의 윤리: 토마스 하디의 『더버빌 가의 테스』

I. 작가 소개

토마스 하디(Thomas Hardy, 1840-1928)는 19세기 영국의 대표적 소설가이자 시인으로 잉글랜드 남서부의 도싯(Dorset) 지방에서 석공의 아들로 태어났다. 그의 고향 도싯과 그 인근 지역은 하디의 작품에서 '웨섹스'(Wessex)라는 이름으로 반복적으로 등장하며 중요한 작품 배경으로 기능한다. 22살이 되던 1862년, 런던으로 올라가서 건축가로 일했지만, 5년 후인 1867년 고향 도싯으로 돌아온 후부터 글쓰기에 집중하며 작가로 활동했다. 1928년 뇌졸중 후유증으로 사망했으며 그의 심장은 고향 도싯에, 유골은 런던의 웨스트민스터 사원에 안치되었다.

하디는 흔히 19세기 말과 20세기 초의 대표적인 자연주의 작가로 분류된다. 자연주의는 인간의 삶이 환경이나 유전, 운명과 같은 외적 요인에 의해 지배된다는 관점을 강조하는 문학 사조인데, 실제로 『더버빌 가의 테스』(*Tess of the d'Urbervilles*, 1891)나 『무명의 주드』(*Jude the Obscure*, 1895)를 포함한 하디의 대표작들은 자주 자연과 사회적 조건 속에서 무기력하게 희생되는 주인공의 비극적 삶을 다룬다. 인물들의 의도나 자유 의지를 무력화시키는 불가항력적 힘에 대한 강조 때문에 염세주의는 하디의 동시대부터 최근까지 하디 작품을 정의하는 주요한 특징으로 언급되곤 했다. 그러나 하디의 작품은 단순히 인물의 삶을 비극으로 몰고 가는 환경의 압도적 힘을 강조하기만 하지는 않는다. 피할 수 없는 자연적 조건에서 발생한 고통을 그릴 때는 고통에 노출된 삶 일반의 취약함에 대한 연민과 공감으로 가득 차 있으며 사회적 조건에서 비롯된 고통을 그릴 때는 폭력적 사회 구조와 인습에 대한 신랄한 비판을 드러내기 때문이다. 다시 말해, 작품 속 인물들이 환경에 압도되고 희생된다고 해서 하디의 문학 세계가 그들의 고통과 희생을 체념하며 받아들이는 것은 아니다. 오히려 한 개체나 개인이 극복할 수 없는 환경의 압도적 힘에 맞설 공감, 연대, 윤리적 개입에 대한 촉구가 그의 궁극적 지향이었다는 점에서 표면적으로는 염세적이고 자연주의적으로 보이더라도, 하디의 작품은 다분히 문학의 사회 비판적이고 실천적인 역할을 강조한 19세기 영국 사실주의 소설의 전통 위에 있다고 할 수 있다.

또 다른 한 편 최근 인류세 논의를 비롯한 환경 담론의 부상 속에서, 인간의 자유 의지와 행위 능력이 축소되고, 폭력적인 근대화 과정에서 인간과 자연이 함께 희생되는 모습을 그린 하디의 작품들이 가진 생태적 문제의식 역시 새롭게 주목받고 있다. 인간과 자연 세계를 분리하고, 인간을 행위 주체로, 자연을 이용 대상으로 인식하는 근대적 세계관과 달리, 하디의 작품에서 인간과 자연은 뒤엉킨 존재로 그려지기 때문이다. 그리고 이런 존재 양태 속에서 인간과 자연은 취약한 존재로서 폭력과 고통에 함께 노출되고, 행위 능력이나 의지 역시 탈인간 중심적인 방식으로 인간과 비인간 존재에 위계 없이 분배된다.

『더버빌 가의 테스』를 중심으로, 작품이 상처 입은 동물의 형상을 통해 어떻게 인간과 비인간을 고통에 대한 취약성이라는 공통점으로 연결하는 한편 타자의 고통을 문학적으로 재현하면서도 관음적 시선으로 소비하지 않을 방식을 모색하는지를 분석하는 이 글 역시 하디 문학의 윤리적 관심에 주목한다. 다시 말해, 오랫동안 하디의 작품을 설명한 염세주의나 결정론 대신, 하디 문학의 윤리적이고 실천적인 측면에 주목하며, 특히 탈근대적이고 탈인간 중심적 윤리의 모색이라는 틀 속에서 작가와 그의 작품 세계를 재평가하려는 최근 경향을 공유하는 것이다.

II. 작품 소개

1891년 출간된『더버빌 가의 테스』는 하디 작품 중 가장 널리 알려진 대표적 소설이다. 1891년 7월부터 12월까지 영국 주간지『그래픽』(*The Graphic*)에 연재되었고, 연재가 끝난 후 1891년에 세 권으로, 그리고 1892년에 한 권 형식의 책으로 출간되었다. 연재 당시 잡지사의 요청으로 당대의 도덕 관념, 특히 성 관념에 부합하지 않는 묘사를 상당 부분 삭제했으나, 책으로 재출간할 때 삭제 부분을 대부분 복원했고 그로 인해 출간 이후 상당한 논란이 있었다.

논란은 주로 주인공 테스(Tess)의 혼외 임신을 둘러싼 정황과 그 결과, 이를 묘사하는 작가의 태도를 중심으로 전개되었다. 내용을 간략히 요약하자면, 시골 소상인의 딸 테스는 친척인 줄 알고 일하러 간 집 아들 알렉 더버빌(Alec d'Urberville)과 의식이 완전히 온전치 않은 상태에서 성관계를 갖고 아이를 갖는다. 임신 후 알렉을 떠난 테스는 혼자 아이를 낳고, 혼외자인 아들에게 세례를 해줄 신부를 발견하지 못하자 자신이 직접 아이에게 세례를 한다. 그러나 아이는 죽고, 테스는 이후 진심으로 사랑하는 남자 에인절 클레어(Angel Clare)를 만나 결혼하지만, 결혼 첫날 밤 테스의 과거를 들은 에인절은 그녀를 두고 떠난다. 혼자가 된 테스는 이 농장, 저 농장에서 힘든 육체노동으로 생계를 이어가다가 절박한 상황에 놓인 테스의 가족들을 보살펴 줄 테니 다시 자신과 살자는 알렉의 권유를 마지못해 받아들인다. 뒤늦게 자신의 가혹함을 깨달은 에인절이 후회하며 돌아와 테스를 찾고, 테스는 알렉을 살해한 후 에인절에게 돌아간다. 둘은 잠시 함께 머물지만, 곧 경찰이 테스를 잡아가고 테스는 살인범으로 사형을 받는다.

요약된 줄거리에서 알 수 있듯, 하디는 테스를 단순한 성폭력의 피해자나 동정의 대상, 혹은 그 반대로 성적으로 문란한 여성으로 재현하지 않는다. 16살밖에 되지 않은 테스의 미성숙과 취약함, 사회적, 신체적으로 우월한 알렉의 위치를 강조하며 강간 가능성을 시사하지만, 결정적 순간에 대한 설명을 의도적으로 누락시키고, 소설의 이후 전개에서도 추가적인 해명을 제공하지 않음으로써 테스에 대한 독자의 도덕적 판단을 어렵게 만들기 때문이다. 이에 더해 "진실하게 재현한 순결한 여성"(A Pure Woman Faithfully Presented)이라는 작품의 부제 역시 논란을 가중했다. 어린 미혼모라는 사실에 더해 종교적 권위에 맞서 아이에게 직접 세례를 하거나, 알렉을 살해하는 테스를 '순결'하다고 정의함으로써 성적 순결뿐 아니라 종교적이고 법적인 당대의 순결 개념에 도전하기 때문이다.

테스의 인물 설정에 대한 논란이 출간 당시부터 컸고, 이야기에서 테스가 차지하는 비중이 압도적이기 때문에 작품에 대한 기존 비평 역시 테스를 중심으로 이루어진 경향이 있다. 그리고 가부장적 성(性) 도덕의 희생자이자, 성적 주체성과 자율적 욕망을 가진 여성, 근대화와 도시화 과정에서 파괴되는 영국 농촌과 자연의 상징 등 다양한 인물 해석이 생산 돼왔다. 앞서 언급했듯이, 최근 생태학적 관점에서 하디 작품을 재평가하려는 움직임 속에서 테스를 자연으로, 그러나 단순히 근대화와 도시화에 희생되는 수동적 자연이 아니라, 스스로 회복하고 변신하며 자연에 대한 폭력에 저항하는 능동적이고 적극적인 자연으로 해석하려는 시도들도 있었다.

본 글은 작품이 반복적으로 테스를 상처 입은 동물에 비유하는 것에 주목하며, 테스와 상처 입은 동물 간의 동일시를 통해 작품이 어떤 미학적, 윤리적 효과를 의도하는지 분석한다. 그리고 고통과 죽음에 노출된 존재로서 인간과 취약함을 공유하지만, 비언어적 존재로서 자신의 고통을 재현의 방식으로 공유할 수는 없는 동물을 통해 하디가 타자의 고통을 전유 없이 공유할 방법을 모색하고 상상한다고 주장한다. 테스를 중심으로 한 작품 해석의 전통적 경향을 공유하는 한편,

테스가 경험하는 폭력과 그에 대한 작가의 재현 방식을 성적인 문제 너머로 확장 해석하려는 최근의 비평적 관심, 또 하디를 탈인간 중심적 윤리를 모색한 작가로 재평가하려는 근래의 경향을 공유하는 글이라고 할 수 있다. 영화로도 여러 번 제작되어, 책을 읽지 않았더라도 대략적인 줄거리는 알고 있는 독자들이 많이 있겠지만, 이 글이 작품에서 테스만큼이나 중요하게 다루어지는 동물들의 존재, 특히 상처 입은 동물의 존재에 주목하며 작품을 새롭게 읽는 계기가 되기를 바란다.

III. 작품 연구

1. 들어가며: 인본주의 서사의 부상

19세기 전반 영국 사회에서 큰 영향력을 행사하며 전례 없는 규모로 생산된 인본주의 서사(humanitarian narratives)의 근간에는 동료 인간이 겪는 고통과 시련의 원인을 규명하고 그 원인을 제거할 수 있는 인간의 인식 능력 및 도덕 능력에 대한 공통된 믿음이 있었다. 이런 믿음에 근거해 노동자들이 처한 비인간적인 근무 환경을 파악하기 위해 정부는 전국의 공장과 광산 지역으로 조사관을 파견했고 찰스 디킨스(Charles Dickens) 같은 소설가는 도시 빈민의 실상을 기록하기 위해 런던 슬럼가를 배회했으며, 헨리 메이휴(Henry Mayhew) 같은 언론인 역시 대도시 런던 곳곳에서 노동 계급이 겪는 현실을 기록해 방대한 분량의 고발 기사(exposé)로 출간했다.

역사학자 토마스 라케르(Thomas W. Laqueur)는 그의 영향력 있는 인본주의 서사 연구를 통해 이 새롭게 부상하는 장르에서 '고통받는 몸'이 갖는 특별한 중요성을 주목한 바 있다. 라케르에 따르면, 인본주의 서사에서 '고통받는 몸'은 "고통받는 사람과 도우려는 사람 간의 연결 고리"이자 "해결해야 할 문제와 희생자, 돕는 이 사이에 인과적 연결을 형성하는 과학적 담론의 대상"(177)으로 기능했다. 예를 들어, 공공 분뇨 수거장에서 죽은 아기의 시체가 발견된 경우, 이 새로운 서사 장르는 그 시체를 한편으로는 희생자와 독자가 공유할 수 있는 고통의 매개체로, 또 다른 한편으로는 밝혀내고 분석되어야 할 폭력 혹은 살인의 기록을 각인한 텍스트로 대중에게 제시했다(Laqueur 198-200). 이전 같으면 무시되었을 이름 없는 빈민 아기의 시체가 연민과 인도주의적 개입을 요청하는 의과학적 분석의 대상으로 새롭게 인식된 것이다.

인간의 운명을 아랑곳하지 않는 우주와 약육강식 및 우연에 의해 지배되는 자연 세계에서 왜소하고 무기력해진 인간의 자유 의지를 자주 그리는 하디의 작품은 그 때문에 오랫동안 염세주의적이라는 평가를 받아왔다. 그리고 그런 점에서 동료 인간의 불행에 개입할 수 있는 인식론적, 도덕적 능력에 대한 신뢰를 기반으로 한 인본주의 서사와는 다른 세계관을 표현하는 것처럼 보이기도 한다. 그러나 하디는 "남성, 여성, 동물에 대한 잔인함을 규탄하는 일관된 항의가 아니라면 내 작품들이 무엇이란 말인가?"라고 물으며 인본주의적 지향이 그의 중요한 창작 의도임을 분명히 밝힌 바 있다(Archer 35). 실제로도 하디는 1891년 헨리 솔트(Henry Salt)가 창립한 인도주의 연맹에서 제시한 인간과 동물에 대한 모든 종류의 잔인한 행위에 반대하기 위해 "선명하게 정의된 인본주의적 기준을 정립"하겠다는 연맹의 취지를 공식적으로 지지했다(Weinbren 86).

그러나 인본주의적 가치를 선명히 지지하며, 자신의 창작 의도 역시 인본주의적 가치를 함양하기 위함이라고 밝혔음에도 불구하고 하디는 우리가 다른 존재의 고통을 실증주의적으로 밝히고 기술할 수 있다는 빅토리아인들의 믿음을 공유하지는 않았다. 고통받는 신체가 해석되어야 할, 그리고 해석될 수 있는 고통의 기호를 각인한 투명한 텍스트라고도 생각하지 않았다. 오히려 타인의 고통을 실증적 자료로 객관화하거나 기술할 수 있다는 믿음에 의문을 던지며, 그런 객관화 및 실증화의 시도가 고통의 경험을 전유할 위험성을 경계하는 방식으로 인본주의 서사의 형성과 발전에 참여했다. 다시 말해, 고통을 줄이기 위한 도덕적 개입의 당위에 공감하고, 그런 도덕적 개입을 가능하게 하는 행위 역량에 동의하면서도, 고통을 객관화하고 실증화할 수 있다는 19세기적 믿음의 잠재적 위험을 경계하는 방식으로 인본주의 서사를 창작한 것이다.

이 글은 하디의 대표 소설 중 하나인 『더버빌 가의 테스』를 읽으며 하디가 고통을 겪는 당사자의 경험을 전유하지 않으면서 그 고통에 공명하고, 고통의 경감을 위해 개입할 당위를 표현할 방법을 모색하는 방식을 검토한다. 더 구체적으로 이 글은 하디가 '상처 입은 동물'

의 형상을 통해 유정한 존재 간 고통의 공유 가능성과 함께 타자의 고통이 가진 절대적 타자성을 동시에 상상하는 방식을 분석하고자 한다.

하디는 가능한 한 고통을 적게 주는 가축 도축법 제정을 위해 노력했을 뿐만 아니라, 동물 일체에 대한 가혹 행위에 공개적이고 반복적으로 비판의 목소리를 낸 동물권 옹호론자였다. 그러나 이런 이력에도 불구하고, 하디 작품에 나타난 동물의 중요성은 최근 십여 년 사이에야 주목받기 시작했고, 따라서 축적된 연구 성과가 아직은 많지 않은 편이다. 하디의 작품뿐만 아니라 빅토리아 문학에 나타난 다양한 동물의 의미 연구 역시 아직 시작 단계에 있기도 하다. 이런 공백을 일부 채울 수 있기를 바라며, 이 글은 하디가 고통받는 동물의 형상을 통해 고통을 통한 존재의 연결 가능성과 고통의 타자성을 동시에 사유한 방식을 탐구한다. 그리고 동물을 우리와 "연결된 동시에 심연 너머에 있는" 존재로 규정하며 동물에 대한 우리의 공감이 "필수 불가결"한 동시에 "제한적"인 것이라고 주장한 프랑스 철학자 자크 데리다(Jacques Derrida)처럼 하디 역시 동물을 포함한 타자에 대한 공감의 필연성과 한계를 동시에 사유했음을 논증할 것이다(Derrida 31, 29).

동물에 대한 하디의 위와 같은 관점이 이 글의 독창적인 발견은 아니다. 앞서 언급했듯이, 하디 작품에 재현된 동물이 진지한 비평적 대상이 된 것은 비교적 최근 일이다. 그러나 이런 관심이 동물권에 대한 비평 일반의 관심이 증가하던 시기와 발맞추어 일어났고, 인간의 동료 존재인 동시에 알 수 없는 타자인 동물에 대한 데리다의 논의가 이 시기 동물권 논의의 중요한 이론적 틀을 제공했으므로, 데리다의 개념을 하디 작품 속 동물에 적용한 연구들은 더러 있다. 이를테면 엘리샤 콘(Elisha Cohn)은 하디가 인간과 동물 모두를 자주 "생명체" 혹은 "피조물"(creature)로 부르며 고통과 죽음에 노출된 취약한 존재로서 인간과 동물의 공통점을 강조하면서도 양자 사이에 뛰어넘을 수 없는 "인식론적 간극"(500)이 존재한다는 사실 역시 주목한다고 주장한다. 애나 웨스트(Anna West) 역시 "생명체"라는 단어에 주목하며 하디가 이를 인간과 동물 간에 존재하는 "동일성, 유사성, 혈연성"과 동시에 "차이와 타자성"(2)을 모두 지시하기 위해 쓰고 있다고 주장한다. 에이드리언 테이트(Adrian Tate)도 하디와 데리다의 동물관 사이에 존재하는 뚜렷한 유사성에 주목하며 양자 모두에서 동물과 인간 사이의 "동일성만큼이나 차이 역시 부각된다"(6)고 지적하기도 한다.

이런 기존 연구의 논의를 기반으로, 이 글은 특히 『더버빌 가의 테스』에서 테스가 상처 입은 동물과 동일시되는 경우를 주목하며, 하디가 상처 입은 동물 형상을 통해 타자의 고통을 전유 없이 공유하는 방식을 모색하는 방식을 검토한다. 그리고 결론적으로 이 형상을 통해 하디가 공유된 신체적 취약성과 인식론적 단절을 고통받는 타자 일반에 대한 재현 윤리의 조건으로 제시한다고 제안한다.

2. 하나의 신체, 분리된 의식

하디의 작품에서 신체적인 접촉은 존재를 연결하는 중요한 요소로 반복적으로 제시된다. 하디는 실제로 인류를 마치 "거미줄처럼 한 부분을 건드리면 모든 부분이 흔들리는 하나의 거대한 망"(*The Life and Work* 183)에 비유하기도 했다. 이런 연결을 예증하듯, 하디의 작품에서 인물들은 다른 인물들의 신체적 반응에 자주 전염되어 이를 모방한다. 이를테면 『성난 군중으로부터 멀리』(*Far from the Madding Crowd,* 1874)에서 주인공 가브리엘 오크(Gabriel Oak)가 곧 연인이 될 바세바 에버딘(Bathsheba Everdene)의 하품에 "전염되어 화답하듯 하품"(54-55)하는 장면이 그 전형적인 예이다.

하디는 이런 신체적 연결에서 중요한 윤리적 함의를 발견한다. 바로 이 연결 상태 덕분에 서로 다른 존재들이 고통을 공유할 수 있으며, 이로 인해 공감이나 연민 같은 감정이 가능하다고 생각했기 때문이다. 아래 인용문은 하디의 이런 생각을 압축적으로 표현한다.

> 황금률 혹은 "네 이웃을 네 몸과 같이 사랑하라" 등 어떤 말로 표현하든 간에, 박애는 우리가 마치 타인과 한 몸인 것처럼 그들의 고통을 우리 몸에 느낄 때 가능해진다고 생각한다. 인류는 사실상 하나의 신체를 공유한 존재들이라 볼 수 있고, 앞으로 그렇게 생각될 것이다. (*The Life and Work* 224)

위의 인용문을 쓴 것이 1890년인데, 1910년이 되면 하디는 모든 존재가 하나의 기원에서 출발했다는 다윈의 진화론에 기반해 이 박애의 황금률을 "인간의 영역만이 아니라 동물 왕국 전체에" 적용해야 한다고 주장한다. 진화론 덕분에 동물 역시 이 "하나의 신체를 공유한 존재들"(*The Life and Work* 377)로 볼 수 있게 되었기 때문이다.

그러나 다른 존재의 고통을 함께 느낄 수 있는 근거로 인류와 동물이 "하나의 신체"를 공유하고 있다고 주장하는 한편, 하디는 서로 다른 개별 존재의 의식 사이에 존재하는 넘어설 수 없는 간극을 강조한다. 이를테면 지인에게 보낸 한 편지에서 그는 한 개인의 의식은 "그의 신체에 제한되어 있으며," 우리는 "다른 존재와 의식을 공유할 고리를 찾을 수 없다. (적어도 나는 찾을 수 없다)"고 토로한다(*Collected Letters* 262). 자연스럽게, 하디는 언어가 타인의 의식을 포함한 외적 현실을 그대로 재현할 수 있다는 사실주의적 믿음을 받아들이지 않는다. 아래 인용문에서 하디가 표현하듯, 의식이 개별 신체에 갇혀 있다고 전제한다면 외적 현실에 대한 우리의 인식을 반영하는 언어는 현실 그 자체에 대한 재현이 아니라 그 현실에 대한 우리의 내적 인상에 대한 재현이기 때문이다.

> 우리가 마땅히 기억해야 하는데도 불구하고 언제나 기억하지는 않는 사실이 하나 있다. 어떤 사물에 대한 진실을 얻고자 할 때, 우리는 사실 그 사물이 우리에게 생산한 인상의 진실을 얻을 수 있을 뿐이며, 사물 그 자체는 칸트가 주장하듯, 여전히 우리의 지식 너머 존재한다는 사실이 그것이다. (*The Life and Work* 261-62)

흥미롭게도, 일견 모순적인 두 주장, 즉 존재론적 일원론과 인식론적 이원론을 주장하면서 하디는 이를 해결해야 할 모순으로 생각하는 대신, 하나의 신체를 공유하되 의식은 구분된 특별한 형태의 연결 상태를 상상하기 위한 철학적 기반으로 활용한다. 그리고 자신의 작품을 통해 언어적 매개나 번역 없이 서로 다른 존재 간에 신체적 감각을 공유하는 다양한 순간들을 그림으로써 이런 연결의 상태를 구체화한다. 특히 상처 입은 동물과 그 동물의 고통에 공명하는 인간 사이의 연결을 그리는 장면들은 그 전형적인 예를 보여준다.

예를 들어, 『무명의 주드』에서 주인공 주드(Jude)는 한밤중 덫에 걸린 토끼의 비명소리에 잠에서 깬다. "덫에 찢긴 다리로 인한 토끼의 고통을 상상"한 주드는 더이상 견디지 못하고 토끼를 찾기 위해 밖으로 나간다. 그리고 "고통에 몸부림치며 덫을 질질 끌고 다닌 희미한 흔적"을 따라 토끼를 찾아낸 뒤 그 "고통을 끝내기 위해"(*Jude* 214) 토끼를 죽인다. 주드는 비명이나 몸부림 같은 신체적, 비언어적 표현을 통해 토끼의 고통을 느낀다. 이 장면을 묘사하며 하디는 토끼의 고통에 인간적인 해석을 덧붙이는 대신, 같은 고통을 느낄 수 있는 토끼와 주드의 신체적 감각을 부각한다.

테스 가족이 키우는 말 프린스(Prince)가 치명적인 부상으로 인해 죽는 장면 역시 비슷한 예를 보여준다. 지나가던 우편 마차와 부딪혀 피를 흘리는 프린스를 어떻게든 도우려고 테스는 프린스의 상처를 손으로 덮는다. 그리고 그 때문에 테스의 몸과 옷은 프린스의 피로 뒤덮인다. 피가 멈추지 않아 테스는 "어찌할 바를 모른 채 서 있고" 다친 프린스 역시 쓰러질 때까지 "꼼짝하지 않고 서 있다." 아직 어두운 새벽에 다쳐 작은 웅덩이가 생길 만큼 피를 흘린 프린스가 결국 바닥에 쓰러진 후 해가 뜨자 작품은 마치 테스가 그 피를 다 쏟기라도 한 것처럼, 테스의 얼굴이 "심지어 더 창백"(*Tess* 33)해 보였다고 묘사한다. 프린스의 상처와 피, 죽음을 묘사하며, 하디는 다친 동물과 테스 모두의 직접적 심리 묘사를 조심스럽게 피한다. 대신 말과 테스의 신체가 동질화되는 과정, 예컨대 둘 모두의 몸이 피로 뒤덮이고, 대처할 수 없는 상처로 신체를 움직이지 못하고, 피를 모두 잃은 듯 창백해지는 과정을 길고 자세히 묘사한다.

이 이외에도 하디의 작품에서 고통을 겪는 동물과 그 고통에 공명하는 인간 사이의 비언어적이고 신체적인 접촉과 연결, 위에서 언급한 테스와 프린스의 경우처럼 마치 다친 신체를 공유하기라도 하는 것처럼 양자가 같은 상처와 고통의 징후를 보이는 예들을 찾기는 어렵지 않다. 하디는 이런 순간에 인간적 의미를 부여하거나 고통으로 인한 심리 상태를 설명하기보다, 마치 감염처럼 고통이 하나의 신체에서 다른 신체로 이전되는 과정 묘사에 집중한다. 구분된 의식을 가진 두 개체가 하나의 신체를 공유하는 듯한 문학적 이미지, 인식론적 전유 없이 고통을 공유할 가능성을 문학적으로 구현하는 것이다.

3. 테스와 상처 입은 동물

『더버빌 가의 테스』에서 주인공 테스는 자주 동물, 특히 겁먹거나 갇힌, 또 다친 동물들에 비유되곤 하는데, 테스와 상처 입은 동물 간의 유사성 역시 이런 맥락에서 되짚어볼 수 있다. 예를 들어, 약혼자 에인절과의 산책 중 들판에서 수로 작업을 하는 인부를 만나자, 테스는 자신이 에인절에게 맞지 않는 짝이라는 생각에 "불안한 동물의 표정"(*Tess* 194)을 짓는다. 신혼여행을 떠난 첫날 에인절이 장난스럽게 자신을 아직 사랑하냐고 묻자 "상처 입은 동물처럼 얼굴을 찡그리기"(*Tess* 218)도 한다. 에인절에게 말하지 못한 과거, 미혼모로 아이를 낳았다가 잃은 과거가 떠올랐기 때문이다. 테스의 과거를 알고 에인절이 떠난 후, 계절에 따라 일감을 찾아 떠도는 노동자로 들판에서 일할 때는 "거대한 겨울 들판 위를 기어가는 파리 같은 모습"(*Tess* 285)으로 묘사되기도 한다. 새벽에 일을 나갔다가 상처를 입고 죽는 말 프린스나 사냥꾼들이 쏜 총에 맞은 채 아직 살아 신음하는 새 등도 테스와 동일시되는 작품 속 동물들이다.

비평가들은 전통적으로 테스와 동물 간의 반복적 동일시를 주체로서 테스가 가진 능력 혹은 무능력의 측면에서 해석하곤 했다. 예를 들어, 여성주의 비평에서는 작품이 테스를 자주 동물과 비교하는 것을 여주인공을 자율성을 가진 독립적 주체로 그리지 못하는 남성적 시각의 결과로 해석했다. 테스와 동물 간의 빈번한 동일시를 "주인공이 주체로서 발화하도록 허락하지 못하는 [작가의] 무능력"(481)으로 해석하는 루니 알렌(Rooney Ellen) 같은 경우가 이런 비평의 대표적 예이다. 다른 한편, 질 들뢰즈(Gilles Deleuze)의 철학에 영향을 받은 장-자크 르세르클(Jean Jacques Lecercle)이나 D. 뮈셀화이트(D. E. Musselwhite) 같은 학자는 동식물을 포함한 자연에 쉽게 동화되는 주인공의 특징을 사회의 억압적 명명을 벗어나는 "도주 능력" 또는 "리좀적 확장" (Musselwhite 513; Lecercle 17)의 힘으로 평가한다.

그러나 『더버빌가의 테스』에서 하디가 동물을 묘사하는 방식은 테스와 동물의 반복적 동일시, 특히 상처받은 동물과의 동일시를 다르게 해석할 가능성, 더 구체적으로 주인공의 능력이나 무능력이 아니라 고통을 겪는 타자를 재현하는 매개로서 문학 작품이 갖는 가능성과 한계에 대한 작품의 묵상으로 해석할 가능성을 제시한다. 작품에서 하디는 자주 고통을 느낄 수 있는 신체와 그 신체의 취약성에 기반해 인간과 동물을 연결한다. 그러나 다른 한편 작품은 동물을 그 경험에 우리가 접근할 방법이 없는 타자로 그리기도 한다. 테스가 두 종류의 야생 새들과 대면하는 장면을 묘사한 아래 두 인용문은 취약한 신체를 공유하는 한편, 그 신체의 경험에 대한 서사적 인식 공유는 불가능한 인간과 동물의 관계를 잘 보여준다.

> 고통받는 동족의 아픔을 자신의 아픔처럼 느낄 수 있는 영혼의 충동에 따라, 테스의 마음에 떠오른 첫 번째 생각은 아직 살아 있는 새들의 고통을 끝내는 것이었다. 이 목적을 위해, 테스는 발견할 수 있는 새들을 모두 찾아 자신의 손으로 목을 부러뜨린 후 필시 새를 찾으러 다시 돌아올 사냥꾼들이 찾을 수 있도록 새들을 그 자리에 두었다. (*Tess* 279)

> 습기 가득한 계절이 지나고 건조한 서리가 내려앉을 즈음 북극 너머에서 온 낯선 새들이 플린트콤-애쉬의 고지대로 조용히 날아들었다. 그 새들은 비쩍 마르고 유령 같은 생명체로 비극적인 눈빛을 갖고 있었다. 그 눈은 인간의 접근을 허용하지 않는 극 지역, 인간이 견딜 수 없는 얼어붙는 추위 속에서, 인간은 상상조차 할 수 없는 거대한 재앙의 공포를 목격한 눈이었다. 오로라 빛 속에서 빙산이 충돌하고 눈언덕이 무너지는 것을 봤으며 거대한 폭풍과 지각의 비틀림으로 반쯤 눈이 멀기도 했을 것이다. 이러한 장면들이 이들에게 새겨 넣은 표정을 그 눈은 간직하고 있었다. 이름 없는 이 새들은 테스와 마리안 근처까지 왔지만, 그들이 본 것, 인간은 결코 볼 수 없을 그것들 무엇에 대해서도 그들은 어떤 이야기도 전하지 않았다. (*Tess* 288)

첫 인용문에서 테스는 총에 맞고 쓰러져 있는 새들의 고통을 "동족의 아픔"으로 묘사한다. 그리고 새들의 고통을 자신의 것처럼 느끼며 고통을 끝내기 위해 개입한다. 그러나 이 조우 후 얼마 지나지 않아 만나는 또 다른 한 무리의 새들을 묘사하며, 작품은 이들이 자신이 겪은 고통의 흔적을 표정과 눈빛에 새기고 있음에도 불구하고 그 고통에 대해 "어떤 이야기도 전하지" 않는다고 기술한다. 눈빛과 표정에 각인된 추위와 배고픔, 공포의 경험이 이야기로 전환되지는 않는 것이다. 이런 장면의 병치는 총을 맞고 피를 흘리거나, 굶주리고 추위에 떨며 목숨을 위협하는 환경의 변화에 공포를 느낄 수 있는 생명체의 공통된 신체적 취약성을 부각하는 한편 타자의 고통을 재현하거나 인식론적으로 접근할 가능성에는 한계를 설정한다. 상처와 고통에 노출된 존재라는 점에서 테스와 새를 "동족"으로 연결하지만, 고통에 대한 재현이나 그 재현을 통한 인식론적 접근의 차원에서는 단절을 설정하는 것이다.

흥미롭게도, 하디는 테스의 경험을 묘사할 때도 테스의 고통에 대한 공유 가능성과 접근 불가능성을 비슷한 방식으로 병치한다. 예를 들어, 알렉에 의해 원치 않는 임신을 한 뒤, 미혼모 상태에서 낳은 아기가 죽고, 테스의 과거를 안 남편 에인절 역시 떠난 이후 "살아 있는 고통"(*Tess* 85)을 견디는 테스를 묘사하며 하디는 영화의 근접 촬영 기법처럼 그 고통을 가까이서 바라본다. 떠돌이 노동자로 들판에서 일하는 테스의 맨 팔은 "풀에 베어 피를 흘리고," 죽어가는 아기의 침대를 부여잡은 테스의 오열에 침대 틀이 들썩거리고, 테스의 잠옷은 땀으로 젖는다(*Tess* 88, 93). 끝이 보이지 않는 겨울 고원에서 일할 동안 겨울비가 내리면 "처음에는 다리와 어깨에 다음에는 엉덩이와 머리에, 그리고 등과 배, 옆구리로 빗물이 시리게 스며드는 것을 느끼지만, 납빛 해가 사라지고 날이 저물 때까지 일을 멈출 수는 없다"(*Tess* 286).

아기의 죽음을 앞두고 움켜잡은 침대 틀이 들썩이도록 오열하는 테스의 모습이나 시린 겨울비가 들판에서 일하는 테스의 몸 구석구석 스미는 과정을 근접 묘사하는 순간들과 달리, 작품은 이런 고통을 일으킨 결정적 사건의 서술을 거부한다. 무엇보다, 술과 잠에 반쯤 취한 상태의 테스가 알렉과 숲에 둘만 남겨졌을 때 구체적으로 무슨 일이 있었는지 소설은 이야기하지 않는다. 그 순간 "어둠과 침묵이 모든 것을 뒤덮어" 테스와 그녀의 주변은 삼인칭 전지적 서술자에게조차 "보이지 않게 되기"(*Tess* 73) 때문이다. 소설은 "아무것도 볼 수 없는" 칠

흑 같은 어둠 속의 "모호함"(*Tess* 74)을 끝으로 그 장을 마무리하고, 아무런 설명 없이 사 개월 뒤 임신한 테스가 집에 돌아가는 장면으로 다음 장을 시작한다. 무슨 일이 있었는지 엄마가 다그쳐 묻자 "테스는 대답"하지만, 소설은 그 대답 내용을 독자에게 전하지 않는다(*Tess* 81). 신혼 첫날 밤 자신의 과거를 이야기하는 장면에서도 테스는 "어떻게 알렉 더버빌을 알게 되었는지, 그 결과가 무엇이었는지"를 에인절에게 말하지만, 소설은 그 내용을 공유하지 않은 채 "테스의 이야기가 끝났다"(*Tess* 227)고 독자에게 통보한다. 미혼모로 낳은 아기를 잃고, 남편이 떠난 후 떠돌이 노동자로 생활하는 테스의 신체적 고통은 생생하게 전달하면서도 이런 고통의 원인이 된 테스의 경험 자체에 대해서는 소설의 서술자와 독자 모두가 아무런 접근권을 갖지 못하는 것이다.

"테스의 이야기를 일관성 있게 삭제"하고 "테스의 고백을 듣지 못하도록 독자를 배제"하는 이런 작품의 선택을 루니는 테스를 "주체"가 아닌 "신체로 해석하려는 하디의 의도"(Rooney 474, 473, 481)로 분석한다. 그러나 하디가 동물을 우리와 신체적 취약성을 공유하면서도 인식론적 접근을 허락하지 않는 타자로 그린다는 점, 또 작품이 테스를 반복적으로 동물, 특히 상처 입은 동물과 동일시한다는 점을 생각하면, 테스의 경험 재현을 거부하는 하디의 선택을 다르게 해석할 수도 있다. 고통을 느낄 수 있는 유정하고 신체적인 존재로서의 취약성을 강조하고 그에 대한 독자의 공감을 호소하는 한편 테스가 경험한 고통을 작가 혹은 독자가 전유해 재현할 가능성은 차단하기 위한 선택으로 볼 수도 있는 것이다.

이런 점에서 작품에서 유일하게 테스에 대해 일방적이고 전지적인 시선을 유지하는 인물이 테스의 가장 큰 가해자 알렉이라는 사실을 주목할 만하다. 테스가 처음 알렉의 집에 일하러 갔을 때부터 테스는 자주 누군가 "침대 뒤" 혹은 "커튼 단 아래"(*Tess* 63)에서 자신을 훔쳐보고 있다고 느끼지만, 그 시선의 주인을 발견하는 데는 실패한다. 에인절이 떠난 후 떠돌이 노동자로 생활하는 테스를 찾아와 자신과 같이 가자는 알렉의 청을 거절한 후, 탈곡기 위에서 일하는 테스는 여전히 어딘가에서 떠나지 않고 자신을 지켜보는 알렉의 시선을 의식한다. 그러나 알렉이 어디에 있는지 알 수 없고, 따라서 자신을 방어하거나 그 시선에 대응할 수 없다. 위치를 파악할 수 없는 알렉의 일방적 시선에 무방비 상태로 노출된 채 탈곡기에서 일을 계속해야 하는 테스의 상황을 보여주는 아래 인용문은 어두운 숲에서 길을 잃고 술과 잠, 아마도 알렉이 준 약에 반쯤 취한 상태의 테스를 알렉이 성적으로 전유했던 상황과 겹쳐진다.

> 테스는 여전히 자기 자리에 서 있었다. 땀에 젖은 얼굴은 붉게 달아오른 채 곡물가루로 뒤덮였고, 하얀 보닛은 곡물가루로 갈색이 되었다. 기계의 회전 때문에 몸 전체가 흔들리는 탈곡기 위에서 일하는 여자는 테스뿐이었다. 신체의 모든 섬유가 기계의 끊임없는 진동에 동참해 무의식적으로 팔을 움직이는 상태 때문에 테스의 의식은 반쯤 마비 상태에 빠져 있었다. (*Tess* 333)

테스의 선택과 통제 바깥에서 자유롭게 테스를 바라볼 수 있는 알렉의 시선을 가해자의 시선으로 규정하는 방식으로 작품은 서사의 생략과 단절을 통해 반복적으로 테스 경험에 대한 전지적 인식과 접근이 불가능함을 표현한 창작 의도의 윤리적 함의를 암시한다. 빈곤, 노동, 차별을 포함한 심신의 폭력에 노출되는 테스의 고통에 공감하도록 독자를 초대하는 한편 작가와 독자 모두에게 그 고통의 경험을 자의적으로 해석하고 재현할 권한은 부여하지 않는 것이다.

4. 나오며: 인본주의 서사의 수정

상처 입은 동물, 또 그 동물과 자주 동일시되곤 하는 테스를 인본주의적 개입을 요청하는 대상으로 제시하면서도 그들의 고통의 경험과 해석을 전유할 가능성을 경계하고 차단하는 하디의 작품은 많은 점에서 인본주의 서사에 대한 현대 비평의 비판을 예견한다. 타자의 고통을 윤리적이고 실천적인 개입을 위한 대상으로 제시하고, 그 고통의 인과를 밝혀 서술하는 것, 그 서술을 통해 독자의 공감을 끌어내는 것을 주된 목표로 삼은 인본주의 서사에 대해 다수의 비평가가 그 과정에서 이런 재현 방식이 타자의 고통을 전유할 가능성을 지적해왔기 때문이다. 예를 들어, 데이비드 마샬(David Marshall) 같은 비평가는 공감 생산을 위한 타자의 고통 묘사가 창작 과정에서 일차적으로 왜곡된 고통의 이미지를 독자가 소비하는 과정에서 다시 왜곡하게 된다는 점에서 고통에 대한 일련의 왜곡일 뿐임을 지적한다(216). 오드리 재프(Audrey Jaffe)는 인본주의 서사가 고통을 겪는 타자의 이미지를 자신의 안위를 확인하고, 타자와의 거리를 재확립하기 위한 문화 장치로 기능하는 현상을 지적한다. 소설을 포함한 다양한 인본주의 서사에 묘사된 사회적 고통의 장면을 읽으며 중산층 독자들은 자신이 고통을 겪는 당사자가 아니라는 사실에 안도하는 한편 독자인 자신과 고통을 겪는 당사자 간의 안전한 거리를 재확인하고자 했다는 것이다(14). 피터 스톨리브라스(Peter Stallybrass)와 앨론 화이트(Allon White) 역시 19세기 유럽의 인본주의 서사가 사회적 고통에 더 쉽게 노출되는 하층민을 인도적 개입의 대상인 동시에 쾌락과 혐오의 대상으로 재현하고 소비했다고 주장함으로써 고통에 대한 재현이 쉽게 관음적 쾌락이나 계층 간 구분 짓기로 이어지는 현상을 지적한 바 있다.

인본주의 서사의 목적과 지향에 공식적인 지지를 반복적으로 표현하면서도 하디는 타자의 고통 재현에 내포된 폭력적 가능성에 대한 현대 비평가들의 우려를 선명하게 예견하고 있었다. 그리고 바로 그런 폭력적 가능성을 경계하기 위해, 고통을 느낄 수 있는 존재들의 공통된 신체적 취약성을 강조하면서도 고통의 경험 자체에 대한 인식과 재현의 한계를 설정함으로써 폭력적 전유 가능성을 차단하는 방식으로 상처 입은 동물의 이미지를 제시한다.

하디의 이런 문학적 전략은 기존의 인본주의 서사에 중요한 수정을 가져온다. 글의 도입부에서 설명한 것처럼, 인본주의 서사는 기본적으로 고통의 인과를 밝혀 그 원인을 제거하는 것을 목표로 삼았으며 그런 인과의 실증적, 객관적 분석이 가능하다는 인식론적 확신에 기반하고 있었다. 실제로 이런 성향 때문에, 앞서 언급한 메이휴 같은 언론인이나 디킨스 같은 소설가의 인본주의 서사들은 자주 숨겨진 비밀을 밝히는 탐정 소설의 형식을 취하기도 했다. 그러나 이런 경향성 때문에, 인본주의 서사는 고통을 겪는 당사자의 신체나 고통의 경험 자체를 분석 주체가 그 정체를 밝히기 위해 해부, 서술, 해석할 수 있는 대상물로 객체화할 위험을 안고 있었으며, 연민과 쾌락을 동반하는 관찰 대상으로 전시해 소비할 가능성도 가지고 있었다.

하디는 대상을 파악할 수 있는 전지적 관찰자의 특권적 지위를 박탈한다. 상처 입은 새의 고통을 "동족의 아픔"으로 느끼면서도 자신이 겪은 고통에 대해 "어떤 이야기도 전하지 않"는 새들의 타자성을 직면하는 테스처럼, 작품은 계급적, 성적으로 겹겹이 주변화되며 상처 입은 테스의 고통에 공감하되, 테스 대신 그 경험을 서술하고 해석하기를 거부하는 방식으로 테스의 타자성을 존중한다. 작품의 부제는 "진실하게 재현한 순결한 여성"인데, 그런 점에서 하디가 생각하는 진실한 재현은, 적어도 타자의 고통에 대한 재현 문제에 있어서 그 창작의 조건과 한계를 선명히 의식하는 재현일지 모른다. 그리고 그것이 하디가 고통을 객관화하고 실증화할 수 있다고 믿었던 그의 동시대 인본주의 서사에 가져온 중대한 수정이라 할 수 있다.

참고 문헌

Archer, William. "Real Conversations." *Thomas Hardy Remembered*. Ed. Martin Ray. Aldershot: Ashgate Publishing, 2007. 28-37.

Beer, Gillian. "Finding a Scale for the Human: Plot and Writings in Hardy's Novels." *Darwin's Plots: Evolutionary Narrative in Darwin, George Eliot and Nineteenth-Century Fiction*. Cambridge: Cambridge UP, 2000. 220-41.

Cohen, William A. "Arborealities: The Tactile Ecology of Hardy's *Woodlanders*." *Interdisciplinary Studies in the Long Nineteenth Century* 19 (2014): 1-19.

Cohn, Elisha. "'No insignificant creature': Thomas Hardy's Ethical Turn." *Nineteenth-Century Literature* 64.4 (2010): 494-520.

Derrida, Jacques. *The Animal That Therefore I Am*. Trans. David Willis. New York: Fordham UP, 2008.

Hardy, Florence Emily. *The Life of Thomas Hardy, 1840-1928*. New York: St. Martin's P, 1962.

Hardy, Thomas. *Far from the Madding Crowd*. London: Penguin, 2000.

______. *Jude the Obscure*. London: Penguin, 1998.

______. *The Collected Letters of Thomas Hardy*. Vol. I. Ed. Richard Little Purdy and Michael Millgate. Clarendon P, 1978.

______. *The Life and Work of Thomas Hardy*. Ed. Michael Millgate. London: Macmillan, 1984.

______. *Tess of the D'Urbervilles*. London: Penguin, 2003.

Jaffe, Audrey. *Scenes of Sympathy: Identity and Representation in Victorian Fiction*. Ithaca: Cornell UP, 2000.

Laqueur, Thomas W. "Bodies, Details, and the Humanitarian Narrative." *The New Cultural History*. Ed. Lynn Hunt. Berkeley: U of California P, 1989. 176-204.

Lecercle, Jean Jacques. "The Violence of Style in *Tess of the d'Urbervilles*." *Alternative Hardy*. Ed. Lance St. John Butler. London: Macmillan, 1989. 1-25.

Marshall, David. *The Surprising Effects of Sympathy: Marivaux, Diderot, Rousseau, and Mary Shelley*. Chicago: U of Chicago P, 1988.

Morrison, Ronald. "Humanity towards Man, Woman, and the Lower Animals: Thomas Hardy's *Jude the Obscure* and the Victorian Humane Movement." *Nineteenth-Century Studies* 12 (1998): 64-82.

Musselwhite, D. E. "*Tess of the d'Urbervilles*: 'A Becoming Woman' or Deleuze and Guattari Go to Wessex." *Textual Practice* 14.3 (2000): 499-518.

Rooney, Ellen. "Tess and the Subject of Sexual Violence: Reading, Rape, Seduction." *Tess of the d'Urbervilles: Complete, Authoritative Text with Biographical and Historical Contexts, Critical History, and Essays from Five Contemporary Critical Perspectives*. Ed. John Paul Riquelme. Boston: Bedford Books, 1998. 462-83.

Shpayer-Makov, Haia. "Journalists and Police Detectives in Victorian and Edwardian England: An Uneasy Reciprocal Relationship." *Journal of Social History* 42.4 (2009): 963-87.

Stallybrass, Peter and Allon White. *The Politics and Poetics of Transgression*. London: Methuen, 1986.

Tait, Adrian. "'A Merciful Man': Thomas Hardy and the Thinking of (in) Humanity." *Fathom: A French E-Journal of Thomas Hardy Studies* 4 (2016). Web.

Weinbren, Dan. "Against All Cruelty: The Humanitarian League, 1891-1919." *History Workshop* 38 (1994): 86-105.

West, Anna. *Thomas Hardy and Animals*. Cambridge: Cambridge UP, 2017.

*이 글은『근대영미소설』26권 3호(2019)에 발표한 논문을 일부 수정한 것이다.

키플링의 『정글북』에서의 동물과 윤리

김선재(건국대학교)

키플링의 『정글북』에서의 동물과 윤리

Ⅰ. 작가 소개

러드야드 키플링(Rudyard Kipling)은 1907년 영미권 최초로 노벨문학상을 수상한 영국의 작가이다. 그는 1865년 영국령 인도 뭄바이에서 태어나 1936년 영국 런던에서 사망하였다. 그의 아버지 존 키플링(John Lockwood Kipling)은 화가이자 건축가로 인도의 예술 학교 교장으로 근무하였다. 그의 어머니 앨리스 맥도날드(Alice Macdonald)는 19세기 말 유행한 영국의 예술 사조인 라파엘 전파(the Pre-Raphaelite movement)의 예술가들과 활발히 교류하였다. 키플링은 약 5년 동안 인도에서 생활했는데, 그의 작품 세계는 식민지 인도에서의 삶과 예술적인 부모님에게 많은 영향을 받았다.

키플링은 『정글북』(*The Jungle Book*, 1894-1895)과 『킴』(*Kim*, 1901)을 비롯한 장편 소설과 「왕이 되려던 사나이」("The Man Who Would Be King," 1888)를 포함한 수많은 단편 소설, 그리고 많은 시를 썼으며, 19세기 말과 20세기 초에는 영미권에서 가장 인기 있는 작가로 널리 알려져 있었다. 특히 『정글북』은 첫 출간 이후로 지금까지 수많은 영화와 연극, 뮤지컬로 제작되고 각색되며 어린이들 사이에서 꾸준한 인기를 누려왔다. 하지만 키플링의 정치적 관점은 많은 비평가들에게 식민주의자, 인종주의자, 제국주의자 등의 이름으로 비판받으며, 그의 작품도 학계에서 큰 주목을 받지 못했다. 근대 인간중심주의에 기초한 인간과 동물의 인위적인 구분과 그에 따른 비인간 동물의 소외 문제는 노예제, 식민주의, 제국주의를 양산한 생명정치권력에 뿌리를 두고 있기에, 이 글에서 제국주의를 옹호한 식민주의자의 혐의에서 자유롭지 않은 키플링의 작품에서 동물 생명 윤리에 관한 색다른 통찰을 읽어내는 일은 키플링을 약간은 다른 관점에서 재평가하는 작업이 될 수도 있다.

Ⅱ. 작품 소개

『정글북』은 『킴』과 함께 키플링에게 1907년 영미권 최초의 노벨문학상 수상자라는 영예를 안겨준 작품이면서, 지금까지도 전 세계 아이들에게 사랑을 받는 작품으로 알려져 있지만, 대영 제국을 옹호한 작가의 작품이라는 점에서 비평가들의 관심에서 밀려나 있었던 것도 사실이다. 더군다나 제국과 영국성에 관한 복잡한 시선을 담고 있는 작품 『킴』에 비해 아동 문학으로 치부된 『정글북』에 관한 본격적인 연구가 많지 않는 것도 눈에 띄는 점이다. 그동안 작가 키플링에게 덧씌워진 제국주의자 혹은 식민주의자의 혐의를 생각했을 때, 그의 작품 『정글북』 속에서 비인간 동물에 관한 급진적인 생각들을 읽어내는 것에 아이러니가 있다는 것을 염두에 둔 채, 이 글에서는 무엇보다 작가에 관한 평가와 작품을 분리하여 작품이 노정하는 동물 윤리의 문제, 동물과 인간의 관계 역학을 새로 읽는 가능성에 집중하고자 한다.

동물들과 늑대들 사이에서 자라난 모글리(Mowgli)에 관한 단편 모음집인『정글북』은 바다소를 비롯한 바다 속 생명체의 생태학적 특징들부터 몽구스와 코브라의 생생한 대결의 장면까지 마치 치밀하고 집요한 동물 생태학자의 관찰을 담고 있다는 인상을 주기도 하는 작품이라는 점에서 동물의 영역을 인간의 상상력으로 적극 전유하고자 한 빅토리아조 작가들의 열망을 공유하고 있다. 그렇지만『정글북』은 실제로 발생해 온 동물 착취와 학대의 문제를 픽션의 방식으로 다루고 있고, 다양한 동물들이 지닌 생명의 힘을 탐색하기에 빅토리아 시대의 동물 재현의 문제를 새롭게 구성하는 힘이 있다.

Ⅲ. 작품 연구

1. 들어가며: 동물의 생명

2020년 1월에 방영된 MBC 창사특집 다큐멘터리『휴머니멀』(*Humanimal*)의 1부「코끼리 죽이기」는 배우 박신혜의 아프리카 보츠와나 코끼리 밀렵 현장 방문을 다루었다. 다큐멘터리는 박신혜의 시선을 따라가며, 온전한 상아를 채취하기 위해 의식이 있는 상태에서 코끼리의 머리를 전기톱으로 도려내고, 밀렵이 발각될까 봐 총을 쏘는 대신 코끼리의 저항을 막기 위해 척추를 자르는 잔혹한 방식의 코끼리 밀렵이 남긴 대자연 속 코끼리의 사체를 담아냈다. 국제 코끼리 보호 단체의 회원들은 밀렵을 막기 위해 코끼리의 목에 위치 측정 장치를 부착하고 인공위성으로 실시간 코끼리의 위치를 전송받을 수 있는 시스템을 구축했지만, 장치를 부착한 코끼리들도 죽임을 당했을 정도로 밀렵꾼들의 수법이 날로 교묘해지고 있다고 한다.

코끼리 착취의 역사는 고대 카르타고와 로마 사이의 패권 다툼인 포에니 전쟁(Punic War)에서 코끼리들을 강력한 전쟁 무기로 동원한 것으로 거슬러 올라갈 정도로 오래되었지만, 특히 19세기에는 코끼리들을 사냥이라는 스포츠의 대상으로 삼게 된다. 이와 관련해 니겔 로스펠(Nigel Rothfels)은 빅토리아 시대에 유행한 코끼리 사냥이 거대한 생명체를 다루는 인간의 힘과 제어에 관한 환상의 산물이며, 코끼리 사냥을 기록한 사냥꾼들의 서사가 하나의 스토리텔링 예술을 보여준다고 지적한다. 야만을 다스리고 통제하고자 한 제국주의의 불온한 열망이 코끼리를 비롯한 거대 동물을 사냥하는 방식으로도 19세기 내내 표출되었다는 것이다(56-58). 코끼리와 호랑이, 고래, 악어 등의 야생 동물에 관한 사냥의 역사는 합리성과 계몽을 내세워 자연을 정복한 제국의 건설 역사와 맞물리고, 지금도 다양한 양상으로 지속되는 야생 동물의 착취로 이어진다.

야생 동물과 자연을 인간과 분리된 것으로 여기고 착취를 당연시한 결과로, 19세기까지만 해도 2,000만 마리가 넘었던 코끼리의 숫자가 지난 세기를 거치면서 95% 이상 감소해 이제는 40만 마리도 채 남지 않았고, 이들 중 3분의 1이 아직까지 비교적 안전지대로 분류되는 보츠와나에 몰려있다. 상아 판매는 1989년 이후 전 세계적으로 금지되어 왔지만, 이후 수차례에 걸쳐서 부분 해제되면서 중국은 합법적으로 수입한 수십만 톤의 상아를 보유하고 있다고 하며, 여전히 비싼 가격에 거래되는 상아를 얻기 위해 밀렵꾼들은 매년 수만 마리 이상의 코끼리를 살해해 오고 있다고 한다. 경제 논리로 따지자면, 상아에 대한 수요가 계속 존재하는 한 공급을 불법화할 경우에 암거래 가격이 치솟는 역효과가 발생하고, 반대로 상아가 완전히 금전적 가치를 상실할 경우에는 곤궁한 아프리카 농부들에게 코끼리는 농사지을 땅을 짓밟는 방해꾼이 되어 다른 방식의 코끼리 살해가 발생할 수 있다(이근우). 따라서 코끼리의 사유 재산화와 사육을 통한 이윤 보장이 코끼리의 개체수를 장기적으로 보존할 수 있다는 경제학의 논리를 멸종 위기에 처한 동물 보호를 주장하는 환경론자들이 가볍게 넘기기는 어렵다.

그렇지만, 동물의 생명을 사적으로 소유하고 상품화하는 것을 환경 문제에 대한 근본적인 해법으로 받아들이는 것은 또 다른 문제이다. 이익의 추구와 지속가능한 개발을 동일선상에 놓고 보는 자본주의의 논리가 양산한 무수한 부작용을 지적하는 것은 이 글의 범위를 벗어난다. 이 글은 동물 윤리의 관점에서 출발하여 코끼리의 사체를 보고 눈물을 흘리고 밀렵을 막기 위해 적극적인 행동을 취할 수 있는 인간이 동물에게 지니는 연민과 공감이 지니는 무게와 그 근간을 이루는 생명에 대한 경외감을 캐리 울프(Cary Wolfe)와 도나 해러웨이

(Dona Haraway)의 이론을 통해서 『정글북』을 다시 읽으며 인간과 동물의 적극적인 공존 가능성으로 확장하여 생각해 보는 것을 목표로 한다.

구체적으로 이 글은 코끼리를 비롯한 거대 동물 사냥의 역사가 상징적으로 보여주고, 현대의 자본주의가 기대는 동물의 사유 재산화와 상품화의 논리가 여전히 전제로 하는 인간과 동물 사이의 구분을, 『정글북』 첫 번째 이야기를 통해 복잡하게 바라보고 문제시한다. 이 글에서는 무엇보다 작가에 관한 평가와 작품을 분리하여 작품이 노정하는 동물 윤리의 문제, 동물과 인간의 관계 역학을 새로 읽을 가능성에 집중하고자 한다.

이 글은 포스트휴머니스트이자 동물 연구가인 울프가 생명 정치에 관한 미셸 푸코(Michel Foucault)와 프리드리히 니체(Friedrich Nietzsche), 주디스 버틀러(Judith Butler), 조르조 아감벤(Giorgio Agamben) 등의 주장을 수용하면서도 비판적으로 살피는 한편, 자크 데리다(Jacques Derrida)와 코라 다이아몬드(Cora Diamond)가 동물과 인간의 관계를 해체적으로 해석하며 펼친 논의를 적극적으로 수용하며 일구어 놓은 비평적 지평에서 출발한다. 울프는 저서 『법 앞에서』(*Before the Law*)에서, 마르틴 하이데거(Martin Heidegger)가 근간을 마련한 인간성과 동물성 사이의 구분이 법적인 권리와 보호의 범위를 임의로 구분하는 법에 내재하는 배타성과 폭력성을 양산한 것을 지적하는 데서 그의 논의를 출발하여, 법이 생명을 보호하지 못하는 방식으로 작동해 온 것을 문제시한다. 울프는 특히 생명정치권력 하에서는 인간을 포함하여 그 누구나 규율과 법률이 만든 법적인 테두리의 바깥으로 밀려날 가능성에 노출되어 있다고 지적한다.

울프는 동물들이 법적인 보호의 대상과 얼마나 대치되는 존재로 인식되고 있는지를 보여주기 위해 미국에서 매년 사육되고 도살되는 동물의 99퍼센트에 해당하는 닭들이 가금류 산업의 비용 문제로 인해 가축 도살의 인도적인 방법에 관한 법률에 의한 보호를 받지 못하는 것과 미국에서 동물 실험에 동원되는 동물의 95퍼센트를 차지하는 생쥐, 쥐, 새가 동물 복지법의 적용 대상에서 배제되어 있다는 사실을 예로 든다(12-13). 울프는 다이아몬드와 데리다의 주장에 동의하며 동물의 권리가 아니라, 죽음에 취약한 몸을 지녔다는 동물과 인간의 공통점에 근거하여 동물을 법적인 보호 대상으로 보아야 한다고 말한다.

이 글에서는 『정글북』이 재현하고 상상하는 동물들의 세계, 정글의 속성, 동물의 구체적인 모습들이 던지는 의미를 새롭게 고찰하기 위해, 생명정치를 동물과 인간이 공통적으로 지니는 몸의 취약성의 관점에서 새롭게 바라볼 것을 강조하는 울프의 논의와, 종족의 경계를 넘어서 복수종의 함께 되기를 주장한 해러웨이를 중점적으로 참조하여 작품을 읽는다. 울프는 푸코의 생명정치론이 펼친 가능성 위에서, 기존에는 서로 다른 정치적 주체의 단위로 여겨진 인간과 비인간 동물이 사실상 "살"(flesh)이라는 공통분모를 가지고 얽혀 있는 것을 인지하는 새로운 종류의 정치적 논의로 나아갈 것을 주장하고, 이와 같은 입장이 자본주의 논리가 생명을 상품화하고 사유 재산화하는 것에 대한 정치적 저항과 연결될 수 있다고 본다(50-51). 해러웨이는 인간과 비인간의 경계를 부수고, 보편을 추구하는 대신 불완전한 패턴을 가지고 세계를 재결합하며 "복수종의 혼란에서 풍부한 진창을 발견해내는"(『트러블과 함께하기』 58) 방식으로 동식물과의 공생을 추구하고 지구가 직면한 위기를 타계할 것을 제안한다. 이 글은 『정글북』이 펼쳐놓되, 작가가 제국의 수호자로 회귀하여 미처 다 담지 못한 인간과 동물의 공존 가능성과 생명 윤리에 관한 고찰을 울프와 해러웨이의 관점을 중심으로 확장하고 적극적으로 읽어내고자 한다.

2. 고통에 취약한 몸

『정글북』은 작품 속 등장하는 각각의 동물 종이 지니는 생물학적 차원의 면밀한 특징들을 상세히 기술하면서도 각 동물들이 종 그 이상의 존중받을 만한 고유한 성격을 지닌다는 점을 구체적으로 보여준다. 이를 두고 단순하게 인간적인 면모를 동물들에게 부과한 인간중심주의의 발현이라고 보기보다는, 인간 주체에게만 고유한 것으로 여겨온 본능 이상의 가치와 비전을 추구하는 모습을 동물 주체에게 부여하면서 작품이 인간과 동물 사이의 경계를 어떤 방식으로 재고하는지 들여다보는 것이 더 유의미한 작업이다.

무리에서 유일하게 하얀 털을 가지고 태어난 하얀 물개 코틱(Kotick)은 사람에 의한 물개들의 대량 학살에 처음으로 문제를 제기하며 사람들의 손이 미치지 않는 물개들의 터전을 찾아내겠다는 남다른 비전을 가지고 전 대양을 횡단하는 모험을 강행하는 지구력과 끈기를 보여준다. 홍수에 인간이 사는 마을로 떠내려 온 몽구스 리키 티키(Rikki-tikki)는 사람 가족에게 응석을 부리는 아직은 어리고 호기심 가득한 몽구스이지만, 재치와 명석함 그리고 용기를 발휘하여 가족들과 정원에 사는 새 등에게 위협이 되는 코브라 부부와의 싸움에서 승리를 거둔다. 코브라의 머리를 이빨로 강하게 물고 끝까지 놓지 않는 힘을 발휘하는 동시에 싸움이 끝나면 테디(Teddy)의 방 침대에서 몸을 떨며 잠을 청하고 사람들의 식탁에서 귀여움을 한 몸에 받는데서 만족함을 느끼는 사랑스러운 면모도 보여준다. 평생 인도 정부를 위해 봉사해 온 코끼리 칼라나그(Kala Nag)는 야생 코끼리의 무시무시한 힘을 간직한 존재인 동시에, 자신을 부리는 코끼리 몰이꾼의 아들 리틀 투마이(Little Toomai)에게 순종하는 여린 마음을 지녔다.

코틱은 바다 위에서 수영하는 법, 물고기를 사냥하는 법, 청년 물개로 살아가는 법 등을 부모님께 차근차근 배우는 와중에 동료들의 학살을 목격한 후 남다른 꿈을 꾸게 되고, 리키 티키는 몽구스가 코브라의 천적이며 코브라를 제압하고 사냥할 수 있다는 점을 부모님께 배우고, 칼라나그는 수십 년을 인도 정부에 봉사하면서도 한밤 중 야생 코끼리들의 회합에 본능적으로 참여하는 본능을 잊지 않고 있다. 코틱, 리키 티키, 그리고 칼라나그는 각 동물의 종의 특성을 그대로 지니며, 그 종을 대표하는 등장인물들인 동시에 단일한 종의 특성을 넘어 그들이 속한 종의 다른 동물들과 뚜렷하게 구별되는 이질적인 면모를 보여준다. 이러한 점은 인간의 경계 너머에 단수로서의 동물이 있다고 상정하는 식의 구분 짓기를 멈추고 살아있는 존재들의 다중성을 주목하며 동물을 복수로 인식해야 한다는 데리다의 주장과 공명한다(47-48).

또한 코틱, 리키 티키, 그리고 칼라나그는 각각 하나의 생명체로서 그들이 동물 종으로서 지니는 본능과 힘 그 이상의 가능성을 담지하고 펼치는 존재들이다. 특히『정글북』은 물개 코틱과 코끼리 칼라나그가 각각 그들이 속한 물개 집단과 야생 코끼리 집단과 빚는 갈등과 그 해소의 과정을 통해 단일 종의 특성 너머에서 발견되는 개별 동물의 생명력과 창의성, 존엄을 보여준다. 이와 같은 작품의 면모는 종의 구분에 국한되어 인간과 동물을 구분하고, 동물을 하나의 종 이상으로 상상하지 못한 사고의 틀을 부수며, 더 나아가 개별종의 구분을 넘어 해러웨이가 주창하는 복수종의 역동적이고 예측 불가능한 공존을 사유하게 하는 힘이 있다.

가죽과 기름을 얻기 위해 매년 물개 수만 마리를 학살하는 잔혹한 물개 사냥꾼들은 100년도 더 전부터 지금까지 여러 지역에 존재해 왔다. 2017년 KBS 뉴스에서는 캐나다에서 해마다 어김없이 계속되는 물개사냥의 잔혹함을 국제동물구조단체 페타(PETA, People for the Ethical Treatment of Animals)가 공개한 영상을 통해 보도한 바 있다. 캐나다에서는 여전히 물개사냥이 합법적인 일로 여겨지며, 정부가 수확량과 사냥 기간에 제한을 두었음에도 불구하고 물개 가죽을 얻기 위해 수만 마리에 달하는 물개들을 몽둥이로 세게 내리쳐 살해하는 잔인한 물개사냥이 이어지고 있다.『정글북』속 물개 코틱의 모험은, 동물이라는 이유로 그들에 대한 집단적 학대와 학살을 범죄로 치부하는 것이 아니라 오히려 정당화하는 인간의 시선을 재고하며 익명의 동물들의 생명을 의식적으로 폐기하여 자본의 유익을 구하는 것을 정당화하는 인간중심적인 생명정치의 틀에 도전한다. 인간의 학살의 손길이 닿지 않는 물개들만의 터전을 찾기 위해 수년 동안 대양을 횡단하고 적도를 가로지르며 계속되는 코틱의 목숨을 건 모험은 물개인 코틱이 파트너 물개와의 결혼과 정착을 미루어가며 번식의 본능과 자신의 생명보존본능을 넘어서는 공동체적 가치를 위해 싸우는 과정을 보여준다.

『정글북』 속 코틱의 항해는 공동체와 동료들의 미래를 위해 자신을 희생하는 여정을 그리며 기존의 생명정치적 관점에서 파악한 본능의 발현으로서의 동물적 삶의 의미를 재정의한다. 코틱은 생존 본능을 넘어서는 비전에 이끌리며 의지적인 불굴의 노력을 통해 육체와 본능의 한계에 도전한다. 『정글북』은 또한 바다사자, 바다코끼리, 바다소와 코틱의 조우에서 놀라운 생물학적 정확성으로 이들을 묘사하면서 코틱의 여정에 입체적인 사실감을 부여한다. 마침내 인내심을 발휘하여 바다소들을 따라간 긴 여정의 끝에 인간들이 한 번도 발을 디디지 않은 청정한 새 땅을 발견한 코틱은 다시 고향 노바스토슈나(Novastoshnah)로 돌아와서 인간이 한 번도 밟지 않은 새로운 땅을 발견했다는 말을 동료들이 믿지 않자 자신보다 어리고 힘이 센 청년 물개들을 상대로 혈투를 벌인 끝에 동료들을 굴복시키고 설득시킨다.

『정글북』은 인간에 의한 물개들의 집단학살의 잔혹함과 생태계 파괴의 문제를 물개의 시선에서 탐색한다. 코틱의 모험을 담고 있는 「하얀 물개」("The White Seal")라는 단편은 선원으로 추측되는 인간 서술자가 강풍에 떠밀려 날아온 굴뚝새를 이틀 동안 선실에서 보살펴 준 뒤, 림메르신(Limmershin)이라는 이름을 가진 그 굴뚝새를 통해서 듣게 된 이야기를 풀어내는 액자 방식의 서술구조를 지닌다. 초반부 림메르신이 진실을 말하는 방법을 알고 있는 새였다는 서술자의 언급은 비인간 동물에게 인간과 동등한 능력을 지닌 이야기 전달자의 위치를 부여하게 된다. 여기서 림메르신의 서술이 노바스토슈나 해안과 그곳의 생명체들을 새의 시선으로 전망하면서도 물개 코틱의 관점에 포커스를 두고 그가 바라보는 학살의 장면과 그에 대한 반응을 포괄한다는 점은 동물의 서로 다른 종 사이의 간극을 지우고 고통당하는 몸에 대한 인간과 동물, 동물의 종을 넘나드는 이해와 공감의 서사적인 틀을 마련한다.

물개 코틱의 모험 서사의 전달자가 굴뚝새라는 점은 인간중심적으로 물개 코틱의 이야기를 전유하는 것에 대한 작가의 경계 의식을 노정한다는 점도 짚어볼 수 있다. 림메르신의 이야기는 수천 마리의 물개들이 바위 위의 쾌적한 자리를 차지하기 위해 싸우는 광경을 멀리서 조망하다가 용맹한 물개 시 캐치(Sea Catch)와 그의 아내 마트카(Matkah) 사이에서 태어난 아기 물개 코틱의 양육 과정을 생생하게 묘사한다. 코틱은 헤엄치는 법과 하늘에서 번개가 내리칠 때 파도 위에서 춤을 추는 법, 해초 사이에 난 구멍 사이로 농어를 잡아채는 법, 물속 깊은 곳에서 난파선을 피하는 법 등 낚시와 생존에 필요한 바다의 법칙을 익힌다.

물개들의 생존이 달린 보편 법칙을 배운다는 점에서 코틱은 여느 물개들과 다름이 없지만, 그가 태어날 때부터 눈에 띄는 순백색의 털을 가졌다는 점에서 이질적인 존재이다.[1] 코틱의 하얀 털은 조금의 궁금증을 자아낼 뿐, 다른 물개들과 어울리고 공동체 안에서 생활하는 데는 아무런 장애가 되지 않지만, 인간 물개 사냥꾼들에게는 두려움을 자아내는 원인이 된다. 사냥꾼 케릭 부터린(Kerick Booterin)과 그의 아들 파탈라몬(Patalamon)은 처음 보는 하얀 털의 물개를 보고 강풍에 휩쓸려 죽은 사냥꾼 자하로프(Zaharrof)의 유령이라고 믿고 눈길도 주지 않으려고 하며 피한다. 림메르신의 이야기는 인간이 유독 하얀 물개 코틱을 이질적인 존재라고 구별하며 느끼는 어리석은 두려움을 통찰하는 한편, 물개 사냥꾼들이 물개들을 몽둥이로 내리쳐서 가죽을 벗기는 모습을 바라보는 코틱의 공포와 분노를 정확하게 포착한다.

사냥꾼들의 잔혹한 몽둥이질에 반항 한 번 못하고 죽어가는 물개들은 스스로 고통을 발화하지도 못하고, 자신들을 떼로 몰고 가며 사냥꾼들이 하는 무정하고 잔인한 대화를 알아듣지도 못하지만, 물개들이 겪는 고통의 순간은 이를 숨죽이며 바라보는 코틱의 시선과 코틱의 눈높이에서 이를 담아내는 림메르신이 들려준 이야기를 통해 매우 자세하게 묘사된다. 림메르신은 물개 사냥꾼들이 나중에 죽은 물개들의 가죽을 벗길 때 조각조각 떨어져서 손상되는 것을 방지하기

1) 코틱이 하얀 털을 지녔다는 점에서 곧장 백인을 상징하는 것으로 해석하여 코틱이 물개들의 안식처를 발견하는 서사를 백인우월주의를 반영한 것으로 보는 식의 비평이 있다는 점은 참고만 하되, 동물과 인간이 맺는 서사 구조를 통해 동물과 인간 관계를 새롭게 읽는데 집중하는 본고에서는 채택하지 않기로 한다.

위해 물개들이 너무 빠르게 뛰거나 흥분해서 피부가 뜨거워지지 않도록 몰이의 중간에 일부러 쉬기도 한다는 점도 전달하면서, 이들의 몰이를 따라가는 코틱의 공포 어린 호기심의 시선으로 학살 장면의 긴박감을 놓치지 않는다.

> 코틱은 숨을 몰아쉬면서 궁금해하며 따라갔다. 그는 자신이 세상 끝에 이르렀다고 생각했지만, 그의 뒤 물개 보금자리에서 물개들이 내는 소리는 마치 터널 안을 달리는 기차의 포효 소리처럼 크게 들렸다. 얼마 후 이끼 위에 앉은 케릭은 무거운 백랍 시계를 꺼내고 물개 무리의 몸이 식도록 30분을 기다렸다. 코틱은 그의 모자 가장자리에서 수증기의 이슬이 떨어지는 소리를 들을 수 있었다. 이어 삼인치에서 사인치 길이의 무쇠 몽둥이를 든 남자들 열두어 명이 나타났다. 케릭이 그들에게 동료 물개에게 물렸거나 너무 더워하는 한두 마리를 가리키자, 그 남자들은 바다코끼리의 목 가죽으로 만든 무거운 장화 신은 발로 그 물개들을 차서 옆으로 떼어 놓았다. 그러자 케릭이 '시작하자!'라고 말했고, 남자들은 몽둥이로 최대한 빠르게 물개들의 머리를 내리치기 시작했다. (115)

학살이 시작되고 10분이 지나자 물개들은 코에서 뒷지느러미에 이르기까지 가죽이 몽땅 벗겨지고 그들의 가죽이 내던져진 채로 무더기로 쌓였고, 코틱은 더 이상 친구들을 알아볼 수 없다. 서술자인 인간에게 이야기를 전하는 림메르신의 초점이 코틱의 공포와 분노, 여기에서 비롯되는 결단에 온전히 맞춰지고, 단편의 주인공인 코틱은 인간 서술자가 커다란 틀에서 담아내는 이야기의 의지적인 주체로 움직이기 시

작한다: “이제 코틱은 충분히 목격했다. 그는 돌아서서 바다를 향해 질주(물개는 잠깐 동안 아주 날렵하게 전속력으로 달릴 수 있다)했고, 그의 작은 콧수염은 공포로 곤두선 채였다”(115). 코틱은 동료 물개들의 고통에 반응하고, 그 고통을 자신의 몸으로 섬세하게 인식하며 나아가 그들의 고통을 자신이 속한 공동체의 것으로 이해하고 그 고통을 종결시키기 위해 움직인다. 림메르신의 시선으로 인간 서술자에게 전해진 코틱의 공포심과 결단이, 림메르신이 들은 코틱의 발화가 아닌 그의 몸의 미세한 반응들에 대한 관찰에 기인한다는 점은 의미심장하다. 몽둥이질을 당한 물개들은 한 마디 반항이나 말없이 죽어가고, 이를 바라보는 코틱 역시 말이 없지만, 동물 종 사이의 경계를 지우고 동물 서술자와 인간 서술자의 간극이 사라지는 단편의 서술 방식은 고통당한 물개들의 조각난 몸과 이를 보며 공포로 떠는 코틱의 몸을 전면에 부각한다.

고통 앞에서 인간과 동물 사이의 간극이 소멸된다는 점은 고통과 언어, 몸의 관계를 분석한 일레인 스캐리(Elaine Scarry)의 이론을 통해서 더 면밀한 고찰이 가능하다. 스캐리는 『고통 받는 몸』(*The Body in Pain*, 1985)에서 인간이 겪는 극심한 육체적인 고통은 결국 “언어의 실패”(failure of language, 10), 즉 발화 능력의 상실과 언어로 소통하는 능력의 부재로 이어진다고 지적한다. 비록 스캐리의 분석 대상은 인간의 몸이지만, 극심한 육체적인 고통을 가했을 때 인간의 몸이 언어를 잃어버리고, 그 주변의 문명화된 세계와의 연결점을 잃어버리며 스스로를 소멸시킨다는 점은, 체화된 몸을 가진 인간이 겪는 고통의 경험이 동물의 것과 별반 다르지 않는다는 점을 보여준다.

고문당하는 몸에 대한 스캐리의 분석은 인간의 주체성의 기원을 언어가 아닌 몸에서 찾는 것으로 이어진다. 특히 감옥에 갇혀 고문을 당하는 죄수의 경우, 죄수의 몸 자체가 주체성의 전략이자 "무기"(weapon, 45)가 된다고 기술한다. "몸의 가장 작고 유순한 움직임조차도 주체성의 형태가 될 수 있다"(Even the most small and benign of bodily acts becomes a form of agency, 48)고 주장하며 고통을 인지하고 몸을 비틀고 움직이는 그 찰나에 몸이 발휘하는 주체성의 기원을 두는 스캐리의 통찰을 『정글북』 속 동물 코틱의 경우로 확장시킨다면, 코틱이 동료 물개들이 겪는 육체적인 학대와 고통을 목격함과 동시에 수염이 공포로 떨리는 자신의 몸의 반응을 통해 인식하고 새로운 터전을 찾는 여정을 위해 움직이는 순간, 그의 몸은 결단을 실천하고 변화를 만드는 주체적인 힘을 지니게 된다고 할 수 있다. 학살당한 물개들이 몽둥이 아래에서 고통을 주체성으로 연결시키지 못한 채 소멸되었다면, 코틱의 몸은 그들의 경험한 고통의 무게를 자발적으로 짊어지고 움직인다.

코틱은 인간들의 관점에서 학살당할 물개들과는 이질적인 존재로 분류되지만, 그 스스로 학살당하는 물개들과 깊이 연루되기를 선택하고 코틱은 학살된 물개들의 몸이 지닌 몽둥이 앞에서의 취약성을 자신의 것으로 경험한다. 또한 먼저 코틱의 모험을 들려준 림메르신의 이야기의 진실성을 언급하며, 림메르신을 통해 코틱의 시선에 몰입한 채 이야기 속에 깊이 묻히는 인간 서술자는 물개들의 고통과 학살로부터의 해방을 위해 분투하는 코틱의 저항적 세계인식에 참여한다. 코틱, 물개들, 림메르신, 그리고 인간 서술자는 단편의 서술 구조 속에서 함께 얽혀들고 학살의 고통에 수반되는 반응을 공유한다.

울프는 인간의 존엄성 혹은 박애주의가 아닌, 체화된 존재로서 우리가 동물과 공유하는 몸의 취약성과 한계가 동물을 위한 정의 실현을 향한 우리의 연민과 충동의 기반이 되어야 한다고 말한다(*Before the Law* 17). 「하얀 물개」 단편에서 인간 서술자가 첫 등장 이후에 목소리를 내지 않는 것은 코틱의 모험과 그 이야기를 전한 굴뚝새 림메르신과의 깊은 상호 관계와 얽힘을 암시한다. 울프에 관한 황정아의 정리를 참조하자면, "울프가 주목하는 점은 우리가 '반응'하는 능력이라고 생각하는 것은 '누구'와 '무엇'의 복잡하고, 역동적이고, 상호적으로 겹쳐진 관계의 산물이라는 것"(173)이며, 또한 이 능력은 인간뿐만 아니라 비인간 동물에게서도 발견된다. 물개들을 위한 안전한 서식처를 찾는 코틱의 모험은 인간과 동물의 시선과 관점이 얽힌 상호적인 서술 관계망 속에 위치하고, 고통에 관한 그의 반응은 창조적인 저항의 원천이 된다. 특히 주체의 권리에 대한 한나 아렌트(Hannah Arendt)의 고찰에서 언어와 발화의 능력이 주체성의 중점이 되는 것이 잘못된 고찰임을 밝히는 울프는, 권리의 판단이 아닌, 고통을 받는 존재인가의 여부에 법적 정의가 근간을 두어야 한다고 주장한다.

울프는 기존의 생명정치 논의가 인간-동물 관계의 복잡성을 설명할 수 없고, 동물과 같은 지위로 분류된 그 누구라도 법의 보호망 밖으로 밀어낼 수 있으며, 또 다른 인종주의의 버전을 만들어낼 수 있다고 경고한다. 동시에 울프는 푸코의 법적 주체에 관한 재고가 법 앞에 저항하는 힘과 우연한 가능성을 발견했다고 보고, 이 때의 몸이 지니는 저항성은 주체성으로 곧장 환원되기 어렵고 몸들의 연결망에 더 깊이 연루되어 있는 힘이라고 설명한다. 울프는 생명정치의 패러다임 안에서 인종주의가 극대화된 예시인 나치즘을 위시하여 현대 정치가 보여주는 실패에 기원을 두고 펼쳐진 로베르토 에스포지토(Roberto Esposito)의 푸코 비판을 참조하며, 푸코의 생명정치론이 결국 그 긍정적인 통찰의 가능성을 다 펼치지는 못한다고 분석하면서도, 동물의 생명 문제로 나아가며 생명 그 자체가 지닌 저항성에 주목하여 생명정치론을 확장시킨다.

생명을 바라보는 울프의 관점은 모든 생명체가 동등한 권리를 지닌다는 간단한 해법으로 정리되지 않는다. 그는 인종과 종이라는 개념을 해체하고 기존의 생명정치에 연루된 생명을 고도로 다르게 생각하는 방식을 촉구하는데, 예컨대 동물이라는 종으로 생물의학 실험에 동원되는 침팬지와 집에서 항암치료를 받으며 보살핌을 받는 반려견과 공장식 도축장에서 고통을 받으며 죽어가는 돼지를 한꺼번에 묶는 것이 각각의 생명체가 처한 구체적인 상황을 반영하지 못한다는 점을 고려해 볼 것을 제안한다(*Before the Law* 55). 한 동물의 종 안에서도 개별 생명체가 존재하는 물리적인 상황이 다를 수 있다는 점 또한 염두에 두어야 한다.

나아가 울프는 우리가 어떤 생명체에 더 많은 가치를 부여할 것인가의 문제에 있어서, 인간에게 이미 익숙한 세계의 체계가 아니라 다른 맥락에서 생각해 볼 것을 권한다. 이를 테면, 인간이 도우미 동물에게 많은 일상생활을 기대게 되었다면, 반려동물을 보살피던 때와는 다른 식으로 반응하고 생각할 수밖에 없다. 울프는 생명체에 대한 무차별적인 존중에 무게를 두기보다는 역동적이고 변화하는 문맥 속에서 반응하고, 개별 생명체가 처한 상황과 관계에 따라 유연하게 생각하는 능력을 키워야 한다고 주장한다.

『정글북』은 코틱이 물개들을 위한 안전한 안식처를 발견함에 있어서 결정적인 역할을 하는 바다소 무리와의 조우를 경이롭게 그린다. 코틱은 한 바다코끼리에게 바다소가 사람들이 결코 오지 않는 안식처를 알고 있다는 말을 듣고 찾아 헤매던 중, 그가 수년간의 모험을 통해 만난 "바다코끼리, 바다사자, 바다표범, 곰, 고래, 상어, 물고기, 오징어, 가리비"와는 다르게 생긴 큰 머리와 삽 모양의 꼬리를 가진 바다소의 무리를 보고, 어느 날 흰 갈매기로부터 들었던, 바다코끼리보다 더 못생긴 유일한 동물이 바다소라는 말을 기억해내게 된다(122-23). 코틱은 그 동안 습득한 모든 종류의 바다 생물 언어들로 말을 걸어보았지만, 언어를 구사하지 않는 바다소는 대답하지 않는다. 바다소는 앞 지느러미에 있는 여분의 관절을 아래위로 흔들며, 일종의 전신부호를 만들어 소통하기 때문이다(122-24). 코틱은 언어도 통하지 않고 매우 천천히 움직이는 바다소의 무리에게 인내심의 한계를 느끼지만, 그들이 아직 인간들에 의해 멸종되지 않고 살아있다는 건 아마 안전한 땅을 알고 있기 때문이리라고 판단하고 그들을 따라간다.

코틱에게는 무척 지치는 일이었다. 바다소 무리는 하루에 40 혹은 50마일 이상 이동하는 법이 없었고, 밤에는 멈춰서 해초 식사를 하고나서 내내 해안 근처에 머물렀다; 코틱은 그들 주변에서, 그들의 위와 아래에서 헤엄을 쳐보았지만, 바다소들을 1마일도 더 재촉할 수가 없었다. 바다소들은 북쪽으로 움직이면서 몇 시간마다 멈춰서 서로 고개 숙이며 인사를 나누는 회합을 열었고, 코틱은 인내심이 한계에 달해 자기 콧수염을 물어뜯고 싶은 지경이 되었다. 그러던 중 바다소들이 따뜻한 해류를 따라서 헤엄치고 있다는 걸 깨닫고, 그들을 존중하게 되었다. (124)

코틱은 바다소 무리를 따라서 이동하는 동안 수염을 물어뜯고 싶을 정도로 답답함을 느끼지만, 멈추거나 포기하지 않고 그들의 속도에 맞춰 동행하며, 그들이 따뜻한 물의 흐름을 따라서 이동한다는 것을 깨닫고 바다소들의 이동 방식을 존중하게 된다. 어느 날 밤 바다소 무리들은 코틱이 놀랄 만큼 속도를 높여 헤엄치더니 해안가의 절벽 아래 어두운 구멍으로 다이빙해 들어간다. 긴 잠수 후 고개를 들었을 때 바다소들은 각자 흩어져서 코틱이 지금껏 본 가장 아름다운 해변의 가장자리를 천천히 돌아다니고 있었고, 코틱은 물의 감각으로 드디어 사람들이 한 번도 침범하지 않은 땅을 찾은 것을 안다.

『정글북』은 코틱이 바다생물종의 구분을 넘어 본능적인 몸의 움직임을 통제해가며 바다소 무리와 무언의 협력을 도모한 결과 꿈꾸던 안식처를 발견하는 과정을 통해, 동물 간의 소통과 동물의 몸이 겪으며 구성하는 앎이 인간의 인식 체계가 가늠할 수 없는 차원에서 작동할 수 있다는 점을 상상으로 보여준다. 코틱이 물이 주는 촉감으로 인간의 흔적을 파악한다는 점은, 동물이 우리가 감히 상상할 수 없는 방식으로 인간의 존재를 감각하고 있을 수도 있다고 피력한다. 인간의 존재가 바닷물에, 바다를 유영하는 생명체에, 그들이 숨 쉬는 공기에 흔적을 새긴다면, 인간과 동물, 나아가 이 세계의 관계와 공존을 계속 다른 방식으로 고려해 볼 필요가 있다.

3. 정글 속 공존의 법칙

『정글북』 속 또 다른 단편 「코끼리들의 투마이」("Toomai of the Elephants")에 등장하는 칼라나그는 47년 동안 영국군이 주둔한 인도에서 각종 노역에 동원된 거의 70살이 된 코끼리로, 인간의 편에서 야생 코끼리들을 길들이는 역할을 해왔지만 여전히 야생의 감각을 지닌 채, 어린 소년 리틀 투마이와는 서로를 지키는 공생 관계를 맺는다. 칼라나그라는 이름의 뜻이 "검은 뱀"(162)이라는 사실은 그의 강력한 힘을 상기시키는 동시에, 코브라를 연상시킬 정도로 코끼리라는 하나의 동물 종을 넘어서는 차원의 신비한 가능성을 지녔음을 암시한다. 칼라나그는 진흙 수렁에 빠진 총을 끌어내거나, 증기선에 실려가 인도에서 먼 어느 나라에서 화포를 나르는 일을 하거나, 아프가니스탄에서 다른 동료 코끼리들이 추위와 간질, 일사병으로 죽어가는 것을 목격하기도 했다. 모울메인(Moulmein)에 있는 목재 저장소에서 자기 몫의 일을 하지 않는 반항적인 젊은 코끼리를 반쯤 죽을 지경에 이르게 한 일 이후, 칼라나그는 구릉 지대에서 야생 코끼리들을 잡아오는 일에 동원되기 시작했다. 몰이꾼들이 수십 마리의 야생 코끼리들을 방책에 가두면 사람들이 작은 코끼리들을 밧줄로 묶는 동안 그 무리에서 가장 크고 난폭한 코끼리를 두드리고 밀쳐서 조용히 만드는 일이 칼라나그의 몫이었다.

칼라나그의 몰이꾼인 빅 투마이의 아들 리틀 투마이는 칼라나그의 그림자 아래에서 태어나서 그의 코 끝에서 놀고 걸을 수 있게 된 무렵부터 칼라나그를 물가에 끌고 가서 물을 먹이며 함께 한 열 살 소년이다. 평지를 달리는 몰이꾼인 아버지와는 달리 정글에서 사냥에 가담하는 것, 코끼리등에 타고 코끼리들만 갈 수 있는 험한 길을 오르는 것, 골짜기에서 피어오르는 물안개를 구경하는 것 등을 훨씬 더 좋아하는 리틀 투마이는, 한밤중 코끼리들의 춤을 본 유일한 목격자가 되면서 모든 몰이꾼들의 수장이자 코끼리들의 투마이로 추앙되기에 이른다. 리틀 투마이와 칼라나그는 언어가 아닌 몸짓과 체온의 교감으로 소통하며 우정을 나눈다. 몰이꾼들을 통솔하는 피터슨 사힙(Petersen Sahib) 대령 앞에서 리틀 투마이는 뒤에서 지켜주는 칼라나그의 온기를 느끼면서 두려움을 떨치고, 칼라나그는 조용히 코로 그를 감아서 대령의 눈높이까지 들어 올려준다.

칼라나그와 리틀 투마이의 끈끈한 우정을 그리는 이 단편에서 가장 주목할 만한 부분은 한밤중 코끼리들이 모여서 추는 춤이다. 먼저, 사람들이 코끼리들의 춤을 직접 목격하는 것이 거의 불가능에 가까운 일이지만, 이를 리틀 투마이가 목격하게 된다는 점이 중요하고, 또한 자신을 묶는 끈을 풀고 탈출하여 춤에 가담한 칼라나그가 동이 트자 집에 돌아가자는 리틀 투마이의 말을 그대로 따른다는 점이 주목을 요한다. 리틀 투마이가 무사히 마을로 돌아와서 코끼리들의 춤 목격담을 전했기에 어린 소년에 불과한 그가 몰이꾼들의 수장이자, 코끼리들의 투마이라는 이름으로 존경과 추앙을 받게 된다. 야생의 자유를 자발적으로 포기하는 듯 보이는 칼라나그와 그런 칼라나그의 충직한 이해에 힘입어 우두머리가 되는 리틀 투마이의 우정은 해러웨이가 이야기하는 복수종의 공존 방식을 통해 더 잘 이해할 수 있다. 해러웨이는 "서로에게 쓰임이 되는 관계"(a relation of use to each other)를 맺는다는 게 자유와 독립에 대한 위반이 되는 것이 아니라, 오히려 서로의 몸에 기대고 의지해서 살아가는 종들의 생태 방식이며, 우리에게 요구되는 도덕적 감수성은 인간중심적 박애주의나 종교로 쉽게 설명할 수 없는 생태계의 영원한 복잡성을 이해하고 분리와 자기중심성을 넘어서는 고통에 대한 감응 능력을 갖추는 것임을 주장한다(*When Species Meet* 74-75). 코끼리 몰이꾼들의 수장인 마추아 아파(Machua Appa)가 코끼리 춤을 목격하고 온 리틀 투마이를 두 손으로 높이 들어 추앙하며, "그는 새로운 길과, 오래된 길과, 혼합된 길을 분명한 눈으로 따라가리라"(186)라고 예언하듯 외치는 대목에서 작품이 암시하는 바는, 리틀 투마이가 새로운 몰이꾼들의 수장으로서 칼라나그를 인간을 위한 노동에서 완전히 해방시켜주지는 않겠지만, 자유에 대한 칼라나그의 갈망과 감각을 이해하고 수용하며 이를 함께 경험하는 방식으로 공존하리라는 것이다.

한밤중 코끼리들의 춤 장면은 칼라나그와 리틀 투마이가, 규율과 통제, 폭력과 강압의 방식으로 강제 노역과 전쟁에 코끼리를 가담시키는 영국령 인도의 작동 방식에서 벗어난 시공간에서 함께하는 교감의 차원으로 나아가는 것을 보여준다. 리틀 투마이는 코끼리들의 춤 회합이 열린 밤 내내, 칼라나그의 등에 타고 그의 목에 기댄 채로 코끼리들이 어울려 내는 울부짖음과 몸의 쿵쾅거림을 두려움과 흥분 속에서 함께 경험한다. 리틀 투마이는 코끼리들이 코와 귀로 만들어내는 섬세한 몸짓이 부딪히고 교감하는 모습을 칼라나그의 목에 기댄 채로 경험하고 알며 그들의 차원에 침범하지 않고 조용히 스며들어 공존한다.

> 여전히 가만히 엎드린 채, 리틀 투마이는 수십 마리 코끼리의 넓은 등과 펄럭이는 귀, 흔들거리는 코, 이리저리 구르는 작은 눈들을 내려다보았다. 코끼리들이 우연히 서로 엄니를 건드릴 때의 딸깍 소리, 서로 감은 코를 비빌 때의 마른 바스락 소리, 무리 속에서 거대한 옆구리와 어깨들이 쓸리는 소리, 커다란 꼬리가 끊임없이 만들어내는 휙 움직임 소리와 쉭 하는 소리가 들려왔다. (181)

작품은 태어날 때부터 칼라나그와 부대끼며 정서적이고 신체적 앎을 공유해 왔기에 어둠 속에서도 코끼리들의 몸의 동작과 소리를 섬세하게 분별하는 리틀 투마이의 모습을 통해, 울프가 이야기하는 바를 빌자면, 비인간 동물을 인간을 치유할 수 있는 순수한 원시적인 타자로 보는 것이 아니라 인간의 중심에 이미 오래 전부터 존재해 온 일부로 끌어안아 "인프라휴먼"(infrahuman)으로 바라볼 가능성을 환기시킨다. 울프는 동물을 “인간이 아닌 존재”(the other-than-human)로 보는 것에 반대하는 관점에서 인프라휴먼으로 볼 것을 제안한 바 있다(*Animal Rites* 17). 울프의 인프라휴먼 개념은 이성에 근간을 둔 첨예한 이론적 고찰의 결과 인간이 더 이상 인간이라고 믿어온 그 존재가 아니라는 것을 깨닫게 될 때 비로소 가능한 이성/인간 대 타자/비인간 사이의 차이가 무화되는 순간에 탄생한다(17). 이는 인간중심주의를 전제하는 입장이라기보다 오히려 인간과 비인간 동물 사이의 간극을 적극적으로 무너뜨리는 관점이라고 보는 편이 타당하다.

울프는 우리가 깊은 차원에서 비인간 타자 안에서 인간 존재로 구성되었음을 인지하는 사고의 중요성을 강조한다. 이는 비인간 타자라는 미지의 차원 안에 인간이 존재해왔고, 인간의 심연에 비인간 타자의 자리를 인정하는 해체적인 관점이다. 리틀 투마이가 목격하는 코끼리들의 회합과 소리, 몸의 부딪힘, 그리고 그들이 함께 발을 구르며 만들어내는 거대한 숲의 울림은 여전히 인간들에게 미지의 신비의 영역이지만, 작품은 리틀 투마이가 인간의 몸으로 회합에 함께 하고 직관적으로 그들의 몸짓을 이해하고, 귀를 막아도 그 울림을 막을 수 없었다는 점을 통해 코끼리들의 춤을 타자화된 원시의 영역으로 두지 않고 인간이 그 일부가 되고 코끼리가 인간의 일부가 되는 방식의 공존 가능성을 타진한다.

『정글북』은 가죽을 얻기 위해 수만 마리를 학살하는 잔혹한 물개 사냥꾼들, 코끼리를 강제 노동에 동원하는 인도 정부의 관료들 등 생명을 장악, 통제하는 근대 생명 정치의 부정적인 측면을 재현하는 다양한 인간의 모습들을 등장시키는 한편으로, 소년 모글리와 리틀 투마이를 통해 인간이 동물들과 적극적으로 교감하고 태어난 순간부터 깊숙이 존재를 공유하고 밀착된 삶을 나눌 가능성, 즉 울프가 주장하는 바를 빌어 말하면, 동물을 비인간 존재가 아닌 인프라휴먼으로 볼 수 있는 가능성을 탐색한다. 모글리와 리틀 투마이는 모두 10살도 채 안 된 어린 소년의 발육이 덜 된 몸으로 야생의 동물들과 일상을 온전히 공유하고 몸을 부대끼며 정서적인 교감을 나누는 방식으로 한데 얽혀 지낸다.

모글리의 경우에는, 스스로의 정체성을 늑대라고 오랜 시간 동안 규정했을 정도로 동물 형제들과의 과격한 동일시의 과정을 거치며, 추후 늑대 무리들에 의해 배반당하는 아픔을 겪고 사람들의 마을로 가서 인간의 언어와 습성을 배운 후 호랑이 쉬어 칸(Shere Khan)과의 전투에서 승리하면서 다시 정글로 돌아오는 방황의 과정을 거치는 동안 그의 몸은 소위 인간적 이성의 영역과 비인간 동물의 본능이라는 틀로 쉽사리 나눌 수 없는 경험과 앎을 축적한다.[2] 이를 테면 모글리는, 죽은 호랑이의 가죽을 벗기는 법, 나무를 타고 열매를 따기 위해 야생벌들에게 부드럽게 말하는 법, 박쥐를 방해했을 때 말하는 법, 수영하러 점프하기 전에 물뱀들에게 경고하는 법 등, 정글에서의 사냥

2) 이와 관련하여 키플링의 작품 속 동물들을 인종화된 타자로 읽는 기존의 탈식민주의 비평이 동물과 인간, 백인과 인도인을 본질적이고 고정된 정체성으로 구분하는 방식을 문제시하며, 모글리의 이야기를 아이와 어른, 인간과 동물, 원주민과 백인의 이분법적 경계를 허물고 교란하는 텍스트로 읽는 수 왈시(Sue Walsh)의 비평도 참조할 수 있다.

과 생존 법칙을 다양한 동물의 언어와 소통 방식으로 습득한다.

모글리는 해러웨이의 관점에서 볼 때, 종과 종 사이를 가로지르고, 엮이고 휘감기며, 함께하는 방식으로 정글에 정착한다. 두 소년의 작은 몸이 연약함을 그대로 지닌 채, 모글리의 경우에는 정글에서의 생존 법칙에 노출되고, 리틀 투마이의 경우에는 야생 코끼리들의 목숨을 건 원초적인 회합에 참여한다는 점은 체현된 몸을 지닌 존재로서 인간과 동물이 공유하는 어쩔 수 없는 육체적 연약함과 함께 육체와 자연의 교감에 기원을 둔 환희를 극적으로 표출한다. 모글리의 스승이자 친구인 흑표범 바기라(Bagheera)와 곰 발루(Baloo)는 원숭이 떼에게 납치된 모글리를 구하기 위해 온몸에 상처를 입으면서 수백 마리의 원숭이떼와 목숨을 걸고 맞서고, 코끼리 칼라나그는 장차 자신의 주인이 될 거라는 아기 리틀 투마이를 처음 보고도 해칠 생각을 하기는커녕, 그의 작은 몸 앞에서 공손히 순종을 표한다. 『정글북』에서 적극적인 생존의 욕구와 연약함, 생명에의 경외감을 지닌 존재로서 인간과 동물은 서로에게 그 존재의 깊은 차원을 열고 공존한다.

『정글북』은 모글리라는 어린 생명이 정글에 들어옴으로 인해 정글의 법칙이 유연하게 변주되고 움직이는 방식을 재현하여, 정글 속 동물의 세계가 지니는 잠재적인 유연함과 인간과의 공존 가능성을 구체적인 문맥에서 보여준다. 아기 모글리가 늑대 부족의 일원으로 받아들여질지를 결정하는 늑대들의 회합에서부터 정글의 법칙은 예외적으로 변주되는데 결국 모글리는 반발 없이 받아들여진다. 새끼(아기)의 부모가 아닌 적어도 두 명의 늑대가 발언을 해주어야 하는데, 모글리를 위해 선뜻 나서는 늑대가 없자, 갈색 곰 발루가 나서서 자신이 직접 모글리의 교육을 맡겠다면서 인간의 아기는 무해하다고 발언한다. 발루는 새끼 늑대들에게 정글의 법칙을 가르치는 교사로 늑대가 아닌 동물 중 유일하게 회의에 참석할 수 있는 권한을 지녔지만, 늑대가 아닌 그의 발언이 큰 이의 제기 없이 받아들여진다는 점은 종 사이의 구획 나누기가 아닌 열림과 연합을 추구하는 정글 세계의 유연함을 보여준다. 이어서 흑표범 바기라가 새로 들어오는 동물의 새끼와 관련해, 꼭 죽여야 하는 때가 아니라면 의문이 생겼을 때 값을 치르고 그 새끼의 목숨을 살 수 있다는 또 다른 정글의 법칙을 들며, 막 사냥한 황소 한 마리를 바치고 모글리를 구한다. 원칙인 늑대 들의 발언은 곰 발루와 흑표범 바기라의 발언으로 대체되고, 모글리의 존재가 정글에 들어오는 순간부터 정글의 법칙은 모글리라는 인간 종의 생명과 권리를 보호하기 위한 방식으로 즉흥적으로 변주된다.

모글리가 정글의 일원이 되고 몇 년이 지나 늑대 부족의 리더십을 내려놓는 결전의 자리에서 늑대 무리의 우두머리인 아킬라(Akela)는 부족의 '명예'를 다르게 정의한다. 원래의 정글의 법칙대로 하면 나이가 들어 더 이상 사냥을 할 수 없게 된 늑대들의 우두머리는 무리의 모든 젊은 늑대들과 목숨을 걸고 마지막까지 싸우고 물러나는 것을 명예롭게 여겨야 하지만, 아킬라는 자신이 오래전 수장으로서 늑대 부족의 일원으로 받아들이는 것을 허용했지만 세월이 흘러 같이 위험에 처한 모글리를 지키기 위해, 늑대들이 모글리를 해치지 않고 보내준다면 자신이 치를 마지막 전투에서 그 어떤 늑대도 물지 않을 것을 늑대 부족의 명예를 걸고 약속한다. 아킬라가 대표해 온 늑대 부족의 명예가 인간 생명을 지키기 위한 희생으로 방향을 트는 것이다. 이를 두고, 『정글북』이 정글을 인간중심주의 관점에서 전유했다고 쉽사리 단정하기 어렵다. 모글리의 생명을 보호하는 일이 늑대 부족의 규율과 명예보다 우선시되고, 이 일에 늑대 일원 외의 다른 동물들이 적극적으로 참여한다는 점을 통해 정글이 인간과 동물 사이의 존재론적 구분을 전제로 작동해 온 인식론적 틀을 재고하고 다양한 생명체들의 유기적인 화합을 도모하는 생명윤리의 한 구체적인 재현으로 그려진다고 보는 것이 더 타당하다.

『정글북』 속 정글의 법칙이 인위적인 기준으로 부여한 권리가 아닌 생명 그 자체의 속성에 기인하여 유연하게 작동하는 방식은, 울프가 지적한 바 있는, 법적으로 그 지위를 보장받지 못한 인간 사회에서의 동물의 배제, 그리고 언제든지 같은 배제의 논리를 겪을 위기에 놓인 법 앞에서의 인간이 겪는 소외의 문제를 새롭게 바라보게 해준다. 모글리 에피소드에서 등장하는 정글의 법칙과 코틱이 엄마 물개 마트카로부터 배우는 바다의 법칙은 생명체가 지니는 몸의 연약함과 부서지고 상처입기 쉬운 속성, 즉 "체현된 생명"(embodied life)을 염두에 둔 법이라는 점에서 인간 사회가 지향하는 법제와 근본적인 차이가 있다. 울프가 생명정치 논의를 복기하며 아감벤과 슬라보예 지젝(Slavoj Žižek), 그리고 그 정치적 다양성과 구체성의 관점에서 일부 수용하는 자크 랑시에르(Jacques Rancière)에게서도 공통적으로 발견하며 비판하는 점은, 그들의 정치적 기획이 "체현된 생명" 자체를 "본질적으로 결함이 있는 어떤 것"(something constitutively deficient)으로 거의 신경질적으로 비난하거나 거부하고, 절대적이고 불멸하는 완전한 것에 이르는 관문으로 가는 하나의 매개체로 다룬다는 것이다(30). 이들은 "초월성"(transcendence)과 "구원"(redemption)에 방점을 두기 때문에, 우리를 필멸성이라는 숙명에 연관시키는 "체현된 존재"(embodied existence)를 부인한다는 것이 울프의 입장이다(30). 이들의 정치적 기획은 결국 서구 백인 남성 위주로 작동해 온 강자와 약자, 내부와 외부, 자아와 타자를 나누는 제국주의적 기획과 같은 것일 수 있다는 것이 울프의 통찰이다. 적어도『정글북』속 정글의 법칙은 일견 약육강식의 생존 법칙을 따르는 것 같지만, 보다 더 큰 관점에서 생명체의 연약함이라는 속성과 상처입고 부서지기 쉬운 몸의 현존을 보호하는 방향으로 작동한다. 정글의 법칙은 모글리라는 정글 밖에서 온 생명체를 지키고 그의 혼종된 정체성을 인정하며 그를 공동체의 독특한 일원으로 받아들이고 성장시키며 다른 생명들과의 공존을 허용한다.

이와 같이『정글북』속 정글의 법칙은 강자와 약자의 경계를 혼종시키고 서열화의 질서를 재편성할 가능성에 열려있다. 강자에 속하는 늑대들의 무리라는 집단의 경계는 어린 모글리를 수용하며 그 경계가 흐려지고 확장된다. 모든 정글의 동물들이 따라야 하는 기본 법칙은 기본적으로 인간 아기를 사냥하지 않을 것을 규정하며, 예외적으로 새끼들에게 사냥을 가르쳐야 하는 불가피한 경우에 한해서만 그의 무리의 사냥 구역 밖에서 인간 아기를 사냥할 수 있다는 것을 명시한다. 그 이유는 일차적으로, 인간의 아기를 죽이게 될 경우 인간들의 무차별적인 보복이 두렵기 때문인데, 정글북의 서술자는 정글의 법이 인간들의 잔혹한 보복이 가져올 파장을 두려워함에 기인하는 동시에 그 폭력과 잔혹함을 통찰하고 방어하는 지혜를 담고 있음을 보여준다. 정글의 법칙은 인간의 잔혹함에 대항한 방어 기제를 담고 있는 걸 넘어서 인간을 포함한 모든 생명체에 대한 경외감과 보호 본능을 같이 담지하기 때문에 인간 사회의 규율과는 다른 차원의 아량의 가능성을 보여준다. 정글의 동물들은 "인간이 살아있는 모든 생명체 중에서 가장 약하고 방어력이 없는"(7) 존재이기 때문에 인간을 사냥하는 것은 정정당당하지 못하다는 것에 동의한다. 인간의 법체계가 법적으로 보호받는 인간의 권리를 언어와 발화의 능력, 혹은 법적으로 보호받을 수 있는 다른 개체의 범위를 인간의 소유권에 기초해서 정하는 것과는 다른 논리이다.

『정글북』 속 정글의 법칙이 보여주는 생명체에 대한 경외감과 보호 본능이 지니는 함의와 가능성을 해러웨이가 종과 종의 만남을 바라보는 방식을 통해 더 한층 심화하여 이해해 볼 수 있다. 해러웨이는 "존재자들은 동시에 상상된 가능성의 창조자들이자 강렬하고 일상적인 현실의 창조자"임을 지적한다(*When Species Meet* 4). 해러웨이는 그들의 만남을 서로를 만지고 껴안고 구성하는 춤에 비유한다. 지상의 생명체가 예측할 수 없는 형태로 서로 얽히거나 공존하며 계속해서 '우리'를 만들어내며 존재할 수 있다는 해러웨이의 입장에서 보자면, 다른 종의 어린 생명을 죽이는 일은 곧 그 생명이 다른 생명체와 공존하며 만들어낼 수 있는 가능성을 말살하는 일이기도 하다. 생물의 종이 가지고 있는 기존의 인종적이고 성적인 함의를 다시 쓰면서, 생물학자이자 포스트 휴머니스트인 해러웨이는 인종주의의 혐의에서 자유롭지 못한 키플링의 『정글북』이 미처 다 하지 못한 이야기를 한다고도 생각해 볼 수 있다. 『정글북』의 마지막 단편 챕터인 「캠프 동물들의 행진곡」("Parade-Song of the Camp-Animals")은 정글이 아닌 인간의 군대에 속한 낙타, 말, 소, 당나귀 등 서로 다른 동물 종들이 제국의 위계질서에 따라 스스로의 위치를 인식하고 서로를 경계하며 알아가는 모습을 보여준다. 여기서 동물들은 인간에게 종속된 하나의 하위계급으로 그려지는 한편, 그 안에서 다시 동물 종 각각이 속한 인간들의 위계 서열에 따라서 질서가 나누어진다. 예를 들어, 인도 총독을 방문하기 위해 아프가니스탄에서 온 왕이 데리고 온 원주민 보병대의 낙타들은 영국 기병대의 말들에게 극존칭을 쓰며 머리를 조아린다. 이 마지막 단편은 비록 동물들의 두려움과 어리석음을 통하여 인간 사회를 거꾸로 비추어 보여주는 풍자의 가능성도 보여주기는 하지만, 작가 키플링이 제국의 질서가 작동하는 방식을 한껏 우화적으로 그려내고 있다는 점에서 그가 여전히 제국주의자의 혐의에서 자유롭지 못한다는 점을 보여주기도 한다.

그러나 이 단편 속 군대 주둔지의 동물들을 공통적으로 관통하고 있는 정서가 인간에 대한 두려움이란 점은 주목할 만하다. 동물들은 돌아가면서 복종하지 않으면 곧장 폭력을 휘두르는 인간에 대한 두려움을 피력하는데, 이를 단편의 서술자인 인간이 듣고 있다는 점은 어렴풋이나마 인간이 군대에 속한 동물들을 부리는 방식을 비판적으로 고찰할 가능성을 보여준다. 종이라는 개념이 식민지인들, 노예들, 비시민들, 그리고 비인간 동물들을 함께 묶어 이성적인 인간의 반대항인 타자로 전락시키는 방식으로 작동해왔음을 통찰하는 해러웨이는, 이러한 종의 개념을 다시 쓰면서 다양한 종이 서로 교차하며 만날 때 서로의 다름 안에서 또 그 다름을 넘어서 전통이 깨어지고 존중과 배려에 기반을 둔 반려종 관계가 성립할 수 있다고 역설한다: "종은 인종과 성의 악취를 풍긴다; 그리고 종과 종이 만나는 장소와 시간에서, 그 유산은 해체되어야 하고 반려종의 더 나은 매듭들이 차이 속에서 차이 너머로 시도되어야 한다"(*When Species Meet* 18).[3] 만약 이와 같은 해러웨이의 입장에서 정글북의 마지막 단편을 다시 쓴다면 아마도 당나귀와 말이 서로 언성을 높여 우위를 주장하기보다는 서로의 닮음과 차이를 반기고, 낯선 공간에서 두려움에 떨다 뛰쳐나온 낙타를 다른 동물들이 배제하기보다는 배려하며 제국 질서를 넘어서는 다른 종류의 공동체의 가능성을 보여주는 방식이 되지 않을까라고 생각한다.

3) 이와 같은 해러웨이의 통찰은 종과 종을 구분하는 인본주의적 사고방식의 위험성을 지적하는 울프의 주장과도 직접적으로 맞닿아 있다. 특히 『동물 의례』(*Animal Rites*) 7-8쪽을 참고할 수 있다.

4. 동물 윤리

『정글북』을 통해 인간과 동물의 관계를 재고해 보는 것은 반려동물과의 공존이 그 어느 때보다 큰 관심사로 부상하는 한편, 반려동물 관련 사업이 자본의 첨예한 논리 속에서 가속화되고 귀속되는 현 시점에 분명 유의미하다. 개와 고양이 등의 반려동물을 향한 애정의 확장과 권익 보호, 동물 보험과 돌봄 서비스가 지대한 관심을 끄는 시대임에도 불구하고 여전히 공장식 가축 사육과 도살, 동물 윤리를 무색하게 하는 동물 실험과 가죽 소비 등은 지속되고 있다. 얼마 전 식용개의 사육과 도살, 유통과 판매를 금지하는 특별법을 제정하고 법 시행의 유효 기간을 둔 뒤 2027년부터 단속을 추진하겠다는 정부의 발표가 있었다(김지숙). 개를 축산법으로부터 제외시켜서 반려동물로서의 입지를 명확히 한다는 취지인데, 개 등의 반려동물과 소, 돼지, 닭 등의 가축을 대하는 인간의 태도에서 지속적으로 발견되는 이러한 모순적인 태도는 인간중심주의가 만들어 낸 법적 권리 보호의 대상이 인간의 소유물을 중심으로 구성된다는 점에 그 근간을 둔다고 할 수 있다.[4]

인간의 소유물이라고도 할 수 있는 반려동물로서의 위치를 점한 개와 고양이, 고기와 가죽 등의 도축 목적으로 사육되는 가축, 그리고 쥐 등 실험동물 사이의 그어진 차별의 벽은 아직도 두텁고 견고하다.

---

4) 동물의 법적 위치가 인간중심주의에 의해서 소유물로 규정되고 있음을 비판적으로 고찰하는 울프의 논의를 참조할 수 있다(*Before the Law* 13-15).

울프는 동물 학대와 동물 실험이 가장 극성을 부리는 21세기가 역설적으로 특별한 대우를 받는 반려동물 수가 가장 많아진 시기라는 사실을 직시하며, 동물이라는 이유로 동물이 학살당하면서 동시에 보호받는 역설을 이야기한다. 여기에는 여전히 인간을 중심으로 한 실용주의적 관점에서 생명을 다루는 것의 문제가 개입한다. 이런 맥락에서 울프는 버틀러가 『위태로운 생명: 애도와 폭력의 힘』(*Precarious Life: The Powers of Mourning and Violence*, 2004)에서 이야기한 인간이 공유하는 취약성에 대한 고민과 통찰을 동물에게까지 확장하는 것이 필요하다고 천명한다(18-19). 슬퍼할만한 동물의 죽음과 그렇지 않은 동물의 죽음을 나누는 기준은 과연 어디에 근거하는지 첨예하게 따져볼 필요가 있다.

『정글북』 속 단편 「리키-티키-타비」("Rikki-tikki-tavi")에 등장하는 몽구스 리키 티키의 이야기는 반려동물과 인간의 관계를 바라보는 신선한 관점을 제공한다. 리키 티키는 어느 날 홍수 속에 부모님과 헤어지고 풀잎 하나를 붙잡고 떠내려 와 한 백인 가족의 정원에서 발견된다. 테디의 가족은 리키 티키를 집안으로 데려와 보살펴 주고, 다시 기운을 차린 리키 티키는 가족들의 식탁에서 같이 식사를 하고 테디의 침대에서 잠을 청하는 일상을 공유하면서 마치 그들의 사랑스러운 반려동물이 된 듯한 모습을 보여준다. 하지만 리키 티키는 호기심과 활동성을 참지 못하고 테디가 잠이 든 걸 확인하고 정원으로 나와서 야외에서 생활하는 동물들의 삶에도 간섭하기 시작한다. 그러다 정원에 거주하는 재봉새 부부의 아기를 잡아간 코브라 부부와의 목숨을 건 승부에 휘말리게 되는 리키 티키는 실제로 코브라의 천적인 야생 몽구스의 태생적인 기질과 승부욕을 발휘해서 싸움에 몰두한다. 리키 티키에게 위협을 느낀 코브라 부부가 그가 머무는 집의 주인이 테디 가족들을 살해할 계획을 세운 걸 알게 된 리키 티키는 목숨을 걸고 코브라를 물고 놓지 않으며 자신을 보살펴준 테디의 가족을 보호하고 지켜낸다. 싸움에서 기력을 다 소진한 뒤 테디의 방 이불 위에서 곤히 잠을 청하는 리키 티키는 영락없는 반려동물의 모습이지만, 그는 테디 가족의 일원으로 인정받고 그들의 반려동물이 된 걸 자랑스러워하는 동시에, 코브라 부부를 죽인 후 야생 정원에서도 리더의 역할을 점유한다.

테디 가족은 리키 티키를 아끼고 보호하며 코브라를 죽인 후에 후한 음식으로 보상하는 등 소중한 반려동물로 대하는 한편, 야생 정원의 동물들을 통솔하고 군림하는 그의 야생적인 본능을 존중하고 소유하지 않는다. 마치 한 편의 동화와 같이 사랑스럽고 우화와 같이 이상적인 이야기이지만, 이를 통해 인간의 소유물 개념으로 이해되고 교환되는 우리 사회의 반려동물 시장의 모델을 되돌아보게 된다. 리틀 투마이의 이야기를 통해서도 비슷한 고민을 해 볼 수 있는데, 인간의 소유물로 규정된 야생 코끼리 칼라나그는 이전 세대의 인간 몰이꾼들에게서 야생성을 오로지 인간의 유익을 위해서 새로 사냥한 야생 코끼리들을 구타의 방식으로 길들이는 쪽으로만 발휘하도록 훈련받았다면, 리틀 투마이는 칼라나그와 함께 야생 코끼리들의 한밤의 축제에 참여하고 코끼리들의 충동과 욕구를 자신의 것으로 끌어안는 방식으로 그와 함께 한다.

화가이자 작가, 장애 인권 운동가이자 동물 운동가로 활동하는 수나우라 테일러(Sunaura Taylor)가 철학적 에세이 『짐을 끄는 짐승들: 동물해방과 장애해방』(*Beasts of Burden*, 2017)에서 자신의 반려견인 베일리(Bailey)와의 관계를 고찰한 다음의 대목을 통해서 인간과 동물의 예측 불가능하지만 그로 인해 아름다울 수 있는 공존의 한 양상에 관한 그림을 그려볼 수 있다.

> 그러나 대개는, 다리를 절고, 의존적이고, 효율적이지 못하고, 몸을 제대로 가누지 못하는 인간인 내가 비효율적이고, 의존적이고, 다리가 불편한 나의 개를 돌보며 그의 도움을 받는다는 것에 무언가 적절한–사실 아름다운–점이 있다. 서로가 필요로 하는 것을 이해하는 것을 배워가는 두 약하고, 상호 의존적인 다른 종. 어색하고 불완전하게, 우리는 서로를 돌본다. (223)

테일러는 미국에서만 매년 약 270만 마리의 건강하다고 추정되는 유기묘와 유기견이 안락사를 당하는 현실을 심각하게 고려하여, 유기견이자, 닥스훈트(dachshund)와 라사 압소(Lhasa Apso)의 잡종이어서 일반적으로 보조견으로 활동하는 종이 아닌 베일리를 몸이 불편한 자신을 보조해 줄 도우미견으로 입양하여 훈련한다(219-20). 베일리는 사람들의 애정어린 호기심을 끌며 테일러와 세상을 연결해주는 역할을 하고, 길을 안내하고, 테일리의 미세한 감정을 읽고 반응하는 보조견의 역할을 다하지만, 척추 수술을 받고 나서 거동이 불편해진다. 테일러는 일상의 도움을 받고자 베일리를 입양했지만 결국 장애견의 도우미로 생활하게 된 아이러니를 이야기하면서도, 불완전하고 약한 동물과 서로 의지하고 이해하며 공존하는 삶의 아름다움을 놓치지 않는다. 이 관계는 "돌봄의 윤리가 우리가 어떻게 동물의 이야기를 듣고, 동물이 무언의 존재로 보이게끔 하는 온정주의와 어린아이를 돌보듯 하는 태도를 배제한 채 그들을 돕고 돌볼 수 있는지를"(207) 질문한다고 언급한 베일리 본인의 문제의식에 관한 하나의 실질적인 답변이기도 한다.

『정글북』 속 리키 티키와 테디 가족의 관계가 인간이 동물을 소유하고 통제하지 않는 방식으로 반려동물과의 공존을 보여주었다면, 테일러와 베일리의 관계는 인간과 동물이 서로의 구체적인 신체적, 정서적 요구와 필요를 공유하고 보살피며 교류하는 공존의 방식을 보여준다. 이렇게 서로를 보살피는 공존은 해러웨이가 『반려종 선언』(*The Companion Species Manifesto,* 2003)에서 묘사하는 그녀의 반려견 카옌 페퍼(Ms Cayenne Pepper)와의 관계를 환기한다: "우리는 불통에 가까운 대화로 서로를 훈련하는 중이다. 우리는 구성적으로 본바탕이 반려종이다. 우리는 서로를 살 속에 만들어 넣는다"(2).

지금까지 논의한 바와 같이 『정글북』은 울프와 해러웨이의 렌즈로 다시 읽었을 때 인간과 동물의 관계 그리고 생명의 문제를 새롭게 생각하게 하는 힘이 있다. 물론 이 글에서 다루지 않은 『정글북』의 후속편인 두 번째 이야기에서 성장한 모글리가 결국 정글을 떠나서 가정을 이루고 아버지가 되어 영국 제국의 일원이 된다는 점이 키플링의 제국주의 성향에 관한 의혹을 증폭시키는 것은 부인할 수 없지만, 그렇다고 『정글북』에 담긴 동물과 인간의 관계를 바라보는 작가의 사유의 폭과 깊이가 덜해지는 것은 아니다. 정글의 세계를 관찰하고 그 법칙을 유연하게 상상한 키플링의 호기심 어린 시선은 동물의 소통과 앎을 인간의 눈으로 전유했다기보다는 그 자체로 신비한 경외의 대상이자 우리의 시선을 빚어내는 주체적 존재로 그려냈다는 점은 분명하다. 문학 작품을 매개로 하여 동물 윤리에 관한 논의를 할 때 『정글북』을 빼놓을 수 없는 이유이다.

참고 문헌

김지숙. 「'개 식용 금지' 특별법 올해 만든다 … 2027년부터 도살 단속」. 『한겨레』. 17 Nov. 2023. Web.

오은영. 「키플링의 『킴』에 드러난 소설의 내적 분열: 아일랜드 소년과 라마승과 제국」. 『19세기 영어권 문학』 14.2 (2010): 113-36.

이근우. 「그 많던 코끼리는 누가 다 죽였을까」. 『매일경제』. 18 Oct. 2016. Web.

테일러, 수노라. 『짐을 끄는 짐승들: 동물해방과 장애해방』. 이마즈 유리, 장한길 옮김. 파주: 오월의 봄, 2020.

해러웨이, 도나. 『트러블과 함께하기: 자식이 아니라 친척을 만들자』. 최유미 옮김. 서울: 마농지, 2021.

_______. 『해러웨이 선언문』. 황희선 옮김. 서울: 책세상, 2019.

황정아. 「동물과 인간의 '(부)적절한' 경계」. 『포스트휴머니즘의 쟁점들』. 서울: 갈무리, 2021. 53-88.

Agamben, Giorgio. *The Open: Man and Animal*. Trans. Kevin Attell. Stanford: Stanford UP, 2004.

Butler, Judith. *Precarious Life: The Powers of Mourning and Violence*. New York: Verso, 2004.

"Cruel Seal Hunting in Canada." *KBS News*. 3 Apr. 2001. Television.

Derrida, Jacques. *The Animal That Therefore I Am*. Trans. David Wills. New York: Fordham UP, 2008.

_____. *The Beast and The Sovereign*. Trans. Geoffrey Bennington. Chicago: U of Chicago P, 2009.

Haraway, Donna J.. *The Companion Species Manifesto: Dogs, People, and Significant Otherness*. Chicago: Prickly Paradigm P, 2003.

_____. *Staying with the Trouble: Making Kin in the Chthulucene*. Durham: Duke UP, 2016.

_____. *When Species Meet*. Minnesota: U of Minnesota P, 2008.

Hotchkiss, Jane. "The Jungle of Eden: Kipling, Wolf Boys, and the Colonial Imagination." *Victorian Literature and Culture* 29.2 (2001): 435-49.

"Killing Elephants." *Humanimal*. 6 Jan. 2020. Television.

Kipling, Rudyard. *The Jungle Book*. 1894. London: Penguin, 2019.

McBratney, John. "Imperial Subjects, Imperial Space in Kipling's 'Jungle Book'." *Victorian Studies* 35.3 (1992): 277-93.

Randall, Don. "Post Mutiny Allegories of Empire in Rudyard Kipling's Jungle Books." *Texas Studies in Literature and Language* 40.1 (1998): 97-120.

Rothfels, Nigel. "Killing Elephants: Pathos and Prestige in the Nineteenth Century." *Victorian Animal Dreams: Representations of Animals in Victorian Literature and Culture*. Ed. Deborah Denenholz Morse and Martin A. Danahay. Hampshire: Ashgate, 2007. 53-64.

Scarry, Elaine. *The Body in Pain: The Making and Unmaking of the World*. New York: Oxford UP, 1985.

Stevenson, Laura C. "Mowgli and His Stories: Versions of Pastoral." *The Sewanee Review* 109.3 (2001): 358-78.

Taylor, Sunaura. *Beasts of Burden: Animal and Disability Liberation*. New York: The New P, 2017.

Walsh, Sue. *Kipling's Children's Literature: Language, Identity, and Constructions of Childhood*. Farnham: Ashgate, 2010.

Wolfe, Cary. *Animal Rites: American Culture, the Discourse of Species and Posthuman Theory*. Chicago: U of Chicago P, 2003.

_____. *Before the Law: Humans and Other Animals in a Biopolitical Frame*. Chicago: U of Chicago P, 2012.

* 이 글은 『비교문학』 92호(2024년)에 발표한 논문을 일부 수정한 것이다.

도리스 레싱이 고양이를 바라보는 시선

박선화(건국대학교)

도리스 레싱이 고양이를 바라보는 시선

I. 작가 소개

도리스 레싱(Doris May Lessing, 1919-2013)은 현재 이란으로 불리는 페르시아의 커만샤에서 영국인 아버지 알프레드 테일러(Alfred Cook Taylor)와 어머니 에밀리 테일러(Emily Maud Taylor)의 첫째 딸로 태어났다. 제1차 세계대전에서 다리를 잃은 아버지는 페르시아에서 은행원으로 근무하면서 만족하거나 안주하지 못했다. 부패로 가득한 페르시아에 싫증을 느끼던 아버지는 1924년 영국박람회(Empire Exhibition)에서 홍보하는 아프리카 농장 경영의 꿈을 품고 오늘날 짐바브웨인 남로디지아로 이주했다. 기대와 달리, 아프리카에서의 삶은 수월하지 않았다. 레싱은 척박한 현실을 헤쳐가기 위해 안간힘을 쓰는 어머니의 신경증적 불평과 '외상 후 스트레스 장애'에 시달리며 아프리카 초원의 이상적 꿈을 추구하는 아버지의 비현실적 이야기를 들으며 성장했다. 수녀원 부속학교를 비롯해 솔즈베리(Salisbury) 여고를 다니다 레싱은 교육에 집착하는 어머니에게 반항이라도 하듯 14살에 정규교육을 중단하고 독서로 독학했다. 이후 타자수나 전화교환원으로 근무하면서 작가로서의 소양을 쌓아가던 레싱은 공무원 프랭크 위즈덤(Frank Wisdom)에 이어 공산당원 고트프리트 레싱(Gottfried Lessing)

과 결혼하고 이혼했다. 1949년 아들 피터(Peter)와 함께 영국 런던으로 이주했고, 1950년에 처녀작 『풀잎은 노래한다』(*The Grass is Singing*)를 출간했다.

런던에서 호평받으며 작가 생활을 시작한 레싱은 1952년 『폭력의 아이들』(*Children of Violence*) 시리즈를 출간하기 시작하면서 기성세대에 저항한 '앵그리 영맨' 작가로 활동했다. 영국공산당에 가입하여 정치 활동에 참여하지만, 1956년 소련이 헝가리의 민주화 혁명을 무력으로 진압한 사건을 접하고 공산당에 환멸을 느끼고 탈당했다. 1969년 완성한 『폭력의 아이들』 시리즈를 출간하는 동안, 레싱은 1962년에 페미니즘 정전으로 꼽히는 『황금색 공책』(*The Golden Notebook*)을 출간했다. 1970년 중반에서 1980년 초반까지 출간된 『지옥으로의 하강에 관한 브리핑』(*Briefing for a Decent into Hell*), 『어둠이 오기 전의 그 여름』(*The Summer Before the Dark*), 『어느 생존자의 회고록』(*Memoirs of a Survivor*), 그리고 우주 소설 『아르고스의 카노푸스』(*Canopus in Argos*) 시리즈에서 레싱은 인간의 무의식 세계를 집중적으로 조명했다. 1980년대 중반 이후, 레싱은 다시 리얼리즘으로 복귀하여 1983년 『어느 착한 이웃의 일기』(*The Diary of a Good Neighbor*), 1985년 『순진한 테러리스트』(*The Good Terrorist*), 1988년 『다섯째 아이』(*The Fifth Child*), 1996년 『다시, 사랑에 빠지다』(*Love, Again*), 2001년 『가장 달콤한 꿈』(*The Sweetest Dream*), 그리고 2007년 『클레프트족 이야기』(*The Cleft*)에서 개인과 집단의 역학관계를 다루었다.

레싱의 후반기 작품은 새로운 실험기법을 구사하거나 새로운 소재를 다루는 대신, 주로 레싱 개인의 삶을 마무리하는 자서전적 내용으로 구성되어 있다. 1994년 『나의 속마음』(*Under My Skin*)과 1997년 『그늘 속의 산책』(*Walking in the Shade*)의 자서전은 레싱의 아프리카와 런던의 삶을 다루며 당대 정치, 사회, 심리, 우주관을 재현한 작품들을 파악할 수 있게 하는 정보를 담고 있다. 2001년 『가장 달콤한 꿈』은 런던의 공산당원으로 활동하던 자서전적 경험을 토대로 출간된 소설로서 레싱의 '세 번째 자서전'이라고 볼 수 있다. 레싱의 마지막 소설이자 '네 번째 자서전적' 소설이라 할 수 있는 2008년 『알프레드와 에밀리』(*Alfred and Emily*)는 아버지와 어머니의 다른 삶을 상상하며 쓴 소설이었다. 제1차 세계대전이 아버지와 어머니의 삶에 남긴 상흔을 지워내는 이 작업은 그리 성공하지 못했다고 할 수 있는데, 아버지의 '외상 후 스트레스 장애'와 비현실적인 꿈 그리고 어머니의 집착과 신경증이 반복적으로 제시되고, 또 궁극적으로 레싱이 자신을 상상의 삶에서 삭제하고 말기 때문이다. 레싱 연구자 로버타 루벤스타인(Roberta Rubenstein)이 레싱의 작품은 시작과 끝이 하나로 연결된 '순환' 구조를 따른다고 지적하듯이, 『알프레드와 에밀리』를 통해 전쟁, 아프리카 이주, 농장 경영 실패, 흑백 갈등, 가난이라는 굴레에 갇힌 부모와 자신의 삶을 이해하려는 시도 가운데, 레싱은 처녀작에 제기된 개인과 집단의 역학관계에 여전히 사로잡혀 있는 것처럼 보인다. 그러니 마지막 소설에서 부모를 애도하면서 자신을 삭제한 사건에 대한 연구는 개인과 집단의 문제와 얽혀 있으며, 이는 레싱 사후에도 여전히 논의되고 진행되고 있다.

Ⅱ. 작품 소개

레싱의 고양이 사랑은 유별난 것으로 알려져 있는데, 1967년 『고양이는 정말 별나』(*Particularly Cats*), 1993년 『고양이는 정말 별나, 특히 생존자 루퍼스는』(*Particularly Cats and Rufus the Survivor*), 2000년 『마니피코의 노년』(*The Old Age of El Magnifico*), 그리고 2002년 『고양이들에 대하여』(*On Cats*)에서 레싱은 아프리카 초원과 농장 그리고 런던에서 그녀 개인의 고양이와 관련한 경험을 반영하고 있다. 『고양이들에 대하여』는 일차적으로 말을 하지 못하는 동물이라는 이유로 인간이 고양이를 가혹하게 대하는 여러 경우를 묘사한다. 이차적으로는 레싱 자신이 아프리카와 영국 런던에 거주하면서 동거한 다양한 고양이들을 직접 경험한 사례를 서사화하고 있다. 이러한 고양이는 구체적으로는 『어느 생존자의 회고록』에서 인류 종말에 인간을 수호하는 휴고(Hugo)로, 『어느 착한 이웃의 일기』에서는 늙고 병든 노파 곁을 지키는 무명의 노랑고양이로, 그리고 「노파와 고양이」("An Old Woman and Her Cat")에서는 돌보던 노파가 불법 거주지에서 굶주림과 추위로 죽자 길냥이 신세가 되는 티비(Tibby)로 등장한다. 특히, 레싱이 고양이를 바라보는 시선은 특별하다 할 수 있는데, 그녀는 암 치료 목적으로 다리를 절단한 고양이 마니피코를 전쟁으로 불구가 되어 녹록지 않은 아프리카 농장에서 절뚝이며 살았던 아버지와 동일시하기도 한다.

Ⅲ. 작품 연구

1. 들어가며

2007년 노벨문학상 수상자인 레싱은 아프리카의 농장과 영국 런던에서 고양이를 기르고 관찰한 체험을 작품으로 형상화한다. 1967년 『고양이는 정말 별나』를 필두로, 1989년 『고양이는 정말 별나, 특히 생존자 루퍼스는』, 그리고 2000년 『마니피코의 노년』을 출간하고, 2002년에는 위 세 작품을 묶어 『고양이들에 대하여』라는 제목의 모음집을 내놓는다. 『고양이들에 대하여』에서 각별한 관찰력을 동원해서 고양이의 생태를 묘사하는 서술자는 마치 고양이 관찰보고서를 작성하는 기록자로 착각할 정도로 섬세하고 실감나게 서술하고 있다. 고양이에게 배설을 가리게 하고, 잠자리를 지정해 주고, 먹이 훈련을 시키는 서술자는 동물 조련사를 상기시키기도 한다. 동시에 길 잃은 고양이를 돌보고, 다치거나 중병에 걸린 고양이를 동물 병원에 데리고 다니며 간호하는 서술자는 동물 보호자라 해도 손색이 없을 정도이다. 이처럼 서술자가 주도하는 『고양이들에 대하여』의 이야기에서 주요 등장인물은 고양이이며, 그래서 이 작품은 간단히 고양이에 관한 이야기로 간주될 수 있을 것이다.

『고양이들에 대하여』에서 레싱은 인간의 특징을 인간이 아닌 대상에게 투사하는 의인화(anthropomorphism) 기법을 사용하지 않는다. 그러면서도 이야기는 이 기법이 부여하는 동물과 인간의 유사성의 범주

안에서 진행되는 양상이다. 동물 고양이를 묘사하는 과정에서 고양이와 인간의 상관관계가 필연적으로 드러나기 때문이다(Frost 40). 줄리아 유센(Julia Eussen)은 레싱이 고양이의 10년에서 15년까지의 최대 수명, 1회 최대 6마리 출산, 연 4회 가능한 출산능력, 까다로운 입맛, 짝짓기, 순위 정하기 등에 대한 백과사전식 정보를 극화함으로써 고양이의 생태에서 인간의 삶의 축소판을 보여주고 있다고 예리하게 지적한다(Eussen). 신시아 크로센(Cynthia Crossen)은 2008년 미국판『고양이들에 대하여』의 출간 서평에서 작품에 묘사된 잔인한 고양이 유기 세태를 고발하고(Crossen), 주디스 가디너(Judith Gardiner) 또한『고양이들에 대하여』에 드러난 고양이 유기 문제를 언급하며 레싱의 이혼과 가족 "유기와 맞물린 개인적 문제"(119-20)를 연결시키기도 한다. 실비아 드레이크(Sylvia Drake)는 호주 들고양이의 생태계 교란과 같은 상황을 피하기 위한 개체 수 조절 필요성은 인정하지만『고양이에 대하여』에서 총을 사용해서 고양이를 집단 학살한 장면을 지적하면서 동물학자 템플 그랜딘(Temple Grandin)의 주장처럼 가축을 도축하되 얼마나 잘 도축해야 하는가를 논한다(Drake). 이러한 비평들에서 보듯이,『고양이들에 대하여』는 고양이에 대한 생물학적 지식을 확장할 수 있는 기회를 제공할 뿐 아니라, 고양이와 인간관계에서 인간의 잔인한 우위적인 위치를 확연히 보여준다.

일반적으로, 고양이는 인간이 필요로 할 때 사랑을 받는 존재에서 더 이상 필요하지 않는 경우에는 버림을 받는 무가치한 존재로 전락하고 만다. 어떤 고양이는 "이색적인 방문객이자 가족이나 다름없는 친구”(Crossen)로 불리며 사랑을 받기도 하지만, 일부 고양이들은 유기당하거나 죽임을 당한다. 『고양이들에 대하여』에서 서술자가 잠시 머물렀던 건물의 관리인은 소재 불명의 검정고양이가 건물 복도에 실례한 사실을 발견하고 “건물 관리하는 것도 힘든데 고양이 오물까지 치울 수는 없다”(40)고 불평하며 동물보호소에 데려가서 안락사 시킨다.

어떤 주장도 제기할 수 없는 상황에서 안락사당한 검정고양이는, ‘1962년의 엄동설한’(The 1962 Big Freeze)에 아무런 조치도 취하지 않는 당국에 대해 불평하기보다는 “전적으로 회피할 수 없는”(41) 처사에 대해 그저 참고 견디어 내는 서민과 그 가난한 서민을 주인으로 둔 탓에 건물의 지붕 위에서 추운 겨울을 보내야 했던 한 늙은 수고양이를 상기시킨다. 1962년의 엄동설한은 “영국 역사상 최대의 강추위가 몰아닥치기 시작해서 크리스마스이브에 내리기 시작한 눈이 1963년 3월까지 그칠 줄 모르고 몰아친 사건이다. 연평균 -2℃를 기록하던 겨울 기온은 일부 지역에서 -19℃까지 떨어지고 6m 높이까지 눈이 쌓이기도 했으며 템스강은 꽁꽁 얼어붙기까지 했다고 한다. 3월 6일이 되어서야 눈과 서리가 그치고 기온이 곧 17℃까지 올라갔던 이 사건”(Cockroft)에 직면해서 서술자는 처량한 서민을 1962년 겨울에 보았던 늙은 수고양이와 동일한 처지로 끌어내려 묘사한다. 그러는 한편 인간도 처량한 존재이지만 인간과는 비교가 안 될 정도로 불리한 상황에 처한 고양이가 얼마나 더 가련한 존재인가를 역설적으로 보여준다. 사랑스럽고, 많은 매력을 지니고 있으며, 인간에게 기쁨을 선사하는 고양이가 그런 자질과 무관하게 얼마나 무력한 존재인가를 드러내 보여주고 있는 것이다.

인간 사회에서 자신의 의지와 상관없이 입양되고, 유기되고, 거세당하거나, 안락사당하는 고양이들의 이야기를 다룬『고양이들에 대하여』는 이탈리아 철학자 조르조 아감벤(Giorgio Agamben)의 '벌거벗은 생명'(bare life)의 개념으로 읽어볼 수 있다. 벌거벗은 생명은 법 혹은 사회적 책임의 테두리 바깥으로 밀려나 그 보호를 받지 못하는 대상을 대변하며, 바로 그러한 의미 때문에 벌거벗은 생명은 "절대적인 살해 가능성에 노출된 생명"(아감벤 181)을 상징한다. 벌거벗은 생명을 이러한 의미로 읽는다면, 인간의 무참한 행위에 맞서 어떤 권리도 행사할 수 없는 무력한 상태에 놓여 있는 고양이는 아감벤의 벌거벗은 생명의 한 변형으로 해석할 수 있다. 이러한 무력한 고양이들의 이야기를 다룸으로써, 역으로 고양이가 인간의 도움을 절실히 필요로 하며, 그리고 바로 그 가련한 대상에 대해 우리 인간이 책임을 져야 한다는 것을 설파하는 레싱의 메시지를 살펴볼 것이다. 먼저, 아감벤의 벌거벗은 생명에 대해 간단히 살펴보자.

2. 아감벤의 벌거벗은 생명

안락사, 뇌사, 줄기세포 연구 등을 둘러싼 논쟁에 함축되어 있듯이, 오늘날 생명의 개념은 계속해서 새로운 의미로 정의돼야 하며 이 생명에 대한 결정 권한은 민주국가에서 국가에 주어져 있다. 24년 전 교통사고로 전신이 마비된 폴 램(Paul Lamb)이 죽을 권리를 인정해 달라고 제기한 소송을 기각한 영국 대법원의 결정에서 볼 수 있듯이 (Brown 1-5)[1], 인간의 생명은 법의 규정을 많이 받고 있다. 하지만, 정치적으로 모호한 지위로 전락하는 망명자 또는 난민, 혹은 무국적자 또는 불법 이민자에서 볼 수 있듯이, 더 많은 생명들이 법의 보호 범주를 벗어나고 있는 실정이다.

전통적 주권 이론이 인간의 생명과 관련해서 일차적으로 국가 시민으로서의 특성에 관심을 두었을 뿐 생명체로서의 존재에는 거의 주목하지 않았던 사실을 넘어서, 아감벤은 생물학적 생명이 주권적 권력, 즉 국가의 법을 통해서 정치화되는 상황을 인식하고 비판한다. 법에 의한 권리부여와 권리박탈은 서로 상관되어 있다고 볼 수 있으며, 아감벤은 이러한 상관관계를 『호모 사케르: 주권 권력과 벌거벗은 생명』(*Homo Sacer: Sovereign Power and Bare Life*)[2]에서 '벌거벗은 생명'으로 설명한다.

---

1) 전직 건축업자 폴 램은 교통사고로 인해 그의 몸에서 오른팔만을 약간 움직일 수 있는 상태에서 24시간 보호를 필요로 하는 환자로서 24년을 생존한 전신마비 환자이다. 2013년 6월 영국대법원은 죽을 권리를 달라고 제기한 램의 3년간의 소송을 기각했다. 그는 이에 굴복하지 않고 안락사를 인정하는 스위스로 옮겨갈 생각을 하고 있다. 당시 사건 담당 변호사는 램의 부인이 안락사 시행에 동참하기를 거부하고 있으므로 전문가나 돌보미의 도움을 받을 계획이라고 발표한 바 있다.

2) 아감벤의 '호모 사케르'의 기획은 1부 『호모 사케르: 주권 권력과 벌거벗은 생명』(박진우 옮김. 새물결, 2008), 2부 『예외 상태』(김항 옮김. 새물결, 2009)와 『왕국과 군림』, 3부 『아우슈비츠의 남은 자들』(정문영 옮김. 새물결, 2012), 그리고 진행 중인 4부 『삶의 형식과 생활양식』으로 구성되어 있다(박진우 16-17; 고지현 214 참조). 본 연구는 1부 『호모 사케르: 주권 권력과 벌거벗은 생명』을 중심으로 아감벤의 벌거벗은 생명에 주목하며, 이 작품의 인용은 2008년 박진우의 번역본을 참조한다.

아감벤은 로마 시대 섹스투스 페스투스(Sextus Pompeius Festus)의 『말의 의미에 대해』(*De significatu verborum*)의 글에서 호모 사케르(Homo sacer) 형상을 발견한다. "호모 사케르란 사람들이 범죄자로 판정한 자를 말한다. 그를 희생물로 바치는 것은 허용되지 않지만 그를 죽이더라도 살인죄로 처벌받지는 않는다"(156). "신성한"(아감벤 158) 혹은 "저주받은"(아감벤 168) 생명의 양가적 의미를 지닌 호모 사케르는 희생물로 바쳐져서는 안 된다는 점에서 신적 질서로부터 배제되며, 살해되어도 어떤 법적제재가 가해지지 않는다는 점에서 세속적인 법 질서로부터 배제된 존재이다. 즉, 이 존재는 희생물로 바칠 수 없는 형태로 신에게 바쳐지며, 공동체 안에서는 죽여도 되는 존재이다. 신과 인간의 법 영역에서 모두 배제되는 이중적 배제의 위상학적 구조를 취하게 된 호모 사케르는, 바로 그러한 위상학적 구조로 인해 처벌받지 않고 살해할 수 있는 대상이 되며, 그래서 "절대적인 살해 가능성에 노출된"(아감벤 181) 존재이다.

존재하지만 존재감이 없는 존재인 호모 사케르를 풀어보자면 "벌거벗은 생명"(아감벤 38)이다. 이탈리아어 'vita'에 대응하는 영어 단어는 'life'로서 이 단어가 지닌 다양한 의미들–삶, 생애, 생명, 목숨–을 연상할 수 있지만, '생명'이라는 용어에 주목하고자 한다. 국내의 아감벤 관련 연구 논문에서도 '삶'보다는 '생명'으로 사용하는 빈도가 높은 것도 한 이유이기도 하다.

여기서 '생명' 개념은 아리스토텔레스가 구분한 두 종류의 생명에 기원을 두고 있다. 단순히 재생산을 위한 삶을 의미하는 조에(zoe)

와 공동체 안에서 정치적으로 가치 있게 사는 삶을 의미하는 비오스(bios)이다. 고대 세계에서는 조에의 영역을 오이코스(oikos), 즉 가정에, 비오스의 영역을 아고라(agora), 즉 광장에 일치시켜 왔다. 이후 서구 정치사상에서는 광장이 공공 집회의 기능을 담당한 장소인 것을 감안해서 비오스는 폴리스(polis)의 일원으로 정치적 생명을 의미하게 된다. 이러한 구분에서 조에의 영역에 있는 한편 비오스의 영역에서는 예외적으로만 포함되는 존재, 때로는 포함하고 배제하면서 서로를 끌어들이는 가정과 광장의 중립지대에 있는 존재가 바로 벌거벗은 생명이다. 고대 세계에서 단순한 자연 생명에 지나지 않았던 벌거벗은 생명은 조에의 권리와 해방에 근거해서 등장한 근대국가에서 조에의 비오스를 주장하며 정치화된다. 아감벤이 주장하듯, "벌거벗은 생명 자체가 정치화되는 것은 근대(성)의 결정적 사건"(38)에 해당된다. 근대국가는 권력과 벌거벗은 생명과의 긴밀한 또는 은폐된 관계로 구성되어 있다고 볼 수 있기 때문이다.

반복해서 언급하자면, 호모 사케르, 즉 벌거벗은 생명은 신의 법과 인간의 법 영역 모두로부터 이중적인 예외의 형태를 취한다. 그래서 벌거벗은 생명과 연관된 신성함이 지닌 이중적 의미를 규정하기보다, 또 벌거벗은 생명의 법적 위상을 해명하기보다는, 벌거벗은 생명이 이중적으로 배제된 생명이라는 것에 주목할 필요가 있다. 신과 인간의 법 양자 모두에게 배제당한 존재가 있다면 벌거벗은 생명 자체에 관한 물음이 제기된다.

이 물음은 "주권자는 법질서의 외부와 내부에 동시에 존재한다"(아감벤 55)는 법과 법의 실행을 결정하는 주권의 역설로 이어진다. "무엇인가를 배제함으로써 그것을 포함하는 극단적인 예외 관계"(아감벤 61) 형태를 통해, 법은 법적 질서가 효능을 발휘할 수 있는 영역을 창출하고 정의 내린다. 그러므로 법을 주관하는 주권의 영역은 살인죄를 저지르지 않고도 또 희생 제의를 성대하게 치르지 않고도 살해가 가능한 영역이며, 이 영역의 생명은 살해할 수 있지만 희생물로 바칠 수는 없는 벌거벗은 생명인 것이다. 그래서 주권자와 벌거벗은 생명은 법질서의 양 극단에 위치한다. 벌거벗은 생명은 인간의 법과 신의 법 영역 모두를 초월하는 어떤 "폭력의 대상"(아감벤 181)이 되고, 주권자는 폭력의 가해자가 된다.

아감벤은 이러한 벌거벗은 생명의 모습을 늑대 인간에서 발견한다. 고대의 '바르구스'(wargus), 중세의 '추방된 자'(bandito), 게르만 및 앵글로색슨 사료에서의 '늑대인간'(werwolf, wargus, garulphus, loup garou)은 반은 인간이고 반은 짐승으로서 공동체에서 추방당한 자의 모습을 상징적으로 보여준다. 아감벤의 늑대인간은 인간 세계에도, 짐승의 세계에도 속하는 존재가 아니다. 양쪽 사이의 비식별 영역에, 이행하는 경계영역에 놓인 존재이다. 다시 말해, 늑대인간은 추방된 자로서 두 영역 어디에도 온전히 속하지 않으면서 이 두 영역 모두에 존재하는 것이다(아감벤 214-15). 추방당한 자는 추방당하는 동시에 추방한 주권자의 자비에 의존하게 되기 때문이다. 즉, 배제되는 동시에 포획당하는 것이다.

그래서 우리가 살고 있는 공적 공간에서 벌거벗은 생명의 추방은 주권자의 권력 구조와 밀접하게 관련되어 있다는 아감벤의 주장은 의미심장하다. 현대 사회에서 현대판 벌거벗은 생명이 갖는 이중적 배제의 위상학적 구조는 일종의 정치적 도주선을 제시하지만, 그 경계가 점점 더 모호해지고 광범위해지고 있다. 오늘날 "명백하게 규정된 벌거벗은 생명의 형상은 존재하지 않는다"(아감벤 231)고 한다면, 생명체로서의 우리 모두는 잠재적인 벌거벗은 생명 대상이 될 수 있다는 것을 역설적으로 제시하고 있다.

3. 벌거벗은 생명의 변형: 레싱의 고양이들

아감벤의 벌거벗은 생명은 법의 보호를 받지 못하는 존재, 다시 말해 자신의 생명 말고는 가진 것이 없는 존재라고 볼 수 있다. 그래서 의도적이든 그렇지 않든 간에 이러한 존재들을 맡게 된 주권자는 손쉽게 이들의 생명을 좌지우지하게 된다. 안락사를 통해 살 가치가 없는 생명의 제거를 주장하는 칼 빈딩(Karl Binding)의 경우처럼(아감벤 268), 안락사에 해당되는 대상은 생명을 결정하는 의사 또는 과학자라는 변형된 주권자의 통제를 받는다. 여기에서 안락사에 대한 논점은 어떤 생명을 어떤 경계에 의해 살 가치가 없는 생명으로 규정하느냐 하는 문제를 제기한다. 정해진 경계에 의해 이 생명은 어떤 법적 권리도 지니지 못하며 따라서 누군가는 이 생명을 죽여도 살인죄로 처벌받지 않는다.

현대 사회에서도 이러한 경계에 의해 조에의 생명의 예외화가 결정된다. 벌거벗은 생명은 어떤 특정한 장소나 범주에만 한정된 것이 아니며, 모든 살아 있는 생명에 부여될 수 있는 상황이 되고 있다. 본 연구는 이러한 경계의 문제가 레싱의 『고양이들에 대하여』에서 인간과 고양이와의 관계에도 재현되어 있다고 보고 벌거벗은 생명의 영역을 고양이에게로 확대한다. '호모 사케르'의 '호모'는 원래 절대 살해 가능성에 노출된 인간 생명체를 일컫는 개념이지만, 이 맥락에 동물 고양이도 포함할 수 있을 것이다. 특히, 연구자는 『고양이들에 대하여』에서 서술자의 역할에 흥미를 가지고 접근했는데, 서술자는 고양이의 생명을 결정하는 주권자가 되기도 하고, 한편으로는 그러한 주권을 행사하는 다른 사람들을 비판적 시각으로 바라보는 관찰자가 되기도 하기 때문이다.

서술자 "나"(7)의 고양이에 대한 최초의 기억은 3살에서 시작한다. 테헤란(Tehran)에서 유모와 산책을 나갔다가 굶주린 새끼 고양이를 데려온다. 가족은 반대하지만 서술자는 고집을 꺾지 않고 고양이를 기르기로 결심한다. 새끼 고양이는 과망간산염으로 목욕을 시켜야 할 정도로 지저분하고 더러운 상태였다. 고양이를 지키기 위해 가족과 대척했던 서술자는 항상 그 고양이와 같이 지냈다고 생각하지만, 정확한 이유는 알 수 없지만, 테헤란을 떠날 때 그 고양이와 같이 가지 않았다는 것을 떠올린다. 그렇다면 고양이는 서술자인 나의 전부였다가 또 다시 간단히 버림을 받는 대상이 된다.

두 번째로 깊은 인상을 남긴 고양이는 아프리카 농장에서 지내던 11살 겨울, 서술자가 병이 났을 때 차가운 침대 속에서 온기를 제공해

주었던 고양이다. 어느 날 이 고양이는 메마른 여름철 정원에서 사용하려고 목욕물을 받기 위해 설치된 통에 빠지고 만다. 최선을 다해 보살폈지만 폐렴에 걸린 고양이는 서술자의 품에서 숨을 거두고 만다.

3살 때의 고양이와 11살 때의 고양이와의 결별은 서술자에게 고양이와 자신과의 범상치 않은 관계를 형성하는 시초가 된다. 하지만 그녀의 고양이는 고양이라는 동물과 서술자라는 인간 사이의 명확한 경계가 전제되는 한, 그녀가 고양이를 얼마나 사랑하는지에 상관없이, 이미 인간의 특권적 위치를 인정한 동물에 지나지 않는다. 즉, 서술자 중심에서 바라본 고양이 이야기일 뿐이다. 이러한 예는 친구의 고양이, 이웃의 고양이, 농장의 고양이, 동물가게에서 만난 고양이, 거리의 고양이 등을 만나며 이런저런 이유로 고양이의 죽음들을 경험한 것과 연관되어 있다.

서술자는 어느 날 아프리카 농장에서 공중을 가로지르며 선회하던 매(hawk)가 마당에서 거닐고 있던 고양이를 낚아채 날아가 버린 것을 그냥 구경만 한 경험이 있다(5). 어느 경우에는 새끼 고양이가 뱀에게 잡아먹히기도 한다(12). 구체적 나이는 언급되지 않지만 서술자는 22구경 소총을 사용해서 농장에 접근해서 닭을 잡아먹은 야생 고양이를 사살한다(9).

한편, 서술자의 가족은 고양이를 집단 폐사시켜야 하는 비상 상황에 직면한다. 고양이를 사랑했던 어머니는 고양이의 번식을 인위적으로 막는 것을 반대했고 그래서 어느 순간 40여 마리의 고양이는 농장 안에서 여기저기 헤집고 뛰어다니면서 거주자들의 생활을 방해하기에 이른다. 결국 가족은 고양이를 폐사시키기로 결정한다. 아버지는 수의사의 조언을 받아 100여 킬로미터 떨어진 곳에 위치한 동물병원에 마취제 클로로포름을 주문한다. 약물이 도착하기를 기다리는 동안에만 해도 6마리의 고양이가 태어났는데, 근친교배로 인해 모두 비정상이어서 폐사시킬 수밖에 없는 상황이다. 어렵게 구한 클로로포름으로 마취해 보지만 마취제는 놀란 고양이들을 더 날뛰게 할 뿐 효과를 보지 못한다. 아버지는 최종 결단으로 고양이를 방 안에 가두고 제1차 세계대전의 유물인 회전식 연발 권총으로 사살한다(15-19). 이렇듯 서술자는 고양이가 나타나고 설명이나 이유 없이 받아들여졌다가 또 사라지고 마는 것을 경험한다.

1962년 겨울, 런던의 한 빈민 구역에서 만난 고양이 또한 서술자에게 강한 인상을 남긴다. 늙은 수고양이는 '1962년의 엄동설한'에 주로 담장 위에서 어슬렁거리며 배회한다. 가난한 서민의 집은 밖의 온도와 거의 차이가 없고 추위에 대한 대책이 없기 때문에, 고양이를 챙기지 못하는 것은 말할 것도 없다. 거의 100년 만에 밀어닥친 한파로 인해 런던시의회의 임대 주택에 살던 서민들의 수도관은 동파되고, 주부들은 질척대는 거리를 걸어가서 물을 길어다 사용해야 하고, 그래서 여러 주 동안 서민들은 스토브에 물을 끓여 사용하고 목욕은 상상조차 하지 못한다. 난방장치를 사용할 여건이 되지 않는 서민은 늑막염이나 폐렴에 걸리고 어린아이는 추위 때문에 계속 울어댄다.

보도 또한 얼음판으로 뒤덮여 있지만 당국은 어떠한 조치도 취하지 않았고, 시장에서 짐 나르는 품 삯꾼은 넘어져 등을 다치는 바람에 실직자가 되고 말며, 그 결과 두 아이를 가진 이 남자는 전기난로 한 대로 겨울을 버틴다. 이러한 상황에서 사람들은 가난한 서민의 수고양이가 추운 날씨에도 불구하고 밖에서 배회하는 이유를 이해하지 못하지만, 서술자는 지붕 위에서 지내는 늙은 수고양이의 기벽을 이해한다(43-45). 혹독한 상황에서 수고양이는 자연스럽게 주인으로부터 버림을 받은 것이다. 여기저기 구걸을 다니며 잠깐 사랑을 받고 음식을 얻어먹던 수고양이는 건물 복도에 실례를 하는 바람에 관리인에게 붙들려 동물보호소에 보내지고 거기서 안락사를 당하고 만다.

고양이에 대한 이러한 아픈 기억들 때문에 그리고 성인이 된 이후 이곳저곳으로 이사 다니는 동안 고양이를 위한 장소가 마련되지 않아 서술자는 고양이를 양육하지 않는다. 25년이 지난 후에서야(23), 서술자는 친구 부부가 선사한 회색고양이를 양육하기 시작한다. 회색고양이는 깡통에서 나온 음식은 아예 입에 대지 않고, 음식을 반만 먹거나, 아니면 안 먹는 것으로서 자신의 기분을 표현하면서 까다롭게 군다. 서술자가 보기에, 회색고양이는 먹는 버릇을 자신의 언어로 사용하는 것이다. 하지만 서술자는 까다로운 식성이나 성격을 지닌 회색고양이의 근본적 문제는 너무 일찍 어미 고양이와 헤어진 것에서 기인한 기벽이라고 본다.

> 이 고양이는 하루도 지체하지 않고 정확히 6주 만에 어미와 헤어졌다. 이 고양이의 음식에 대한 미식가적 태도는 편식이 심한 아이가 음식에 대해 갖는 병적 적대감과 의심증과 같다. 아마도 고양이는 먹어야 한다는 것을 알고 있었을 것이다. 실제로 음식을 먹었다. 하지만

> 결코 즐겁게 음식을 먹는 일은 없었다. 고양이는 엄마의 애정을 충분히 누리지 못한 사람들이 보여주는 또 다른 특징을 지니고 있다. 심지어 지금도 고양이는 본능적으로 접힌 신문지 사이로, 상자 속 또는 바구니 안으로, 다시 말해, 숨을 수 있는 곳이면 어디든지, 몸을 덮어줄 수 있는 것이면 무엇이든지 그 안으로 기어들어 가려고 한다. 게다가, 고양이는 너무 쉽게 모욕감을 느끼고, 너무 쉽게 토라진다. 그리고 고양이는 지독한 겁쟁이다. (48)

서술자는 회색고양이를 양육하면서 얻은 체험에서 6주 만에 어미에게서 떼어 놓아도 괜찮다고 보는 고양이 전문가의 이론은 재고해 보아야 한다고 강력하게 표명한다. 회색고양이의 까다로운 입맛은 편식이 심한 아이가 음식에 대해 보이는 병적 반응과 같은 근원에서 나온 것이라고 보는 것이다. 서술자는 어미로부터 7주 혹은 8주 후에 떼어진 고양이가 훨씬 더 좋은 식성과 더 많은 자신감을 지닌다는 고양이의 습성을 파악한다(48).

회색고양이와 관련해서 더 곤란한 상황은 새끼 고양이를 분만하고 나서 새끼에게 젖을 먹이거나 돌보는 임무를 거부한다는 점이다. 회색고양이는 태어난 지 하루밖에 안 된 새끼들을 데리고 놀려고 하고, 밤에는 새끼들을 버리고 서술자의 침대로 기어들어와 귀여움을 받기를 원하는 철부지와 같다. 횟수로 3번의 새끼를 분만하고 나서도 회색고양이는 어미의 역할을 제대로 수행하지 않았고 이를 지켜본 서술자는 "끔찍한 어미"(64) 회색고양이에게 불임수술을 해 주어야 하는 상황에 이른다. 새끼를 낳게 하는 것이 자연스러운 일이라고 주장하면서도(76) 회색고양이에게는 모성적 본능이 조금도 남아 있지 않은 까닭에 계속 새끼를 낳게 할 수 없다고 판단한다. 결국 서술자는 회색고양이를 수의사에게 데리고 간다.

다음날 서술자는 마취 영향으로 축 늘어져 있는 회색고양이를 만난다. 자신을 바라보는 회색고양이 눈에서 엄청난 충격을 본다. 자신을 먹여주고, 돌봐주고, 잠자리를 제공했던 친구에게서 배반을 당했다는 것을 표명하는 눈초리이다. "희망도 없고 대책도 없는 겁에 질린 소리"(79)로 신음 소리를 내는 회색고양이는 서술자의 목적에 맞게 통제당한 존재가 된다. 서술자는 양육과 돌봄의 목적에 부합하지 않는다고 판단된 회색고양이의 출산권을 쉽게 박탈해 버린 것이다. 뿐만 아니라, 서술자는 회색고양이의 다른 권리도 빼앗아 버리는 폭력을 가하고 만다.

> 그 수술을 받은 지 한 달도 채 못 되어 고양이의 외모가 변하기 시작했다. 그 가냘프던 몸매는, 천천히 변하는 것이 아니라, 급격히 굵어지고 우아함을 잃어갔다. 두 눈도 어딘지 모르게 늘어지고 쭈글쭈글해졌다. 그리고 얼굴은 넓적해졌다. 아직 예쁘기는 했지만, 고양이는 갑자기 통통해졌다. (81)

수술 후 회색고양이의 외모는 변하기 시작하고, 게다가 갑자기 자신감을 상실하고 만다. 당당하고 거만한 매력, 섬세한 몸놀림, 구경꾼을 즐겁게 하던 고갯짓과 눈초리는 더 이상 남아 있지 않다. 물론 고양이의 본능적인 애교나 몸놀림을 하지 않는 것은 아니지만 회색고양이의 행동에는 자신감이 없어 보이고 또 확신도 없어 보인다. 반면에 안달복달하는 성격을 갖게 되었고, 서술자가 보기에 의심과 원한을 품은 듯이 행동한다. 한때 예찬하며 주위를 맴돌았던 수고양이들에게 회색고양이는 심술부리는 이웃이 되어 버린다. 회색고양이는 "성질 나쁜 노처녀"(82)처럼 되어 버린 것이다.

1984년 유난히 더운 여름날, 서술자는 길거리에서 오렌지색 수고양이를 만난다. 서술자가 살고 있는 곳에서 몇 집 걸러 있는 집에서 기거하는 것 같지만 주로 밖에서 생활하는 덥수룩하고 지저분한 고양이였다. 오렌지색 고양이는 관심과 배려를 인지하고 서술자의 마당으로 건너와서 떠다 주는 물을 마시곤 한다. 서술자는 오렌지색 고양이가 신장에 병이 생긴 것을 발견하고 수의사에게 데려가기로 생각하지만, 그렇다고 그 고양이를 집 안에 들일 생각을 하지는 않는다. 왜냐면 서술자는 이미 수고양이 두 마리를 양육하는 상황이었고, 또 오렌지색 고양이에게는 친절하지는 않아도 임시적 주인이 분명 존재하고 있었기 때문이다(182).

하지만, 서술자는 분명 병이 점점 도지고 있고 또 지속적으로 방문하는 오렌지색 고양이를 거절할 수가 없게 된다. 점검해 보니 건강 상태는 엉망이다. 한쪽 귀는 궤양이 생기고, 관절염 비슷한 증세도 있고, 심장에도 문제가 있으며, 그리고 이도 더러 빠지고 없는 상태이다. 수의사는 오렌지색 고양이가 그리 늙은 고양이는 아니지만 혼자 어렵게 생명을 유지해 온 것이 분명하고, 만약 서술자가 병원에 데려오지 않았으면 오래지 않아 죽을 운명이었을 것이라고 말한다. 항생제와 비타민제를 처방받고, 서술자의 간호 속에서 이 고양이는 점차 깨끗하고 교양을 갖춘 고양이가 된다.

서술자는 이 오렌지색 고양이에게 루퍼스(Lufus)라는 이름을 부여한다. 이전에 만나거나 같이 지냈던 고양이들과 달리, 서술자가 이 고양이에게 루퍼스 이름을 부여한 행위는 일반화된 고양이가 아닌 서술자와 각별한 관계를 형성하기 시작한 고양이라는 것을 함축하고 있다. 동물 고양이를 이름으로 부르는 행위는 서술자의 인간성이 그 고양이에게 반영되기 시작한 것이며, 루퍼스라는 특별한 존재로 인식하기 시작함을 보여준다. 그렇다고 하더라도, 고양이라는 동물과 서술자라는 인간의 명확한 경계는 여전히 존재한다고 볼 수 있다.

루퍼스는 서술자의 사랑을 독차지하기 위해 부단히 노력한다. 이미 찰스(Charles)와 부치킨(Butchkin)이 장악하고 있는 집안에서 자신의 장소와 위치를 확보하기 위해 오랜 시간을 두고 작전을 세워 신중하게 자기를 주장한다. 마침내 서술자가 루퍼스에게도 찰스나 부치킨이 누리는 권리를 부여하자 루퍼스는 자신이 얻은 행운과 이 행운의 귀중함을 서술자에게 가르랑 소리(purring)로 표현한다. 이 울림소리를 들으면서 서술자는 자신의 기지 덕분에 살아남은 루퍼스가 그동안 거친 위험과 모험 그리고 고난이 얼마나 극심했는가를 생각한다.

> 이 고양이는 전에 집고양이였다가 집을 잃은 고양이였다. 고양이는 집고양이, 즉 애완동물이 된다는 것이 무엇을 의미하는지를 알고 있었다. 고양이는 사람이 쓰다듬어주는 것을 좋아했다. 이 고양이의 이야기도 흔한 것이었다. 그에게도 집이 있었고, 그를 사랑하는 인간

친구들, 즉 그를 사랑한다고 생각한 친구들이 있었을 것이다. 하지만 그것은 좋은 집이 아니었을 것이다. 그 사람들은 아마도 자주 집을 비우고 그런 경우 그는 스스로 음식과 안식처를 마련해야 했었을 것이다. 아니면 사정에 알맞은 경우에만 그를 돌봐주다가 사정이 허락하지 않으면 그를 내버려둔 채 이사를 가버리곤 했었을 것이다. (184)

버림받은 기억을 지니고 있고, 음식과 물이 부족한 과정을 거친 루퍼스는 서술자의 집에 기거하면서 집 밖으로 외출하는 것에 병적인 반응을 보인다. 그러던 어느 날 서술자가 뒷마당에서 빗자루를 무심코 들어 올렸다가 루퍼스를 놀라게 만든 사건이 벌어진다(201-02). 루퍼스는 무척 놀라서 지붕으로 뛰어 올라가 라일락 나무를 건너뛰어 나무를 타고 정신없이 달리더니 마당 구석으로 도망친다. 루퍼스의 동작은 완전히 공포에 질린 광적인 행동이었다. 서술자는 누군가 루퍼스를 막대기로 구타한 경우가 있었음을 짐작하고 빗자루를 보여주고 쓰다듬으며 안정시켜야만 했다.

외출을 두려워하는 루퍼스에게 대소변을 가리기 위해 뒷마당으로 나갈 수 있도록 만들어진 흔들이문(the flap), 즉 고양이문을 사용하는 방법을 훈련시키는 일도 만만치가 않다. 루퍼스는 마치 서술자가 자신을 추방하는 것이라고 생각한 것처럼 공포와 두려움을 드러내고 고양이문 사용을 거부하기 때문이다. 반복적 훈련으로 흔들이문 사용에 익숙해진 루퍼스는 서술자가 더 이상 자신을 집 밖으로 내쫓을까봐 두려워하지 않게 된다. 서술자에 대한 믿음을 확보하게 되면서 루퍼스는 괴상하고 망측한 가르랑 소리가 아닌 "온화한 울림소리"(201)

로 만족감을 표현한다.

서술자는 병투성이로 살아가는 루퍼스를 죽을 때까지 보살핀다. 병이 도지고 있던 어느 날 서술자는 약을 먹이기 위해 잠자고 있는 루퍼스를 쓰다듬어 깨운다. 잠에서 깨어나면서 루퍼스는 서술자가 같이 지내는 동안 단 한 번도 들은 적이 없는 "믿음과 사랑이 담긴 떨리는 소리"(214)를 낸다. 하지만 루퍼스는 옆에 있는 존재가 서술자라는 것을 알고 다시 보통 때의 온화하고 점잖은 소리를 낸다. 서술자는 루퍼스가 자신에게 감사 표시를 하면서 수없이 글글 소리를 내지만 이러한 전음(顫音)을 낸 적은 없었다는 것을 기억하고 매우 고통스러워한다. 거의 죽어가는 생명을 살려주고, 정성을 다해 간호해 주고, 가족처럼 대해 주었지만 루퍼스는 경계심을 완전히 해제하지는 못했다고 보기 때문이다. 아마도 누군가에 대한 그의 믿음과 사랑은 허망하게 배반당한 것이고 그래서 루퍼스는 "다시 누군가를 사랑하는 것을 허락하지 않은 것"(215)이라고 보는 것이다.

서술자에게 고양이 부치킨은 매우 독특한 존재이다. 자신과 진심이 담긴 관계를 원하는, 즉 동물과 인간이라기보다는 생명체 간의 관계를 원하는 부치킨은 서술자의 특별한 사랑을 받는다. 그에 걸맞게, 다른 고양이와 달리, 부치킨은 여러 이름을 지니고 있다. 서술자에 따르면, 고양이는 어느 정도 성장하고 나면 고양이 자신의 성격과 기질을 나타낼 수 있는 이름을 갖는다(190). 부치킨은 분홍색 아이스크림을 상기시키는 분홍색 코를 지니고 잘 생기고 당당한 모습을 지닌 덕분에 '분홍코 장군 3세'(General Pinknose the Third)로 불리다가, 조금

더 성장하면서 보여준 조용한 결단력과 덕망에서 '부치킨 주교'(Bishop Butchkin)라는 이름을 얻는다(190). 후에 서술자는 부치킨을 '당당하고 찬란한'을 의미하는 엘 마니피코(El Magnifico, 191)로 지칭한다. 당당한 풍채로 인해 서술자의 찬사를 받던 마니피코는 14살 되던 해, 어깨의 골수암 진단을 받고 앞발 전체 부분을 절단하는 수술을 받는다. 그처럼 당당하고, 점잖고, 우아했던 마니피코는 수술에서 깨어난 후 그 충격을 감당하지 못한다.

> 고양이는 상당한 충격을 받았다. 친구들이자 가족으로 여겼던 사람들, 특히 같은 침대에서 잠을 자고, 평생 자신에게 찬사를 보내주었던 바로 그 친구로부터 배신을 당했던 것이다. 그렇게도 싫어했고 또 싫어한다는 것을 충분히 나타냈음에도 친구는 자신을 바구니에 들어가게 했다. 그리고 잘 알지도 못하는 곳으로 차를 타고 가야했다. 생각했던 것보다 훨씬 더 먼 여행이었다. 도착한 곳에서는 낯선 목소리가 들리고 익숙하지 않은 냄새가 났다. 건물의 지하로 내려가자 성난 고양이들의 냄새가 강하게 풍겼다. 고양이는 바로 그 곳에 감금되었고, 가족은 자신을 내버려 둔 채로 갑자기 나가버렸다. 주사 바늘이 꽂히고, 털이 제거되고, 그리고 나서 갑자기 몹시 고통스럽고 무력한 가운데 다시 의식이 돌아왔다. 다리 하나가 없어져 버렸다. 걸으려고 시도하면 자꾸 얼굴을 처박으며 넘어지곤 했다. 이제 소위 친구라고 하는 사람들은 집으로 돌아와서 그가 평생을 오르락내리락 뛰어다녔던 계단을 걸어 올라가 위층의 방으로 자신을 데려갔다. 그리고 마치 자신을 배신한 적이 없었다는 듯이, 온전한 어깨를 만져주고 쓰다듬어주었다. (229-30)

병원에서의 경험 때문에, 마니피코는 어딘가에 갇히는 것, 즉 감금을 두려워한다. 상처가 치유되기도 전에 마니피코는 집안보다는 마당에 웅크리고 지내기를 고집한다. 어느 날 서술자는 마니피코의 길고 커다란 울부짖음을 듣는다. 마당 한 구석에서 마니피코가 세 발로 일어서고 있던 중이었다. 서술자는 그 외침이 절단된 다리에서 오는 치욕, 고통, 당혹감을 의미하는 가슴 깊은 곳에서 울려 나오는 절규일 거라고 해석한다. 서술자는, "고양이야, 이렇게 하지 않았다면 너는 한 두 달 후에 죽고 말았을 거야. 이해하겠니? 인간의 뛰어난 기술 때문에 네가 살아있는 것이란다"(231) 라고 마니피코에게 설명할 수 없다는 것에 절망한다. 고통을 겪는 마니피코를 지켜보면서, 서술자는 한창 성장하고 있던 마니피코를 병원에 데려가서 불임수술을 시키고 돌아온 날을 회상한다. 마니피코는 마취에서 회복하는 동안 "친구라면서 왜 그랬나요?"(233) 라고 질문하는 듯했던 비난의 눈초리로 아주 오랫동안 뚫어져라 쳐다보았었다. 이번의 앞다리 절단수술 후에도 마니피코는 똑같은 시선으로 서술자를 바라본다.

네 발이 아닌 "세 발 고양이"(226)가 되어 버린 마니피코는 그처럼 당당했던 풍채를 잃어버린 것에 대한 굴욕을 견딜 수 없어 한다. 수의사가 말한 대로 마니피코는 곧 다시 걸어 다니고 계단을 오르내리게 되었지만, "절뚝거리는"(hobbled, 233) 걸음걸이로는 더 이상 자신의 웅장한 풍채를 돋보일 수가 없게 된다. 오히려 과장해서 시도하다가 앞으로 곤두박질하듯 넘어지고 만다. 웅장한 풍채는 걷는데 걸리적거리고 세 발로 지탱하기에는 무게가 만만치 않은 까닭이다. 그 후 삼년 동안 마니피코는 거동이 제한된 불편한 삶을 그럭저럭 살아낸다.

루퍼스와 달리, 태어나면서부터 서술자의 보살핌을 받아 음식이나 거주지 때문에 투쟁할 필요가 없는 상황에서 자란 마니피코는 극복할 수 없는 상황에서 깜짝 놀랄만한 성격을 드러낸다. 앞다리 절단 사건 이후 마니피코는 무시당하거나, 찬사를 받지 못하는 경우, 심지어 누군가 세 발의 자신의 모습을 보고 웃음이라도 터트리게 되면, 그러한 대우를 참을 수 없어 하는 것이다(228). 무엇보다도 마니피코는 불구가 된 이후 조롱하듯 자신의 주변을 우아하게 맴돌다가 담을 훌쩍 넘어 사라져 버리는 주변의 다른 고양이들의 따돌림을 감수해야 하는 것을 힘들어한다. 마니피코는 더 이상 담장을 넘을 수도, 뒤따라 달릴 수도 없다. "멋진 고양이로군!"(243)이라고 찬탄하며 방문객이 바라보지만 마니피코는 더 이상 우아하게 일어나서 기지개를 켜고 거실을 거닐지도 않는다.

4. 나오며

『고양이들에 대하여』의 세 발의 마니피코의 노년 묘사에는 서술자의 감정이입된 목소리가 배어 있음을 묵과할 수 없다. 앞 다리를 절단당한 후 세 발로 걷기 시작하는 마니피코가 보이는 신체적, 심리적 상처를 아주 세밀하게 묘사하고 있기 때문이다. 또, 종국에 서술자는 세 발로 살아낸 마니피코의 제한된 삶을 불구자였던 아버지, 즉 제1차 세계대전에서 다리를 상실한 아버지의 험난하고 절망에 찬 삶과 동일시하고 있기도 한다(234). 절뚝이며 집안을 돌아다니는 마니피코는 레싱의『알프레드와 에밀리』에서 의족을 하고서 "아프리카 농장을 절뚝거리며(hobbled) 걸어 다녔던 아버지"(152)를 상기시킨다. 작품의 마지막 부분은 서술자와 마니피코와의 특별한 관계, 감정 이입된 관계를 제시하고 있다.

> 마니피코는 함께 조용히 앉아 있는 순간을 좋아한다. 하지만 그건 쉬운 일은 아니다. 급한 일이 있거나, 집안일이나 정원의 할 일을 생각하거나, 원고에 대해 생각하고자 하는 경우에는 마니피코 옆에 앉는 것은 좋은 생각이 아니다. 마니피코가 새끼고양이였던 오래 전에 나는 마니피코가 상대방에게서 완전한 관심을 받기를 원한다는 것을 알게 되었다. 왜냐면 마니피코는 내가 딴 생각을 하고 있다는 것을 알아챘다. 책을 읽는 것은 말할 것도 없이, 기계적으로 쓰다듬거나, 마음이 다른 곳에 가 있는 경우도 마찬가지로 금방 알아챘다. 내가 그에게 온전히 신경 쓰지 않는다는 것을 알아채자마자 그는 일어나서 다른 곳으로 걸어가 버렸다. 그래서 마니피코와 함께 시간을 보낸다는 것은 초조감이나 급박함 없이 조용히 마음을 가라앉히는 것을 의미한다. 이러한 경우, 마니피코가 고통이나 불안을 느끼지 않는 기분 좋은 상태이여야 한다. 그러면 그는 내가 그와 소통하고자 한다는 것을 자신이 알고 있다는 것을 알게 모르게 알려온다. 마니피코는 내가 그의 최상의 것을 찾아서 고양이 마니피코, 즉 고양이의 본질에 다가가고자 한다는 것을 안다. 인간과 고양이로서 우리는 함께 우리를 분리하는 경계를 초월하고자 하는 것이다. (244-45)

여기에는 서술자가 마니피코에 대해 보이는 깊은 관심이 두드러지게 제시되어 있다. 이 깊은 관심은 마니피코와 생활하고 직접 돌보면서 인간과 동물의 경계를 넘나드는 경험에서 비롯된 것일 것이다. 서술자는 자신이 그저 습관적으로 혹은 기계적으로 쓰다듬거나, 쓰다듬는 동안 다른 생각 또는 다른 일을 하는 경우에는 마니피코가 조용히 다른 곳으로 가버린다는 사실을 언급한다(195). 위에서 서술자가 다시 한 번 고백한 것처럼, 서술자와 마니피코 사이에 소통이 이뤄질 수 있는 순간도 있을 수 있는 것이다.

이와 연계해서, 고양이들을 관찰한 남아프리카의 생태학자 유진 마레(Eugene Marais)의 『흰 개미의 영혼』(*The Soul of the White Ant*)에서 톡토키(toktokkie) 딱정벌레의 의사소통에 대한 서술자의 언급은 흥미롭다. 우리 인간이 경험하는 무수한 곤충의 소리들은 특정한 의미를 지닌 그들만의 통신수단이며, 인간은 너무 둔감하여 그것을 해독할 수 없다는 것이다(172). 서술자는 고양이와 의사소통할 수 없는 것 때문에 답답해하지만, 고양이의 가르랑 소리에 집중하고 이에 세심하게 반응하려고 노력한다.

하지만, 『고양이들에 대하여』의 서술자는 마니피코의 우아함과 장엄함을 찬탄하는 와중에 그의 그러한 면모가 유지될 수 있었던 것은 불임수술을 받은 것 때문이라고 언급한다(232). 고양이에게 꼭 불임수술을 해 주어야 한다고 주장하지는 않지만, 마니피코의 불임수술 결정은 서술자가 주관했다고 고백하고 있다. 서술자는 그렇지 않은 경우 몇 달을 넘기지 못했을 것이라는 정당한 이유를 추가하며, 마니피코의 앞다리 절단수술을 결정한다(226). 또 아감벤의 벌거벗은 생명 논리에 따르면, 서술자는 회색고양이의 불임수술을 결정한 주권자이기도 하다. 수술 후 외모가 변하는 회색고양이를 보면서 자신의 결정이 실수였다는 것을 인정하지만, 모성이 결여된 회색고양이가 계속 새끼를 낳도록 방치할 수는 없었다고 타당한 변명을 제시한다(79). 그럼에도, 고양이의 자연적 생명은 인간 주권자에 의해, 즉 인간의 편의를 위해, 조절 당한다. 고양이는 생명체의 본질이 아니라 인간 주권자가 정한 경계에 의해 구별되고 배제된다. 단적으로 말해서, 『고양이들에 대하여』에서 벌거벗은 생명으로서의 고양이는 서술자가 제외하고 구별한 결과로 불임수술과 절단수술을 받게 되고, 그 잔재로 심술궂은 회색고양이, 덩치만 큰 세 발의 마니피코가 탄생한다.

고양이의 불임수술, 절단수술, 안락사 등을 결정하는 서술자의 역할에도 불구하고, 『고양이들에 대하여』에서 서술자가 이러한 벌거벗은 생명으로서의 고양이들에 대한 인간의 사고를 변화시킬 수 있는 여지를 제공한다는 점은 재고해 볼 가치가 있다. 작가 레싱은 아프리카의 한 농장과 영국 런던의 여러 장소에서 벌어지는 인간의 고양이 유기, 구타, 불임수술, 안락사 등을 자세히 보고하는 서술자의 목소리를 통해 우리 인간이 스스로 정한 경계에 의해 고양이들을 벌거벗은 생명으로 대하는 것을 고발한다고 볼 수 있다.

레싱은 크로센과의 인터뷰에서 고양이를 동물로 폄하해서 고양이를 유기하고 잔인하게 죽이는 사람들에 대한 부끄러움과 분노를 느낀다고 고백했다(Crossen). 고양이 오스카(Oscar)와 써니(Sunny)를 양육하는 애묘가로서 유센이 『고양이들에 대하여』에서 서술자가 동물병원과 112㎞ 떨어진 농장에서 고양이를 양육했다는 묘사에 대해 경악하고 고양이도 인간과 마찬가지로 존엄과 가치를 지닌 존재라고 주장한 것에 레싱은 동조한다(Eussen). 또 거세하면 상냥하고 더욱 애교스러운 고양이가 된다는 수의사의 조언에 따라 유센은 자신의 고양이 염염(Yum Yum)을 거세시킨 후 자신의 무지한 선택에 부끄러워했다는 사실을 고백하기도 했다(Ferndale).

실제, 레싱은 수의사의 조언에 따라 암에 걸린 고양이의 다리를 제거한 적이 있었는데, 그 고양이는 2년 동안 고통스럽게 살다 죽었다는 점을 언급하고 절대 그러한 수술은 하지 말기를 당부했다(Crossen). 이러한 레싱의 언급에는 고양이에 대한 인간의 취급 방식이 일방적이며, 인간의 특권적 위치를 이용해서 너무도 쉽게 고양이의 생명을 처리하는 것에 대한 슬픔과 비판이 담겨 있다. 고양이들을 알게 되고 일생을 고양이들을 지켜보며 살아온 서술자는 "인간 때문에 고양이들이 겪은 무력함에 대한 아픈 연민과 우리 모두가 저지른 것에 대한 죄의식"(215)을 고백한다. 이러한 서술자의 목소리는 바로 동물이 타자에 포함되지도 못한 채 부당하게 취급되어 온 현실을 돌아보도록 이끄는 레싱의 목소리이기도 하다.

참고문헌

아감벤, 조르조. 『호모 사케르: 주권 권력과 벌거벗은 생명』. 박진우 옮김. 서울: 새물결, 2008.

Brown, Jonathan. "Barbaric and inhumane." *Independent.* 31 July. 2013. Web.

Cockroft, Peter. "Weather History: The Big Freeze of 1963." *BBC*. 4 Sept. 2008. Web.

Crossen, Cynthia. "The Novel Laureate talks about cats, dogs and then more about cats." *online.wsj.com*. 18 Oct. 2008. Web.

Drake, Sylvia. "Doris Lessing's On Cats." *misssylviadrake.livejournal.com*. 15 July. 2012. Web.

Eussen, Julia. "Doris Lessing's "On Cats" memoir causes reflection." *Annarbor.com*. 2 July, 2010. Web.

Ferndale, Nigel. "Doris Lessing: her last Telegraph interview." *Telegraph.* 17 Nov. 2013. Web.

Frost, Laurie Adams. "Pets and Lovers: The Human-Companion Animal Bond in Contemporary Literary Prose." *Journal of Popular Culture* 25.1 (1991): 39-53.

Gardiner, Judith Kegan. "Gender, Values and Lessing's Cats." *Feminist Issues in Literary Scholarship*. Ed. Shari Benstock. Bloomington: Indiana UP, 1987. 110-23.

Lessing, Doris. *Alfred and Emily*. London: Harper Perennial, 2009.

_____. *On Cats*. London: Harper Perennial, 2008.

* 이 글은 『영어영문학 연구』 57권 1호(2015년)에 발표한 논문을 일부 수정한 것이다.

19세기에 지구 재녹화를 꿈꾸다: 메리 셸리의 『최후의 인간』 다시 읽기

임지원(서울대학교)

19세기에 지구 재녹화를 꿈꾸다: 메리 셸리의 『최후의 인간』 다시 읽기

Ⅰ. 작가 소개

메리 셸리(Mary Shelley, 1797-1851)의 가족은 모두 당대 영국에서 소위 '호불호가 갈리는' 진보적 사상가이자 유명인들이었다. 사상가이자 작가로 당대와 후대에 큰 영향을 미친 부모 아래에서 태어났다. 메리 셸리의 아버지 윌리엄 고드윈(William Godwin)은 『정치적 정의와 그것이 일반 미덕과 행복에 미치는 영향에 관한 고찰』(*An Enquiry Concerning Political Justice and Its Influence on General Virtue and Happiness*, 1793)을 집필한 이상주의적 무정부주의자이며, 어머니는 『여성의 권리 옹호』(*A Vindication of the Rights of Woman*, 1792)를 집필한 메리 울스턴크래프트(Mary Wollstonecraft)이다. 메리의 남편은 영문학에 관심이 있는 사람이라면 모를 수 없는, 요절한 낭만주의 시인 퍼시 셸리(Percy Bysshe Shelley)이다.

메리 또한 '인조인간'의 비극을 그린 『프랑켄슈타인: 현대의 프로메테우스』(*Frankenstein; or, The Modern Prometheus*, 1818)를 통해 영미권 상상력에 만만찮은 충격과 효과를 남긴 작가이다. 퍼시 비시 셸리와 함께하며 당대의 예술가, 지성인들과 교류한 유럽 체류 경험은 메리의 작품 속 상상력에도 큰 영향을 미쳤다. 세계 멸망 후『최후의 인간』(*The Last Man*, 1826)의 주인공들 역시 낭만적이면서 으스스하고 슬프면서 추억으로 가득한 유럽 여행을 하게 되는데, 이때의 묘사에서 메리의 삶의 흔적을 찾아보는 것도 흥미 있는 작업이 될 것이다. 퍼시 비시 셸리가 이탈리아 바다에서 사고로 익사한 뒤, 메리는 영국으로 귀환하여 자신의 작품을 집필하고 남편의 작품을 출품하려 노력하며 여생을 보냈다.

Ⅱ. 작품 소개

인공 생명의 탄생을 다룬 소설『프랑켄슈타인: 현대의 프로메테우스』가 메리의 데뷔작이자 대표작이라면,『최후의 인간』은 메리의 가장 특이한 작품이며 그녀의 작가로서의 성숙을 보여주는 작품이다. 이 작품은『프랑켄슈타인: 현대의 프로메테우스』와 마찬가지로 과학적인 지식을 기반으로 가상의 미래를 상상한다는 점에서 원형적인 SF 작품이기도 하다.

『최후의 인간』을 특징짓는 것은 1장과 2장~3장의 극명한 분위기, 주제, 전개 방식 차이이다. 1장과 2~3장 사이에 장르 변화가 있다고 해도 좋을 정도이다. '세계 멸망'을 다룬 소설로 생각하고 이 작품을 집어 든 사람들은 1장을 읽다가 실망할지도 모른다. 1장은 가상의 미래(책이 쓰인 시점 기준 대략 200년 후인 21세기)를 배경으로 하지만 우리가 기대하는 환상적인 묘사는 없고, 오히려 사실주의에 바탕을 둔 성장 소설이자 정치 소설에 가깝다. 1장은 고아이자 세상과 동떨어져 자라난 주인공 라이오넬(Lionel)이 퍼시 비시 셸리를 투영한 이상주의자이자 영국 마지막 왕자인 에이드리언(Adrian)과의 교류를 통해 당대 정치에 참여하게 되는 과정을 그린다. 1장은 그리스 전쟁의 참상과 바이런 경(Lord Byron)을 연상시키는 등장인물 레이몬드(Raymond)의 비극적 죽음으로, 일종의 실패를 그리며 끝난다. 2장은 세계를 휩쓰는 정체불명의 전염병 소식으로 시작되며, 작품의 남은 페이지들은 전염병의 전파를 막으려는 인류의 노력(과 그 실패)를 그린다.

당대에는 너무 어둡다는 비판을 받으며 비평적으로도 상업적으로도 성공하지 못했지만, 이 작품은 시간이 지날수록 재평가되고 있다. 코로나바이러스의 유행도 이 소설이 다시 한번 주목을 받는 계기가 되었다. 1824~1825년 사이에 집필되어 1826년 출판되었으므로 거의 정확히 200년 전에 우리의 시대를 상상한 이 작품은 지금 다시 읽는다 해도 의미가 있을 것이다. 메리의 남편 퍼시 비시 셸리와 메리의 친구 바이런 경 등 작가와 친분을 가졌던 당대의 낭만주의 시인들을 직접적으로 연상시키는 인물들이 등장하기 때문에, 이 작품은 영문학 애호가들이 각별히 더 재미를 느낄 수 있는 부분이 있을 것이다. 이 글에서는『최후의 인간』의 2장과 3장에 드러난 인구 과잉과 환경 파괴의 관계에 주목한다.

Ⅲ. 작품 연구

1. 들어가며: 지구는 누구의 것인가?

최근 『최후의 인간』은 전염병 서사로 재주목받았지만, 전염병 서사로서 『최후의 인간』은 완성도가 낮다. 전염병 증상이 일관성 없이 묘사될 뿐 아니라, 심지어 이 병이 전염성이 있다는 사실조차 서사적으로 자꾸만 망각된다. 주요 인물들은 감염자들과 두려움 없이 접촉하며, 한두 경우를 제외하고 접촉을 통해 감염되지도 않는다. 즉 『최후의 인간』 속 전염병은 그 자체로 서사적 관심의 대상이라기보다, 지구의 극적인 인구 감소를 위해 존재하는 서사적 장치로 보인다.

이 글은 『최후의 인간』을 전염병 서사나 재난 서사 대신, 인구 감소 서사이자 종말 후 재녹화 서사로 파악하면서 출발한다. 『최후의 인간』은 극적인 인구 감소의 서사이면서, 인구 감소 이후 지구에 매혹적인 새로운 비인간 생태계가 형성되는 과정에 대한 서사이기도 하다. 『최후의 인간』 속 생태계 변화의 과정은 소설의 전면에 있다기보다 간접적으로 제시되어 있고, 따라서 좀처럼 비평적 주목을 받지 못했다. 하지만 『최후의 인간』의 소설로서의 특이성과 그 생태적 의의를 이해하려면, 일종의 '그림자 서사'로서의 생태 변화 서사를 이해해야 한다. 『최후의 인간』은 인간 문명이 지구 자원을 지나치게 소모하고 있을지 모른다는 (이제 사실로 판명 난) 두려움에 형체를 부여하면서, 말서스적(Malthusian) 인구 공포 담론도 소설 속으로 끌어들인다. 『최후의 인간』은 더 이상 인간이 지배하지 않는 가상적 미래 지구의 아름다움을 상상함으로써, 인간적 이해와 생태적 '좋음'이 어떻게 화해할 수 있을지에 대한 현실적인 의문들을 제기한다.

인구수와 지구 생태계 사이의 문제적인 관계를 다루면서 『최후의 인간』은 셸리 시대의 '핫'한 논쟁에 뛰어드는 셈이기도 하다. 이 논쟁은 토마스 말서스(Thomas Malthus)와 셸리의 아버지 윌리엄 고드윈 사이의 논쟁으로, 인간 종의 완성 가능성에 대한 정치적 논쟁인 만큼이나, 인구가 계속적으로 팽창한다면 지구가 어떻게 될지에 대한 생태학적 논쟁이기도 하다. 1793년 출판된 저서 『정치적 정의 및 정치적 정의가 보편적 가치 및 행복에 미치는 영향에 대한 고찰』에서 고드윈은 지구가 인간에 의해 점차적으로 더 철저히 개발되고 점거되리라고 예상하면서, 이 미래를 낙원으로 상상한다. 고드윈은 "지구의 거주 가능한 지역의 3/4이 아직 개발되지 않았고, 이미 개발된 지역에서도 헤아릴 수 없을 정도의 개선이 가능하다", "인구 확장이 무수한 세기 동안 계속되어도 지구는 그 [인간] 거주자들의 생존을 보장하고도 남을 것이다"(Malthus 재인용, 291)라고 쓰면서, 지구를 무한 자원처럼 그린다. 지구는 고드윈에게 있어 전혀 '문제'가 아니다. 고드윈은 인구수가 아무리 늘어나고 인간의 물질적 필요가 증가해도, 이 모든 것은 지구의 생산력에 비하면 아무것도 아니리라고 한다. 지구는 풍요롭고 결코 다 소모될 수 없다. 지구에는 항상 더 많은 인간의 행복한 거주를 위한 공간이 있을 것이다.

말서스는 이 전제에 의문을 제기한다. 『인구론』(*An Essay on the Principle of Population*, 1798)에서 말서스는 지구를 훨씬 더 유한하고 취약한 시스템으로 보고, "인구수의 힘"을 훨씬 더 강력하고 잠재적으로 위협적인 것으로 본다. 말서스의 마음을 지배하는 것은 인구 과잉으로 인해 생태적으로 고갈된 지구의 비전이다. 말서스는 묻는다. "늘어나는 인구수의 끈질긴 요구를 만족시킬 음식을 어디서 찾을 수 있을 것인가? 새 땅은 어디서 나타나는가? 이미 개발된 땅을 '개선'할 물질은 어디 있는가?"(293) 말서스에게 있어 지구는 한정된 수용 능력을 가진 시스템으로, 인구수 증가에 의해 이미 한계에 몰려 있다. '늘어나는 인구수의 끈질긴 요구'의 압박과 한정된 '새 땅'의 양 사이에서 이 시스템은 결국 고갈될 것이다. 말서스에 따르면, "과충전된 인구수는 딱히 어떤 고통도 어려움도 초래하지 않을 것"(291)이라는 고드윈의 전제는 틀렸다. 말서스는 고드윈이 "지구가 더 이상 생산의 생산을 절대적으로 거절하면"(291) 무슨 일이 일어날지 충분히 고려하지 않았다고 지적한다. 말서스는 고드윈의 낙원이 생태학적 재앙일 것이며, 고드윈이 지구 시스템의 자기 재충전 능력을 위험할 정도로 고평가했고, 계속 증가 중인 인구수의 부정적 생태학적 영향력을 과소평가했다고 본다.

전쟁과 전염병, 자연 재해 등을 인구 증가를 막을 해결책으로 제시한 말서스는 여전히 논란을 몰고 다니는 사상가이지만, 그의 사상의 생태적 가치는 인정할 필요가 있다. 디안나 크리셀(Deanna Kreisel)은 "우리의 행성이 우리의 모든 개인적 투자를 필요한 만큼 무한히 되돌려줄 수 없음을"(897) 깨닫는다는 점에서 말서스의 주장이 "우리의 지속성 담론을 상당히 정확히 예기하는 원형적 지속성 담론"(896)이라고 지적한다. 한스 버그샐러(Hannes Bergthaller)와 마가리타 곤잘레스(Margarita González) 역시 "'사람이 너무 많은' 세상을 살아가는 것이 어떤 의미인지 묻는다는 점에서"(3) 말서스적 상상력이 생태적으로 의미 있다고 본다. 인구 문제를 해결하기 위한 말서스의 프로그램에 동의하지 않더라도, 말서스가 적어도 지구를 개념화하는 데 있어서 고드윈보다 진실에 근접해 있었다는 것은 이제 의문의 여지가 없다. 우리는 불행히도 말서스적 지구에 살고 있으며, 고드윈적인 오류는 인간과 비인간에게 수많은 치명적 피해를 끼쳤다. 어떤 의미에서 억제되지 않은 인구 확장의 생태적 비용을 계산에 넣지 않으려고 하는 고드윈적인 지구관 때문에 우리는 말서스적 악몽 속을 살게 된 것이다. 21세기의 생태적 현실은 고드윈적 낙원을 실제로 실현하려고 한다면 몇십 년 안에 지구가 생태적 파산 상태에 도입할 것이라는 말서스의 경고를 연상시킨다.

『최후의 인간』에서 전염병 발생 직전 주인공 등장인물들이 지구의 미래를 논하는 장면에서 셸리는 말서스와 고드윈의 논쟁을 거의 직접적으로 참조한다. 『최후의 인간』의 인구 감소 서사는 아이러니하게도 소설의 서술자인 라이오넬의 친구들이 윈저 성(Windsor Castle)에 모여, "지구는 파라다이스가 될 것"(219)이라고 예견하는 장면에서 시작한다. 라이오넬의 멘토이자 이상주의자인 에이드리언은 "이전에는 동종의 파괴에만 관심을 가졌던 … 인간의 에너지가 … 이제 인간 종의 해방과 보존을 위해 사용"(Shelley 219)되기 시작했다고 주장한다. 에이드리언은 흥분에 싸여 "인간의 거주지"(219)인 지구에 다가올 변화의 비전을 설파한다. 에이드리언과 그 친구들에게 있어 지구와 인간 종의 관계는 전혀 문제적이지 않고, 간단하다. 지구는 당연한 '인간의 거주지'일 뿐 아니라, 개발되기만을 기다리는 잠재적 낙원이다. 이때 낙원은 물론 인간을 위한 낙원이다. 지구는 인간 삶과 인간 사회를 먹여 살리기 위해 존재하고, 앞으로도 그럴 것이다. 에이드리언의 지구 미래 예측은 셸리의 진보적 아버지 고드윈의 언어를 노골적으로 반복한다. 고드윈과 에이드리언의 비전에서 지구는 모든 인간의 모든 필요를 충족시킬 수 있는, 무한하고, 결코 소모되지 않는 시스템이다. 그러므로 인간 수의 '보존'과 확장은 걱정할 거리가 아니라, 축하할 일이다.

셸리의 『최후의 인간』은 흥미롭게도 아버지 고드윈의 편을 들지 않고, 오히려 고드윈적 미래의 생태학적 지속가능성에 대한 말서스적 의심을 드러낸다. 사실상의 인류 멸종을 그리는 이후의 『최후의 인간』의 전개는 에이드리언의 인간 중심적인 생태낙관주의를 완전히 무색하게 만든다. 『최후의 인간』이 고드윈적이고 낭만주의적인 자연관에 비판적이라는 사실은 기존 비평에서도 종종 지적되었지만, 제한 없는 인구수 확장에 수반되는 괴멸적 생태학적 비용에 대한 말서스적 생태의식과 『최후의 인간』을 연관시킨 연구는 없다시피 하다. 로렌 카메론(Lauren Cameron)은 『최후의 인간』을 "말서스의 아이디어들의 함의를 탐구하는 사고 실험"(180)으로 읽지만, 동시에 말서스의 아이디어를 생태적으로 이해하지 않고 "인간 존재가 자연법칙에 종속되어 있다는 주장”(188)의 맥락에서 이해한다. 이 때문에 『최후의 인간』 사고 실험에 대한 카메론의 관찰도 생태적인 논의의 영역에 이르지 않는다. 케빈 허칭스(Kevin Hutchings)는 『최후의 인간』이 “지구적 존재의 생물학적 토대들”(234)을 외면하지 않고 다룬다는 흥미로운 관찰을 하고 셸리를 다양한 정치 시스템에 대한 유물론적 비판을 하는 작가로 읽지만, 이 유물론적 관찰의 생태학적 함의를 논하지는 않는다. 샬롯 서스맨(Charlotte Sussman)은 『최후의 인간』의 서사를 당대의 인구 불안의 맥락에서 이해하며 그 사회적·정치적 의미를 탐구하지만, 인구 불안의 생태학적인 함의에는 딱히 관심이 없다. 이 글은 『최후의 인간』에 드러난 말서스적 공포를 정당한 생태학적 공포의 한 형태로 읽음으로써, 기존 비평의 빈 부분을 보충하려고 한다.

또 하나 재미있는 점은 『최후의 인간』이 말서스의 이론을 실험하기는 하지만 소설 전체가 말서스적이지는 않다는 점이다. 말서스가 인구 과다로 악몽처럼 된 지구를 상상했다면, 셸리의 상상력은 극적으로 인구가 감소한 미래 지구를 상상한다. 실현 가능성이 극히 낮은 미래라는 점에서 사변적이고 엉뚱하기까지 한 관심이다.[1] 사상가 말서스가 인간이 지구를 채우는 올바른 방식을 도출해 내고자 했고 특히

1) 『최후의 인간』은 인류 멸망 이후에 대한 ‘현실적’ 상상이 아니고, 인류 멸망으로 모든 것이 해결되리라는 메시지는 더더욱 아니다. 방식에 따라 다르지만, 인류 문명의 종말은 실제로 찾아오더라도 『최후의 인간』에서와 달리 생태적 파멸을 수반할 가능성이 높다 (19세기보다 21세기에 더 높아진 가능성이다). 생태적 파멸을 수반하지 않는 ‘비현실적’ 인류 멸망 시나리오를 따라가는 『최후의 인간』은 가능한 미래에 대한 예언이라기보다, 하나의 서사적 사고 실험이다.

적당한 인구 크기를 유지하는 정책 수립에 관심이 있었다면, 소설가 셸리는 지구가 모든 인간 생명을 지탱해 줄 무한 자원이 아닐지도 모른다는 말서스적 의심을 공유하면서도, 말서스처럼 '현실적' 문제를 풀려고 하지는 않는다. 『최후의 인간』은 인구수가 극도로 줄어 인간이 갑자기 지구 표면에서 사라지다시피 한다면 무슨 일이 일어날지 묻는다. 『최후의 인간』의 주된 관심은 '지구가 갑자기 이 모든 인간을 먹여 살려야 하는 말서스적 짐에서 해방된다면 어떻게 될까?'이다. 『최후의 인간』이 집필된 19세기에 이 문제가 현실이 될 가능성은 특히 낮았다는 점에서, 어떻게 보면 『최후의 인간』은 거의 완전히 이론적이고 목적 없는 사고 실험인 셈이다. 하지만 이 순전히 가설적인 사고 실험은 지구라는 생태계의 억압된 생태적 가능성에 대한 진지한 고찰이기도 하다. 『최후의 인간』에서 인간이 사라진 지구는 비인간 존재들에게 있어 사실상의 생태 낙원으로 변한다. 동식물을 위한 공간이 된, 이상하고도 아름다운 지구를 그리면서, 『최후의 인간』은 현실 속 지구가 인간 문명을 위해 치르고 있는 생태적 비용을 가시화한다.

2. 꽃 피는 "사랑스러운 지구": 인류 멸망 이후의 지구에 감탄하기

『최후의 인간』은 지구 생태계의 유한성 및 인간 문명이 유한한 생태계를 이용하는 방식에 대한 논평일 뿐만 아니라, 비인간 존재의 서식 환경으로서의 지구의 가능성에 대한 충격적이고도 기대감에 찬 상상이다. 가상적 인구 감소의 과정을 따라가면서, 『최후의 인간』은 인구 감소의 과정에 수반되는 다른 생태적 변화의 과정, 즉 비인간 생태계 확장의 과정에 맞닥뜨린다. 기존 비평적 관행은 『최후의 인간』을 인간의 추락의 서사로 읽었고(이 인간은 서구적 인간일 수도 있고 근대적 인간일 수도 있고 낭만주의적 인간일 수도 있다.), 멈출 수 없는 인류 멸종이라는 서사적 장치를 통해 당대의 정치 시스템과 이데올로기를 시험하는 서사로 읽었다. 로버트 스나이더(Robert Snyder)와 리 스테렌버그(Lee Sterrenburg)의 논문은 『최후의 인간』을 인간-정치적 논평으로 읽는 전통의 출발점에 있다. 스나이더는 『최후의 인간』의 "인간 파멸"(435) 서사가 최종적으로는 "체계화된 신념의 모든 형태를 거절"(438)하고, "다양한 가설을 내세우지만, 결국에는 어느 것도 받아들일 수 없다고 깨닫는다"(438)고 쓴다. 스테렌버그는 『최후의 인간』의 서사를 "인류 종말"(326) 서사라고 보면서, 이는 곧 "다양한 개혁 및 혁명이라는 해결책들이 … 하나 같이 실패로 판명 나는"(328) 과정에 대한 "고백이자 해부학"(328)이라고 한다. 모튼 페일리(Morton Paley)와 바바라 존슨(Barbara Johnson)의 『최후의 인간』 비평 역시 이 전통에 위치시킬 수 있다. 페일리에게 있어서도 『최후의 인간』은 "인간 파멸"(115)의 서사이며, 더 구체적으로 말하면 "퍼시 비시 셸리의 시학과 정치학으로 … 대변되는 낭만주의적 윤리와의 … 절연"(111) 서사이다. 존슨은 『최후의 인간』을 "근대적이고 서구적인 인간이 애도와 해체 사이에서 고통받는 이야기"(265)라고 요약한다. 이 글에서 지적하고자 하는 것은 『최후의 인간』이 인간 추락의 서사를 '포함'하지만, 그것이 소설의 전부는 아니라는 사실이다

『최후의 인간』은 인간 파멸 서사의 배경이 되는 동시에 그 비극을 무색하게 만드는 보다 큰 서사를 담고 있다. 이 서사는 동식물에 의한 지구 재녹화의 서사이다. 이 서사는 인간 종의 서사와 나란히 진행되지만, 그 비인간적이고 낯선 성격 때문에 소설 속 인물들도 소설 밖 전문 독자들도 동식물 서사의 존재를 좀처럼 눈치 채지 못한다. 기존 비평에서 전염병 이후에 비인간 생태계가 재생하는 현상은 전염병 자체와 분리되어 개념화되지 못하고, 전염병과 막연히 한데 묶여 소설 속 '자연' 현상으로 인지된다. 기존 비평은 『최후의 인간』 속 비인간 생태계 번영 현상을 인지하더라도, 이 주제를 진지하게 파고 들지는 않는다. 카메론은 『최후의 인간』에서 "질병과 폭력, 자연재해가 인류를 병들게 하는 와중에도 비인간 생태계는 건강하고 비옥하게 지속된다"(187)는 흥미로운 관찰을 한다. 서스만 역시 셸리가 전염병의 영향으로 "인류/인간성이 파멸하는 와중에도 자연은 융성"(295)하도록 그린다고 하면서, 이 작가적 결정이 특이한 것이라고 지적한다.

스나이더는 전염병이 진행되는 동안에도 소설 속 세상의 "인간 이하의 환경은 전혀 영향을 받지 않는다"(441)고 지적한다. 하지만 이 영향 없음을 인간이 자연에게 자신의 감정을 투사하는 '감정적 허위'의 해체 맥락에서 이해하면서, 그의 관심은 인간으로 돌아간다. 스나이더에 따르면, 『최후의 인간』 속 아무렇지 않은 듯 지속되는 비인간 생태계의 모습은 모든 인간적인 것을 부정하고 인간의 최종적 실패를 확정한다. 자연은 인간적 가치를 해체하는 추상적 힘으로서만 등장하는 셈이다. 앤 멜러(Anne Mellor)는 『최후의 인간』의 자연이 "인간 생명의 보존에는 무관심한 존재로 남음에도" "지속적으로 숭고한 장엄과 미적 기쁨의 풍경들을 제공한다"(168)고 지적하면서, 『최후의 인간』의 비인간 생태계 묘사의 특이함을 지적한다. 하지만 멜러의 결론 역시 『최후의 인간』이 근본적으로 "마지막 인간의 기록"(158)이며, "모든 이데올로기와 모든 체계적 신념의 권위를 부정"하고 "활용 가능한 정치적 선택의 폭 전체에 대해 대대적으로 비평"(160)하기 위해 쓰였다는 것이다. 사실상 이 논문들에서 비인간 자연은 인간의 추상적 대립항으로서만 기능하고, 생태적 실체로 읽히지는 않는 것이다.

소설 『최후의 인간』도 마치 전적으로 인간적 관심의 서사인 양 스스로를 제시한다. 『최후의 인간』이라는 제목도 그런 약속을 할 뿐 아니라, 가상의 작가이자 서술자인 라이오넬도 스스로를 인류 역사의 마지막 증인으로 제시한다. 하지만 『최후의 인간』의 서사는 인간 중심적인 인간 서술자를 일종의 매개로 삼아, 최종적으로는 지구 재녹화의 비인간적 서사 및 지구에 대한 비인간 존재의 권리라는 개념에 접하게 된다. 인간 존재의 필요와 요구에서 자유로워진 지구의 아름다움을 상상하고 그에 감탄하면서, 『최후의 인간』은 지구를 당연하고 자연스럽게 인간의 거주지로 생각하는 습관에 의문을 제기한다. 나아가 지구에서 인간이 존재하는 의미를 재고하며, 동식물에 대한 영향력의 차원에서 재평가한다.

인구 감소의 과정이 진행되면서, 『최후의 인간』의 라이오넬은 인간 생명의 대상실 이후에도 지구가 생명으로 채워져 있다는 알 수 없는 감각에 시달리게 된다. 영국에 더 이상 인간 거주의 희망이 없다고 평가하면서도, 라이오넬이 보게 되는 것은 탈인간화된 영국이 생명의 가능성이 부재한 공간이 아니라는 사실이다. 라이오넬은 여러 가지 의미에서 휴머니스트로 정의될 수 있는 서술자이다. 소설 속 전염병이 세계로 퍼지는 동안 그의 의식적 관심은 인간 종의 생존(그리고 가능하다면 재생) 희망이 있는지 파악하는 데 쏠려 있다. 라이오넬에게 있어 땅의 가치는 그 땅이 먹이고 재울 수 있는 인간 생명의 숫자와 일치하기에, 라이오넬은 인간이 없어진 지구를 척박한 황무지이자 죽은 땅에 비유한다. 영국의 인구수가 반으로 줄어들자 라이오넬은 "영국 땅의 반이 황량해졌다"(295)라고 쓴다. 인구수가 극적으로 감소한 지구를 묘사할 때 라이오넬은 인간종의 모든 도시와 거주지가 "초토화되었고" "완전히 몰락했다"(233)고 하면서, 부재와 소모의 언어를 사용한다. 또한 라이오넬은 전염병의 피해를 서술하면서 "하나하나의 생명이 보석이었고, 하나하나의 숨 쉬는 인간 형태가 … 돌로 조각한 가장 섬세한 이미지보다 더 가치 있었다"(320)고 선언한다. 지구를 미래 인간 거주지로서의 가능성에 중점을 두고 판단하면서, 라이오넬은 사실상 생명 개념과 인간 생명 개념을 동치시키는 셈이다.

하지만 『최후의 인간』 속 지구의 물질적 현실은 황무지 비유로 다 파악되지 않는다. 소설 속 지구는 더 이상 인간의 땅이 아니게 된 다음에도 황폐하거나 죽은 것으로 보이지 않는다. 라이오넬처럼 전적으로 인간적인 관찰자도 눈치 채지 않을 수 없을 정도이다. 지구의 상태에 대한 라이오넬의 탄식은 어느샌가 '사랑스러운 지구'에 대한, 그 자신에게도 낯선 찬양이 된다.

당신의 눈에는 구름이 열리는 것이 보이지 않는가? 폭파되어 버린 지구에 쏟아져 내리는 충격적이고 위급한 파멸의 모습이 보이지 않는가? 번개가 치는 것이 보이지 않는가? 하늘이 지르는 소리에 귀가 먹먹하지 않은가? 지구가 떨면서, 고통으로 신음하며 열리는 것이 느껴지지 않는가? 대기는 비명과 통곡을 품고 있지 않은가? 모든 것이 인간의 마지막 날들을 알리고 있지 않은가? 그렇지 않았다! 우리의 파멸에는 이 어떤 것도 함께 하지 않았다. 신성한 자연의 집에서 풍겨오는 훈훈한 봄의 공기가 사랑스러운 지구에 내려앉았다. 오랫동안 부재하던 아버지를 맞기 위해 아름다운 자식들을 이끌고 자랑스럽게 나서는 젊은 어머니처럼, 지구는 깨어났다. 봉우리들이 나무를 치장했고, 꽃들이 땅을 장식했다. 계절성 수액으로 부풀어 오른 어두운 색의 가지들이 잎으로 확장되었고, 다채로운 봄의 수목이 구름 하나 없는 천공의 온화한 따스함에 기뻐하며, 바람의 숨결 속 휘어지고 노래했다. … 고통과 악은 어디에 있었던가? 평온한 공기 속에도 파도치는 바다에도 없었다. 숲속에도 비옥한 들판에도 없었고, 노래로 나무와 공명하는 새들 가운데도 없었으며, 풍요 속 햇볕을 쬐는 동물들 가운데도 없었다. (315)

'인류의 마지막 날들'이 지나가는 동안 지구는 폭파되지 않았고, 떨면서 고통으로 신음하고 있지도 않다. 라이오넬은 풍요 속 일광욕하는 동물들 사이에 어떤 고통도 악함도 없음을 본다. 지구는 놀랄 정도로, 아니 불편할 정도로 비인간 생명으로 가득 차 있으며, 아마도 인류의 지배하에 놓여 있지 않기 때문에 그렇다. 지구는 인간의 부재 속 비로소 깨어나서 자랑스럽게 문을 나선다. 『최후의 인간』의 재난 서사에는 군데군데 이런 순간들이 숨어 있다. 라이오넬은 전염병이 극적으로 인구수를 줄이는 동안에, 그리고 그 이후에 인간 종에게 무슨 일이 일어났는지 기록하려는 의도로 집필을 시작하지만, 이 과정에서 자기도 모르게 인구수 감소에 의해 촉발된 지구의 환경적 변화의 과정에 대해 증언하게 된다.

그 동안 거의 비평적 관심을 받지 못했던 한 장면에 주목해 보자. 라이오넬은 인간이 점거하지 않은 땅이라고 해서 황량하거나 생명이 부재한 공간이 아님을 이식하게 된다. 이 대목은 라이오넬이 자신의 출신 학교를 거닐며 "용감한 심장을 가진 소년들의, 젊음에 찬 회동이 대학 정문을 줄지어 지나가지 않는다"고 탄식하면서 시작한다. "바쁜 교실과 시끄러운 놀이터에 슬픈 고요만이 스몄다"는 라이오넬의 관찰은 마치 상실과 죽음에 대한 애도로 이어질 것 같지만, "내가 사랑했던 풍요로운 들판"을 낯설게 만든 변화들을 관찰하던 라이오넬은 원래 그곳에 없던 어떤 것의 존재를 눈치채게 된다. 그는 "마음대로 돌아다니는 일군의 말들, 소 떼, 그리고 양 떼"를 발견한다. 그들은 "한 곳에서는 건초 더미를 넘어뜨리고, 추위를 피해 그 가운데 둥지를 틀고 있었다. 건초 더미는 그들에게 보금자리와 먹이를 제공했다. 다른 곳에서는 빈 오두막을 차지한 채"(310)였다. 인간이 없다고 해서 들판이 빈 것은 아니다. 이제 들판은 한때 농장 가축이던 존재들이 인간의 필요라는 고삐에서 풀려나 마음대로 돌아다니고, 자신의 삶을 사는 공간이다. 지구에서 계속되는 삶에 대한 생생한 묘사는 황무지의 수사를 무색하게 만들고, '인간적 과장'처럼 느껴지게 한다.

또한 한때 인간에 의해 점거되고 인간 삶을 위해 이용되던 들판이 그곳을 새로 '차지한' 동물 삶의 터전이 된 광경을 묘사하는 라이오넬의 언어에는 불가해한 평화와 풍요의 감각이 스며 있다. 이 장면에서 라이오넬을 '슬픈 침묵'으로부터 건져내는 것은 비인간적인, 아니 거의 반인간적인 기쁨이다. 이 기쁨은 비인간 생명이 주는 기쁨이자, 지구가 인류의 지배에서 풀려나서 비로소 가능해진 기쁨이기도 하다. 최후의 인간 생존자 중 하나인 라이오넬은 이 기쁨을 다 이해하지 못하는 것으로 보인다. 당연한 일이다. 하지만 기쁨은 그냥 모른 척 치워버릴 정도로 사소하지도 않다. 라이오넬은 모든 관찰에서 의미를 도출하려고 하는 서술자이지만 이 장면에서만큼은 단지 빈 오두막을 차지한 동물들의 모습에 매료된 채 남는다.

다른 장면에서도 라이오넬은 잠시 자신의 인간/적 희망과 슬픔을 다 잊을 정도로 새로운 지구의 비인간자연의 모습에 매료된다. 인간이 떠난 숲은 황폐하지 않다. "어떤 척박함에도 아름다움을 부여할 수 있는 자연의 능력이 자기 자신의 힘을 주장하는, 어느 사랑스러운 겨울날에" 숲의 모든 곳에는 생명이 숨어 있고, 이 모습은 아름답기까지 하다. 인간 이후 지구의 생태적 '좋음'은 미학의 언어로, 즉 불가해하지만 부정할 수 없는 아름다움이라는 개념을 통해 인지되고 처리된다. 라이오넬은 비인간 생태계가 다시 장악한 숲의 사랑스러움에 매료되고 기쁨을 느낀다. 라이오넬의 눈은 "잎이 없는 나무들이 순수한 하늘에 섬유질 나뭇가지를 펼치는" 모습을 더듬고, 사슴이 숨은 풀을 찾아 눈을 파헤칠 때 눈의 하얀 색이 어떤 식으로 "태양에 의해 강렬하게 눈부시게 퍼지는지"(312) 본다.

이 사랑스러움은 인구수의 급격한 감소를 통해서만 드러날 수 있다는 점에서, 비인간적이고 반인간적인 것이기까지 하다. 나뭇가지들이 마치 "섬세한 해초"처럼 보이고 나무 둥치는 "미로의 기둥들" 같다고 하면서 라이오넬 또한 새로운 지구가 얼마나 인간에게 낯설고 인간을 밀어내는 장소인지 직감한다. 그럼에도 불구하고 라이오넬은 이 광경이 눈부시다고 느끼고, 인간인 자신에게도 "이러한 것들의 모습으로부터 기쁨을 얻지 않는 것은 불가능했다"(312)고 쓴다. 지구를 재장악하는 비인간 생태계의 모습은 섬뜩하지만 섬뜩하다고 해서 아름답지 않은 것은 아니다. 비록 그것이 수많은 인간 생명을 대가로 얻어진 것이라고 해도, 라이오넬은 비인간 존재들의 이해관계가 실현된 지구의 '좋음'을 인정하지 않을 수 없다. 이때 그는 인간 종의 이해와 일치하지 않고 때로는 극적으로 인간 이해와 갈리는 비인간 생태계의 이해가 존재한다는 것을 간접적으로나마 인지하는 셈이다 비인간 존재의 거주지가 된 지구의 풍경이 어쨌든 아름답다고 인정할 때, 우리는 지구 생태계로서의 일원으로서의 비인간 종의 권리라는 개념에 접하게 된다.

3. "전지되지 않은 포도나무"의 화려한 가지: 비인간 생태계로서의 지구의 가능성

새로 발견된 지구의 비인간적 아름다움 앞에 라이오넬은 경이에 사로잡히지만 또 한편으로 이를 거부하기 위해 몸부림친다. 이 아름다움을 인지하는 것은 곧 지구에 대한 인간의 권리를 의심한다는 뜻이기 때문이다. 『최후의 인간』 후반부는 라이오넬이 스스로의 수상하고 끔찍한 생태적 직관과 씨름하는 과정을 다룬다. 그는 자기 자신의 생태적 직관에서 도망치면서, 지구가 인간 종의 것이라는 믿음 혹은 희망을 유지하고자 한다. 비인간적 장소로서 개화 중인 영국의 숲은 목격한 직후 라이오넬은 "이제 죽은" 영국을 떠나 남쪽 나라에서 "어떤 자연적인 낙원"(312)을 찾겠다는 비현실적인 계획을 들고 나온다. 라이오넬은 남유럽 및 지중해 유역 나라들을 인류의 '원래 고향'으로 개념화하면서, 비인간화된 숲의 체험을 단순화한다. 비인간화된 숲의 아름다움은 영국이 이제 죽고 황폐화되었다는 증거일 뿐이다.

라이오넬은 영국이 이제 "죽은 세상"(328)이고 "버려진 현관과 복도"로 뒤덮인 "시체"(326)나 다름없다고 선언하지만, 라이오넬이 영국을 떠나는 과정 또한 이러한 선언을 반박하는, 비지도 죽지도 않은 땅의 묘사로 차 있다. 라이오넬의 아이들은 그들이 "성과 숲, 사슴과 새들"을 두고 떠난다고 슬퍼하면서, 인간이 없어지다시피 한 영국 땅이 여전히 사랑할 만한 것들로 가득하다는 점을 지적한다. 라이오넬은 아이들의 관찰을 "하찮은 것들에 대한 후회"로 정의하면서, 인간 생명만이 "보물이고 이와 비교하면 그것들[사슴과 새들]은 아무 것도 아니"(328)라는, 인간 중심적인 세계관을 방어한다. 하지만 라이오넬 자신 또한 떠나기 직전까지도 영국 땅이 죽지 않았다는 불편한 감각에 시달린다. "바람의 숨결이 나무들을 부드럽게 뒤흔들 때, 인간이 상쾌함을 느낄 수 없는 것은 무엇 때문인가?" "과일과 꽃과 냇물이 이곳에 있는데 그것들을 즐길 인간이 없는 것은 어째서인가?"(329)라고 라이오넬이 탄식할 때 아이러니하게도 그는 '사용 가치'를 잃어버린 영국 땅이 무의미한 황무지가 아니라는 점을 인지하는 셈이다. 라이오넬의 탄식에 스며 있는 것은 땅이 계속 좋으리라는 감각이다. 모든 인간이 떠난 후에도 꽃과 열매가 땅을 채울 것이고, 바람의 숨결은 인간 이후의 생태계에도 여전히 상쾌할 것이다.

라이오넬이 맞닥뜨리는 '남쪽'의 현실은 지구는 인간을 위한 낙원이어야만 한다는 그의 믿음/희망을 산산이 깨뜨린다. 라이오넬이 도달한 유럽 남부는 영국만큼이나 비인간적인 생태 낙원이다. 전염병이 휩쓸고 지나간 이탈리아는 인간 문명의 폐허에 식물이 자라고 동물이 노니는 곳이다. "이탈리아의 평원에서 잡초와 옥수수가 뒤섞여 자랐다"(430)는 묘사에서 압축적으로 드러나듯, 새로운 이탈리아는 파괴된 인간 문명의 흔적들이 다가올 비인간 생태계의 조짐과 뒤섞이는 곳이다. 더 이상 사람이 밤을 줍지 못하지만 대신 다람쥐가 줍는 장면에서 볼 수 있듯, 인간이 떠난 땅은 그 자리를 차지한 동식물의 생명으로 넘친다.

충격적인 인구 감소에 대해 서술하면서 라이오넬은 "아아! 이 모든 빈곤이여"라고 탄식한다. 하지만 라이오넬은 동시에 이 땅이 얼마나 "온통 풍요"인지 인식하지 않을 수 없다. 더 이상 풍요를 맛보고 착취할 인간이 없다 하더라도 지구는 풍요롭다. 인간 종의 자원으로서가 아니라 독립적 존재로서의 비인간 생태의 가치가 고통스럽게, 하지만 날카롭게 인식되는 순간이다. 이 관찰은 인간이 지구를 비웠기에 지구에 비로소 비인간 생태계가 자라고 번영할 수 있게 되었다는 아이러니한 자각이기도 하다. "전지되지 않은 포도나무가 느릅나무 주위로 화려하게 가지를 확장하며" "동물들이 새롭게 찾은 자유 속 호화로운 궁전을 거닐고, 인간의 잊힌 형상은 더 이상 두려워하지 않는" 광경은 동식물이 이전에 실현되지 않았던 가능성을 실현하고 있음을 보여준다. 라이오넬은 "목소리가 들리지 않게 된 마을들"이 진정으로 아무 소리 없는 것이 아니라, 동물들의 "타닥타닥한 발소리"(430)로 가득 차 있음을 알게 된다. 인간 이후의 지구는 비인간 존재들이 마침내 인간의 필요에 의해 방해받거나 압박받지 않고 자신의 삶을 누릴 수 있는 공간이다.

모든 인간 동료를 잃은 후 혼자가 된 라이오넬은 "죽음의 … 생각"에 시달린다. 하지만 라이오넬이 인간 생명의 상실의 무/의미와의 싸움에만 묶여 있는 것은 아니다. 이를테면 어떤 순간에 그는 "어린 새들이 쉬러 가면서 짹짹대고 나무 사이에서 부스럭대는 소리"를 듣고, "눈을 들어"(458) 변화한 지구와 직면하게 된다.

나의 생각은 죽음에 있었다. 하지만 이 소리들이 나에게 삶에 대해 이

> 야기했다. 나는 눈을 들었다. 박쥐가 공중을 회전했다. 태양은 삐죽삐죽한 산맥 너머로 가라앉은 뒤였다. 오렌지색 일몰 속 은백색으로 빛나는 창백한 초승달이 보였다. 달은 밝은 별 하나를 거느린 채 황혼의 시간을 연장시켰다. 아무도 돌보지 않는 소 떼가 그 아래 작은 골짜기를 지나 물 먹는 곳으로 향하고 있었다. 부드러운 바람의 숨결이 풀을 살랑였고, 달빛 속에 부드러운 한 덩어리로 녹은 올리브 나무들이 어두운 밤나무 잎과 대비되는 바다색 잎사귀를 뽐내고 있었다. 그렇다. 이것이 지구였다. 푸른 초목으로 덮인 지구의 넓은 땅에는 어떤 변화도 파괴도 찢어진 곳도 없었다. 인간이 지구를 장식하지도 지구에 살지도 않게 된 다음에도 지구는 낮과 밤을 반복하며 하늘을 통과해 돌고 또 돌았다. (458)

새들의 소리는 '삶에 대해' 말한다. 라이오넬은 지구가 초토화되지도 몰락하지도 않았으며, 반대로 생장하는 비인간 생명으로 가득 차 있음을 본다. 라이오넬이 경험하고 목격한 변화는 인간 종의 비극적 대멸종 그 이상이다. 이 변화를 통해 지구에 인간이 아닌 삶의 형태들에게 내어줄 공간이 생겼기 때문이다. 지구는 야생화된 소들과 부스럭대는 풀의 땅이 되었다. '이것이 지구'라는 숨이 멎는 듯한 발견의 순간은 한 인간이 이전에 본 적 없는 방식으로 지구를 보는 순간이다. 변화된 지구도 '좋다'는 감각, '인간이 지구를 장식하지도 지구에 살지도 않게 된 다음에도' 지구는 돌고 돌 것이라는 감각은 인간 종의 흥망성쇠의 역사를 어지러울 정도로 거대한 비인간 생태사의 맥락 위에 새로 위치시킨다. 지구에서의 인간 존재라는 현상 자체가 이전과 전혀 다른 차원에서 인식되는 것이다. 이런 장면들은 여전히 인구수 증가가 멈추지 않은 지구에 살고 있는 독자들에게 보여주는 것은 그들의 지구에서 억압된 생태적 가능성이다. 인간의 전유물처럼 사용되고 있는 지구 비인간 동식물의 서식지일 수 있다는 사실이다.

4. 나오며: 인간의 인간적 책임에 대하여

티모시 클락(Timothy Clark)은 "미래 인구수 예측에 대한 '낙관적' 반응이 일반적이 된 시대에 이에 숨겨진 생태적 비용"(11)을 생각할 필요성이 있다고 한다.『최후의 인간』은 이 비용을 생각하려는 시도이면서, 인구수 감소의 생태적 '효과'를 생각한다는 점에서 그중에서도 특이한 작품이다. 계속 증가하는 인구수와 비인간 생태, 유한한 생태계로서의 지구의 관계를 고통스럽게 고찰하면서도『최후의 인간』이 끝까지 답하지 않고 남겨두는 질문은 스스로의 존재 방식이 지구에 막대한 생태적 압박을 가한다는 것을 알게 된 우리가 앞으로 어떻게 살아야 하는지 하는 문제이다.『최후의 인간』은 마지막까지 답을 주지 않는다. 인간 서술자는 비인간 존재들의 실현되고 있지 않은 권리(생존권, 번영할 권리)를 인식하지만 그렇다고 해서 그가 인간적 삶의 방식에서 쉽게 빠져나올 수 있는 것은 아니다. 라이오넬은 인간적 삶과 인간적 책임마저도 모두 잊고 "저 동물 중 하나처럼"(459) 되는 유아론적 꿈을 꾼다. 그러나 소설은 그가 지구에서의 비인간 존재의 가능성 실현을 위협했고 앞으로도 위협할 수 있는 인간 종의 일원이며, 비인간 이해 실현과 같이 갈 수 없는 삶의 방식을 체화한 존재임을 결코 잊게 두지 않는다. 라이오넬은 비인간 동물이 될 수 없고, 우리는 아직 인간이 비인간 동물과 '자연스럽게' 함께 사는 법을 모른다. 라이오넬 스스로도 깨닫듯이 "인간을 망각하는" "야생의 풍경들 속"(460) 그의 자리는 없다.

하지만 『최후의 인간』의 결론은 인간의 한계에 대한 논평인 만큼이나 인간의 책임에 대한 인식이기도 하다. 인간적 이해와 생태적 '좋음'의 쉬운 재결합을 상상하기를 거부함으로써, 『최후의 인간』은 스스로의 생태적 상상력의 한계를 인지한다. 소설의 불완전한 결말이 보여주는 것은 셸리 자신을 포함하여, 셸리의 시대의 인간들이 덜 환경 파괴적이고 진정으로 대안적인 지구 살기의 방식을 고안해 낼 수 없었다는 사실이다. 이는 『최후의 인간』이 후일의 인간 독자에게 던지는 질문이며, 여전히 해결되지 못한 인류의/인간적 과제이다.

참고 문헌

Bergthaller, Hannes, and Margarita Carretero González. "Population, Ecology, and the Malthusian Imagination: An Introduction." *Ecozon@: European Journal of Literature, Culture and Environment* 9.1 (2018): 1-10.

Cameron, Lauren. "Mary Shelley's Malthusian Objections in *The Last Man*." *Nineteenth-Century Literature* 67.2 (2012): 177-203.

Clark, Timothy. "'But the real problem is⋯.': The Chameleonic Insidiousness of 'Overpopulation' in the Environmental Humanities." *Oxford Literary Review* 38.1 (2016): 7-26.

Hutchings, Kevin. "'A Dark Image in a Phantasmagoria': Pastoral Idealism, Prophecy, and Materiality in Mary Shelley's *The Last Man*." *Romanticism* 10.2 (2004): 228-44.

Johnson, Barbara "'The Last Man.'" *The Other Mary Shelley: Beyond Frankenstein*. Ed. Audrey Fish, et al. New York: Oxford UP, 1993. 258-66.

Kreisel, Deanna K. "Sustainability." *Victorian Literature and Culture* 46.3-4 (2018): 895-900.

Malthus, Thomas Robert. *An Essay on the Principle of Population*. 1798. *Project Gutenberg*. 23 July, 2019. Web.

Malthus, Thomas Robert. *An Essay on the Principle of Population: The 1803 Edition*. 1803. New Haven and London: Yale UP, 2018.

Mellor, Anne K. *Mary Shelley: Her Life, Her Fiction, Her Monsters*. London: Taylor & Francis Group, 1989.

Paley, Morton D. "*The Last Man*: Apocalypse Without Millennium." *The Other Mary Shelley: Beyond Frankenstein*. Ed. Audrey Fish, et al. New York: Oxford UP, 1993. 107-23.

Shelley, Mary. *The Last Man*. 1826. London: Oxford UP, 2008.

Snyder, Robert Lance. "Apocalypse and Indeterminacy in Mary Shelley's *The Last Man*." *Studies in Romanticism* 17.4 (1978): 435-52.

Sterrenburg, Lee. "*The Last Man*: Anatomy of Failed Revolutions." *Nineteenth-Century Fiction* 33.3 (1978): 324-47.

Sussman, Charlotte. "'Islanded in the World': Cultural Memory and Human Mobility in *The Last Man*." *PMLA* 118.2 (2003): 286-301.

* 이 글은 『문학과 환경』 21권 1호(2022년)에 발표한 논문을 일부 수정한 것이다.

녹색 유토피아: 페미니스트 유토피아 소설 『허랜드』의 생태주의적 비전과 과학기술

송은주(이화여자대학교)

녹색 유토피아:
페미니스트 유토피아 소설 『허랜드』의 생태주의적 비전과 과학기술

Ⅰ. 작가 소개

샬럿 길먼(Charlotte Perkins Gilman, 1860–1935)은 미국의 작가, 사회 개혁가, 페미니스트 사상가이다. 1860년 미국 코네티컷주 하트퍼드에서 태어났다. 어린 시절 아버지의 부재와 가난 속에서 성장했으며, 이로 인해 여성의 경제적 자립의 중요성을 일찍부터 체감하게 되었다. 1884년 화가 찰스 스텟슨(Charles Walter Stetson)과 결혼했지만, 결혼 생활은 그녀에게 심각한 정신적 고통을 안겨주었다. 특히 출산 후 겪은 산후우울증은 대표작 「누런 벽지」(“The Yellow Wallpaper,” 1892)의 소재가 되었다. 이 단편소설에서 길먼은 정신질환을 앓는 여성이 남성 중심의 의료체계와 가부장적 억압 속에서 점차 광기로 내몰리는 과정을 그렸다. 결국 길먼은 남편과 별거하고 딸을 전 남편과 그의 새 아내에게 맡긴 뒤 독립적인 삶을 시작했으며, 본격적으로 작가이자 사회 사상가로 활동하게 되었다. 길먼은 대표적인 이론서 『여성과 경제』(*Women and Economics*, 1898)에서 여성의 경제적 종속이 사회 문제의 핵심이라고 주장하며, 여성의 노동 시장 진입과 교육의 중요성을 강조했다. 그녀의 소설『허랜드』(*Herland*, 1915)는 남성 없는 여성들만의 이상 사회인 '허랜드'를 배경으로 당시 남성 중심 사회와 대비되는 새로운 사회 모델을 제시했다. 이 작품은 오늘날 에코페미니즘이나 유토피아 페미니즘의 시초 중 하나로 여겨진다.

길먼은 단순히 문학 작품을 쓰는 데 그치지 않고, 전국을 순회하며 여성 해방, 경제 개혁, 주거와 교육 개혁에 대한 강연을 진행했다. 그녀는 여성은 가정 안에서 억압받는 것이 아니라 사회 전체에 참여해야 한다고 주장했으며, 결혼과 모성의 신화를 깨는 과감한 주장을 펼쳤다. 또한, 그녀는 가사 노동의 사회화(예: 공공 식당, 공동 육아 시설 등)를 주장하며 오늘날 '돌봄의 사회화' 담론의 초석을 놓았다. 1909년부터는 자신의 잡지『선구자』(*The Forerunner*)를 창간·발행하며, 사회비판, 소설, 논평 등을 혼자 집필해 7년간 발간했다. 이 잡지는 당시로서는 매우 독립적이고 급진적인 여성 지식인의 활동 공간이었다. 1935년, 길먼은 유방암 투병 중 안락사를 선택하며 생을 마감했다. 그녀의 작품과 사상은 20세기 후반 제2차 페미니즘 운동에 큰 영향을 미쳤으며, 현대의 젠더 연구, 문학비평, 사회학, 정신의학 비판 등 다양한 분야에서 여전히 참조되고 있다.

Ⅱ. 작품 소개

『허랜드』는 1915년 『선구자』를 통해 연재된 페미니스트 유토피아 소설이다. 남성이 전혀 존재하지 않는 여성들만의 이상 사회를 배경으로 한다. 이 작품은 세 명의 미국인 남성이 탐험 중에 우연히 '허랜드'라는 고립된 땅에 도달하면서 시작된다. 허랜드는 약 2천 년 전 전쟁과 재난으로 인해 남성이 사라진 이후 여성들만으로 유지된 사회이며, 여성들이 무성생식(parthenogenesis)을 통해 아이를 낳고 키우며 문명을 이어왔다. 이 사회는 전쟁, 폭력, 경쟁이 존재하지 않으며, 질서정연하고 평화롭고, 높은 수준의 교육과 환경 관리 시스템을 갖추고 있다. 세 명의 남성 탐험가가 이곳에 들어가 겪는 문화적 충돌을 통해, 길먼은 당시 가부장제 사회의 모순을 비판하고 여성의 독립성과 공동체 중심의 삶이 만들어내는 조화롭고 지속 가능한 세계를 상상한다. 허랜드의 여성들은 과학, 건축, 농업, 교육 등 사회 전반을 능동적으로 운영하며, 그들의 삶은 개인보다는 공동체와 후손의 번영을 지향한다. 특히 길먼은 '모성'을 단순히 생물학적 특성이 아닌 사회적 책임과 윤리로 재정의하며, 아이를 낳는 것만이 아니라 올바르게 기르고 교육하는 것이 모성의 핵심임을 강조한다. 『허랜드』는 단순한 공상소설이 아니라, 당시 미국 사회의 가부장적 구조와 여성 억압에 대한 날카로운 비판이며, 동시에 여성 중심 사회에 대한 적극적인 상상이다. 『허랜드』는 젠더, 교육, 사회구조 전반을 성찰하게 하는 페미니즘 문학의 고전으로 평가받고 있다.

Ⅲ. 작품 연구

1. 들어가며

서구 문학에서 유토피아의 전통은 꽤 뿌리가 깊다. '유토피아'라는 용어 자체를 처음으로 내놓은 토마스 모어(Thomas More)의 유토피아 이전에도 그 연원을 플라톤까지 거슬러 올라갈 수 있다. 톰 모일란(Tom Moylan)은 문학적 유토피아가 심대한 변화의 시기에 내러티브 형식으로 발전했고 16세기 이래로 격동의 순간에 번성해 왔다고 말한다(3). 그러나 모어의 유토피아가 주로 중세 스콜라 철학의 영향 아래 있으며, 유토피아 건설을 위한 자연에 대한 탐구나 지식의 발전에는 관심을 보이지 않았던 반면, 하나의 장르로서 유토피아 문학의 발전은 르네상스 이후 새로운 과학의 발전과 깊은 관계가 있다. 프랜시스 베이컨(Francis Bacon)의 『뉴 아틀란티스』(*New Atlantis*, 1624)에서 구상한 가상의 사회 중심에 "모든 사물의 진정한 본성을 발견하기 위한"(11) 과학 연구 기관인 '솔로몬의 집'이 자리하고 있는 것이 대표적인 예이다. 앤드류 크리스텐슨(Andrew Christensen)은 과학과 유토피아주의는 두 영역 모두 인간 조건을 개선하고, 우주를 이해 가능하게 만들며, 질서를 제공하려 한다는 점에서 친화성이 있으며, 그런 이유에서 과학적 유토피아가 유토피아 전통에서 지배적인 장르가 되었다고 말한다. J. 데이비스(J. C. Davis)는 "과학은 이상 사회를 구축할 물질적, 기술적 기반을 제공했으며, 반대로 유토피아는 과학이 번성할 수 있는 사회를 묘사했다"(3)고 설명한다.

미국 여성 작가들의 유토피아 문학 또한 이상 사회 건설에 과학의 역할에 큰 기대를 거는 과학적 유토피아 문학의 전통을 공유한다. 미국 유토피아 문학에서 특히 주목할 만한 시기는 19세기 후반에서 20세기 초까지로, 이는 페미니스트 유토피아 문학의 경우에도 마찬가지로 해당된다. 이 시기는 많은 여성 작가들에 의하여 유토피아 문학 작품이 활발히 집필된 시기이면서, 여성운동의 측면에서 보자면 1세대 자유주의 페미니즘의 바람이 불었던 때이기도 하다. 유토피아는 언제나 다른 세계를 꿈꾸면서 현재 상태를 비판하는 역할을 한다. 그런 점에서 이 시기의 여성 유토피아 문학작품들은 1세대의 여성참정권 운동이 일으킨 사회 변화의 바람을 타고 페미니스트들이 꿈꾸었던 대안적인 새로운 사회상을 문학적으로 제시하고자 했다.

이 글에서는 19세기 후반부터 20세기 초반 시기의 작품 중 길먼의 『허랜드』를 과학적 유토피아 문학 전통의 맥락 속에서 분석함으로써 20세기 초반 페미니스트 유토피아 비전이 과학과 맺었던 관계의 의의와 한계를 고찰하고자 한다. 페미니스트 유토피아 소설은 여성의 사회적, 정치적 역할이 재구성되는 시기에 활발히 나왔는데, 『허랜드』가 나온 시기는 "여성참정권, 여덟 시간 노동, 여성의 교육 개혁, 피임을 위한 운동이 격렬하게 일어나던 시기"(Pfaelzer 282)였다. 『허랜드』는 페미니스트이자 사회 개혁 운동가로서 길먼의 이상을 허구의 형식을 통해 효과적으로 전달하고 선전하려는 목적에서 씌어졌다. 1920년 여성참정권이 허용되기 전까지, 미국 여성 작가에 의해 쓰인 유토피아 작품은 오십여 편에 달한다(Kessler 190). 키스 부커(Keith Booker)는 모어 이래로 유토피아 문학에서 성 평등에 대한 개념은 전무했으나 19세기 말부터 변화의 조짐이 보였으며,『허랜드』는 "페미니스트 유토피아 전통의 시작으로 볼 수 있다"(338)라고 말한다.

유토피아는 현실에 존재하지 않는 가상의 세계를 꿈꾸면서도 그 세계를 언제나 현재 사회의 모순과 갈등을 극복한 이상적인 대안 세계로 그리기 때문에, 필연적으로 당대의 역사적, 사회적 상황과 깊이 연관된다. 그러므로 이 작품의 분석을 통해 페미니스트 유토피아의 비전이 사회적, 역사적 맥락 속에서 어떻게 영향받고, 당대에 요구된 사회적 변화의 과제에 어떻게 대응하고자 했는가를 살펴볼 수 있을 것이다. 본 글에서『허랜드』를 분석하면서 특히 주목하고자 하는 부분은 페미니스트 유토피아가 제시하는 생태적 비전과 과학기술이 만나는 지점이다. 밸 플럼우드(Val Plumwood)는 "여성들이 자기들끼리, 자연 세계와 더불어 평화롭게 살아가는 나라에 대한 이야기는 페미니스트 유토피아의 반복되는 주제"(8-9)라고 말한다. 길먼의 소설은 공동체적이고 생태주의적인 사회를 페미니스트 유토피아로서의 대안 사회로 제시한다.

여성과 자연의 일치성을 찬양하는 에코페미니즘(Ecofeminism)은 1970년대 등장했으나, 이러한 관점은 그 이전에도 이미 어머니 자연의 신화 속에 존재해 왔던 것이다. 에코페미니즘은 여성과 자연에 대한 억압이 같은 근원에서 나왔음을 폭로하며 가부장적 과학의 폭력성과 반생태성을 비판했다는 점에서 의의가 있지만, 한편으로는 여성을 자연과 동일시하는 전통적인 젠더 관념을 강화하고 여성은 본래부터 자연 친화적이며 생태적이라는 본질주의로 빠질 위험이 있다는 비판을 받았다. 또한 인종과 계급의 문제를 충분히 고려하지 않았다는 점도 비판의 대상이 되었다. 길먼의 유토피아는 단순히 여성과 자연을 동일시하는 단순한 공식에 따르지 않으며, 과학기술을 거부하기는커녕 그들이 꿈꾸는 유토피아 세계를 현실로 만들어 줄 수 있는 가장 중요한 수단으로 적극 포용한다. 이 작품의 유토피아는 첨단 과학기술로 무장한 고도로 산업화된 사회가 아니라 전원적이고 목가적인 농촌의 모습을 한 자연 친화적이고 생태적인 유토피아이면서도, 그 세계를 목가적 아르카디아로 만드는 물적 토대는 과학기술이 제공하고 있다. 즉, 그들의 자연은 오염되지 않고 인간의 손으로 가공되지 않은 기원적이고 순수한 자연이 아니라 기술에 의하여 개선되고 문명과 혼합된 혼성적 자연이다.

『허랜드』는 유토피아 사회를 실현할 사회 제도적 변화뿐 아니라 물적 조건으로서 과학기술의 사회적 역할을 중요하게 고려한다. 유토피아와 과학 소설의 교차는 19세기 과학기술의 급속한 발전과 함께 진보한 과학기술이 현재의 사회가 당면한 여러 문제들을 해결하고 유토피아를 실현해 주리라는 낙관적 기대와 함께 일어난 경향이다. 피터 피팅(Peter Fitting)은 현대의 과학 소설과 유토피아의 교차는 과학 소설의 근본적인 특징인 미래에 대한 희망과 공포를 반영하거나 표현하고, 나아가 그러한 희망과 공포를 과학과 기술에 연결 짓는 능력으로 시작된다고 말한다(15). 그럼으로써 기술이 사회 변화를 위한 도구로서의 역할을 하게 된다. 1920년대와 1930년대까지도 미국의 펄프 잡지들의 과학 소설은 더 나은 세계를 만드는 기술의 역할에 대한 낙관적인 확신을 보여주었으나, 제2차 세계대전에서 원자폭탄의 위력을 확인한 이후로 과학 소설은 그 낙관주의를 상당 부분 잃게 된다(20). 그럼에도 불구하고, 피팅은 미국 과학 소설은 근본적으로 낙관적이라는 주장을 견지한다.

이처럼 과학기술을 유토피아와 연관 짓는 낙관적 기대는 여성 작가들의 작품에서도 발견된다. 제인 도나워스(Jane L. Donawerth)와 캐롤 콜머튼(Carol A. Colemerton)은 16세기부터 여성 유토피아 소설 작가들의 계보를 정리하면서, 19세기 들어 이 문학에 나타난 새로운 경향으로 "사회 문제에 과학적 해결책을 포함시킨다"(9)는 사실을 든다. 이 시기에 여성의 재산권, 이혼, 참정권, 직업을 확보하려는 19세기 페미니즘의 목표를 반영하여, 기술을 통한 가정 영역과 의무의 유토피아적 변화, 젠더 역할의 수정에 대한 탐색이 이루어졌다는 것이다(6-7). 19세기부터 20세기 초반까지의 미국 여성 유토피아 작가들을 연구한 진 팰저(Jean Pfaelzer)도 과학을 이상화하고 기술의 이용을 통한 여성의 평등한 지위 획득을 꿈꾸었다는 점을 주요 특징으로 든다.

『허랜드』와 같이 초기의 페미니스트 과학 소설은 과학의 진보와 이의 문학적 재현에 자신감을 갖고 낙관적 태도를 보였다(Woolmark 157). 허랜드 또한 과학기술에 의한 진보의 정점에 이른 유토피아를 그리고자 한다. 허랜드의 여성들은 남성들의 전유물로 여겨졌던 과학기술을 모성과 가사 관리 능력이라는 여성 특유의 능력으로 더 효율적으로 활용할 수 있는 것으로 전유한다. 길먼은 생식과 자녀 양육뿐 아니라 청결 유지와 자원 관리 등 환경학과 생태학, 위생학의 측면에서도 여성이 타고난 본성으로 기회만 주어진다면 탁월한 능력을 발휘할 수 있다고 주장한다. 이처럼 과학기술을 둘러싼 젠더적 권력 관계를 역전시키는 길먼의 페미니스트 비전은 그 의의를 재평가하기에 충분하다.

이러한 관점에서 길먼의 페미니즘 이론을 담은 이론서뿐 아니라 『허랜드』와 같은 소설까지 새롭게 주목받고 활발히 연구가 이루어지고 있으나, 페미니즘적 의의에도 불구하고 길먼의 우생학적 관점과 인종주의는 비판의 대상이 된다. 길먼이 주장하는 합리적 이성과 과학기술에 의한 자연과 인간 개선 프로젝트는 당대 유행했던 우생학적 기획으로 나아가며, 현대의 트랜스휴머니즘의 맥락을 잇는다. 『허랜드』는 1세대 자유주의 페미니스트들의 과학 인식을 반영하는데, 그들은 과학 지식 자체는 가치중립적이고 객관적이며, 남성들이 과학을 이용하거나 오용하는 방식에 문제가 있을 뿐이라고 보았다. 현존하는 과학 연구의 방법론적 규범에 이의를 제기하기보다는 남성이 지배하는 '나쁜 과학'만이 문제라고 인식한 것이다(와이즈먼 25-27). 1960~1970년대의 급진적 페미니즘과 에코페미니즘은 권력이 사회 구조 안에 얼마나 깊게 뿌리 내리고 있는가를 보여주면서 자유주의 페미니즘이 권력을 개인 간의 문제로 국한시켜 보았던 한계를 비판했다. 그러나 문제는 권력 구조를 지나치게 획일적으로 본 나머지 새로운 기술이 열어 놓을 수도 있었던 전복적 잠재력을 간과했으며, 여성을 수동적인 희생자로만 보았다는 점이다. 1980년대 이후로 과학이 자본주의 생산방식과 연결되어 있으며, 과학은 사회관계라는 새로운 깨달음과 함께 과학과 이데올로기의 구분이 지속될 수 없다는 인식이 대두되었다(와이즈먼 30-32).

허랜드의 근간에 깔린 생태적 세계관은 1910년대의 역사적 맥락에서 구성된 것이다. 그러므로 그 세계의 생태적 유토피아로서의 면모를 살펴볼 때, 그 시대에 생태와 자연, 여성의 관계를 둘러싸고 어떤 논의가 전개되었으며, 이 작품이 그러한 당대의 논의를 어떻게 반영하고 문학적으로 재구성하였는가를 분석할 필요가 있다. 조앤 해런(Joan Haran)은 페미니스트 과학 소설이 동시대 페미니즘의 사상적 조류를 반영할 뿐 아니라, 특히 과학과 관련하여 페미니스트 사회, 정치이론의 실험과 표현을 위한 공간을 제공하며, 모순적이고 양가적인 논쟁들을 표현하고 담을 수 있다는 점에서 과학 소설이 사회 정치 이론보다 이점이 있다고 말한다(154). 이처럼 이 작품은 당대의 사회 정치 이론을 소설 속에 끌어들이면서도 이론으로 다 해명되지 않는 현실의 모순과 애매모호성을 포함한다. 그러므로 본고에서는 이 작품이 과학기술에 관한 당대 이론과의 관련 속에서 그것이 내포한 유토피아적 가능성과 위험을 여성의 관점에서 어떻게 허구화하는가에 초점을 맞추고자 한다.

2. 녹색 유토피아로서의 허랜드

『허랜드』는 전통적인 유토피아 소설의 내러티브를 일부 따르고 있다.『허랜드』의 유토피아는 동시대의 것이지만 어딘지 모를 오지 깊숙이 위치하여 지리적으로 고립된 공간이다. 이처럼 동떨어진 유토피아 사회를 우연한 기회에 외부인이 방문하고 관찰할 기회를 가진다.『허랜드』에서는 각각 의사, 과학자, 사회학자인 세 명의 백인 남성 제프 마그레이브(Jeff Margrave), 테리 니콜슨(Terry Nicholson), 그리고 밴다이크 제닝스(Vandyke Jennings)가 오지 정글 원주민들의 말을 듣고 여자들만이 산다는 나라를 찾고자 탐험에 나선다. 이들은 계급적으로나 인종적으로나 성적으로나, 미국 사회에서 특권층에 속하는 사람들이다. 이런 인물들이 새로운 세계에서 기존에 자기들이 누려 온 사회적 지위에 따르는 특권을 박탈당하면서 거꾸로 타자의 위치에 놓이는 경험을 하게 된다.

외부인은 처음에는 이 낯선 세계의 다른 질서에 당혹하고 거부감마저 느끼지만, 차츰 그 세계를 이해하게 되면서 자신의 세계를 비판적인 눈으로 다시 보게 되고, 현실 세계의 모순을 재인식하게 된다. 제프와 테리, 밴, 세 남자는 처음에는 남성 없이 허랜드가 문명화된 사회를 건설했다는 사실을 인정하기 힘들어한다. 그러나 허랜드 여성들과 교류하고 그들로부터 교육을 받으면서 차츰 여성들의 힘만으로 미국 사회보다 오히려 더 진보한 유토피아를 건설하는 데 성공했다는 사실을 받아들이고, 그 세계의 가치관에 감화된다. 유토피아 소설의 문학적 효과 중 한 가지는 현실 세계와 다른 질서에 따라 구성되고 작동하는 다른 세계를 보여줌으로써 우리가 은연중에 당연하고 자연스러운 질서이자 진리로 받아들여 온 것들을 재고하게 만드는 일종의 브레히트적 소격효과이다. 유토피아 내러티브는 대안적 공동체의 재현을 통해 지배적 사회질서의 문제를 부정적으로 부각시키고, 사회 구성원들이 자연적이며 영원히 고정된 것으로 간주하는 질서가 역사적 발전의 산물이고 변화에 열려 있음을 보여주는 기능을 한다(Fitting 3).

20세기 초반의 허랜드는 페미니스트 유토피아로서 자연 친화적이고 생태적인 공동체의 모습을 보여준다. 허랜드는 농경 사회에 기반을 두고, 도시와 공장지대 대신 전원 풍경과 농촌 마을들로 이루어진 목가적 유토피아이다. 허랜드는 정원 국가로 묘사되며, 허랜드의 유토피아적 묘사를 완성하는 데 아름답고 풍요로운 자연이 중요한 역할을 하고 있다. 허랜드에 처음 들어간 세 남성의 눈을 통하여 묘사된 경치는 잘 가꾸어진 정원의 이미지이다. 남성들은 잘 닦여진 길과 깨끗한 거리 등 조경이 잘 된 정원 국가의 모습에 감탄한다.

산드라 길버트(Sandra M. Gilbert)와 수잔 구바(Susan Gubar)는 『허랜드』를 "단성 생식하는 여성 세계의 문화가 모계 사회의 생태적이고 윤리적인 우월성을 가지고 있음을 명백하게 극화하는 동시에 부계사회의 열등성을 보여 준다"(1147)고 높이 평가했다. 길버트와 구바의 평가는 『허랜드』를 일종의 원형적 에코페미니즘 텍스트로 보는 관점이다. 리웬 창(Liwen Chang) 또한 『허랜드』에서 녹색 가치와 생태적 균형이 강조되고 있으며, 자연과 문화가 서로를 더욱 북돋아 주는 상보적 관계에 있다고 평가한다(343). 어맨더 그레엄(Amanda Graham)은 플럼우드의 에코페미니즘 이론을 이용하여 『허랜드』를 에코페미니즘 텍스트로 읽을 수 있는 근거를 찾아낸다. 그레엄은 『허랜드』에서 모성과 환경에 대한 길먼의 관점이 생태여성주의의 윤리와 일치하고 있다고 보는데, 여성과 자연에 대한 남성의 억압을 같은 뿌리에서 나온 것으로 보고 대안적인 여성 문화를 창조함으로써 생태학적, 여성주의적 문제를 해결하고자 하는 문화적 에코페미니즘과 유사하다는 점에서 그렇다.

생태주의적 유토피아로서 이 세계의 특징은 자연 친화적인 환경뿐 아니라, 자급자족이 완벽하게 이루어지며 모든 것을 재활용한다는 점이다. 이는 공동체가 지속 가능해야 한다는 전제에서 나온다. 허랜드는 오래전 자연재해로 외부와의 통로가 끊기면서 고립되었고, 좁은 국토에서 한정된 자원으로 생존하는 길을 찾아야 했다. 허랜드에서는 사치나 낭비는 있을 수 없으며, 모든 면에서 실용성이 최고의 가치가 된다. 세 남성은 허랜드인들의 옷이 매우 기능적으로 디자인되어 있고 활동하기 편하며 쓸데없는 장식이나 치장이 없는데 감탄한다. 허랜드인들은 좁은 국토의 토양이 황폐해지는 것을 막기 위해 많은 노력을 기울였으며, 모든 음식 찌꺼기나 목재 부산물 등을 잘 처리하여 퇴비화함으로써 생태적으로 순환이 이루어지는 완벽한 재활용 체계를 만든다: "땅에서 나오는 것은 전부 다 땅으로 되돌아간다"(Everything which came from the earth went back to it, 80).

이처럼 허랜드는 전원적이고 목가적인 유토피아를 보여주고 있으나, 길먼은 과학기술을 거부하는 러다이트주의자가 아니다. 오히려 현대 과학기술의 역할과 유용성을 높이 평가하고 있으며, 이 목가적 유토피아를 유지하는 데 과학기술이 핵심적인 역할을 하고 있다. 허랜드의 물적 토대를 유지하는 데 20세기 초반 서구 과학의 성과가 반영되어 있다. 허랜드의 길은 단단한 인조 물질로 포장되었고, 유럽 최고의 도로처럼 커브, 경사, 하수구가 완벽히 갖추어져 있다(13). 세 남성은 이 정도로 관리할 수 있다면 주민들이 상당한 수준의 기술과 능력을 갖추었으리라 추측한다(14). 남성들의 묘사에서 보듯이, 허랜드의 완벽한 풍경을 구성하고 유지하는 데에는 도시공학과 건축술, 조경학, 위생학 등 여러 가지의 첨단 기술과 과학이 동원되었을 것이다. 허랜드의 '문명화된 자연'은 사실 모성 신화의 '어머니 대지'라기보다는 레오 막스(Leo Marx)의 용어를 빌면 기술의 힘으로 개량된 "중간 풍경"(middle landscape)의 이상적인 모습이다.

『허랜드』의 이러한 자연관은 19세기 말부터 20세기 초까지 당대 생태학의 주류를 차지했던 인간중심적 자연보존주의를 반영한다. 20세기 초반의 생태학은 생태철학 쪽으로 발전한 현재의 조류와는 상당한 차이가 있다. 생태학이 처음으로 학문 분과로서의 모습을 갖추기 시작한 것은 1880년대 말경이다. 19세기부터 영국 낭만주의 시인들이나 길버트 화이트(Gilbert White)의 작품에서 보이는 목가주의적 생태학과, 칼 린네(Carl von Linné)로부터 발전한 '자연의 경제' 개념을 내세워 자연의 효율적 이용과 관리를 정당화한 자연보존주의적 생태학의 두 가지 다른 견해가 존재했다.

허랜드의 자연은 이러한 당대의 보존주의적 생태학을 반영하여 완벽하게 관리된 모습을 보여준다. 허랜드에 들어간 남성들은 숲에 죽은 가지 하나조차 없을 만큼 말끔히 정리된 모습에 놀라워한다: “문명 얘기를 하자면 … 이렇게 잘 다듬어진 숲은 독일에서도 본 적이 없어. 봐, 죽은 가지 하나 없어–포도 덩굴도 가지런히 해 놓았어!” 제프는 허랜드의 숲을 그냥 숲이 아니라 “시판용 청과물 농장(truck farm)”(13)이라고 표현한다. 이처럼 허랜드의 자연은 어느 하나 인간의 손길이 닿지 않은 것이 없으며, 세세한 부분까지 모두 인간의 필요에 따라 가공된 자연이다. 크리스틴 이건(Kristen Egan)은 허랜드인들의 환경은 녹색 도시 계획의 모델이며, 이들의 환경주의적 방식은 자연에 대한 사랑보다는 문명을 유지하려는 욕구에서 나온 것이라고 말한다(80). 허랜드에서 과학과 기술은 목가적인 세계를 위협하는 잠재적 위험 요소라기보다는 이러한 세계의 실현 가능성을 높여주는 효과적인 수단으로 기능한다. 자연 환경과 자원을 효율적으로 관리하는 데 목적을 두는 보존주의적 생태학은 가정을 관리하고 경영하는 여성의 능력을 공적으로 발휘할 통로 역할을 할 수 있다는 점에서, 페미니스트로서 길먼의 의제에도 부합한다.

3. 페미니스트 유토피아와 트랜스휴머니즘

『허랜드』에서 자연은 문명에 의하여 더럽혀지지 않은 순수함을 담지하는 기원적 장소라기보다는, 문명과 뒤섞이고 과학기술에 의하여 변형되며, 문명과 공존하는 자연으로 묘사되고 있다. 특히 자원으로써 자연의 효율적인 이용을 꾀하는 데에서 더 나아가 자연을 과학기술로 효율적으로 관리하며 조작하려 한다. 허랜드에서 처음 세 남성과 마주쳤던 세 여성들 중 한 명인 엘라도어(Ellador)가 산림원으로서 산림을 관리하는 방식은 보존주의 생태학의 전형을 보여준다. 엘라도어는 어린 시절 나무에 해를 입히는 나방을 발견하여 선생님에게 칭찬을 받고 산림원이 되기로 결심한다. 선생님은 엘라도어에게 허랜드 사람들이 그 나방을 멸종시키기 위하여 많은 노력을 기울여 왔으며, 엘라도어가 발견하지 못했더라면 다시 해충이 퍼져서 유실수가 큰 피해를 입게 되었을 것이라며 칭찬해 준다. 이 일화에서처럼, 허랜드의 숲에서 인간의 경제적 필요에 부합하지 않는 요소들은 모두 주도면밀한 계획 아래 제거되거나 개량된다.

허랜드인들은 너무 많은 자원과 토지를 차지하는 가축과 해충, 위험한 포식동물들을 모두 멸종시켰을 뿐 아니라, 단위당 생산성이 떨어지는 모든 가축을 없애고 애완동물도 고양이만을 남겨 놓았는데, 그마저도 울지 않도록 품종개량을 했다. 숲속의 새들마저 길들여져 야생성을 잃고 문명화된 듯하다(16).

> 이 버뱅크 부인들이 고양이를 어떻게 했는지 아는가? 아주 오랜 기간에 걸친 주의깊은 선택과 배제를 통하여 그들은 울지 않는 고양이 종을 개발해 냈다! 그건 사실이다. 이 불쌍한 벙어리 짐승들이 할 수 있는 일은 배가 고프거나 문을 열고 싶을 때 끽끽 소리를 내는 것 정도에 불과하다. 물론 가르랑거리기도 하고 어미 고양이들은 새끼 고양

이에게 소리를 낸다. (51)

이처럼 유토피아 건설에 과학기술을 적극 활용하는 모습은 긍정적으로 평가하자면 자연과 문명의 이분법을 뛰어넘고, 자연과 여성을 등치 시키는 에코페미니즘의 본질주의에서 탈피한다는 점에서 혁신적이다. 이 작품은 과학 기술의 개입을 통한 자연의 개선과 인간 향상(human enhancement)을 지지하는 현대의 트랜스휴머니즘의 관점을 앞서 보여준다고 할 수 있다.

유토피아로서 허랜드의 물적 토대를 제공하는 핵심 요소가 과학기술이라는 사실은 과학기술을 통하여 인간의 삶을 개선하고 자연이 인간에게 부과한 물리적 한계를 초월하고자 하는 트랜스휴머니즘의 오랜 유토피아적 비전과 맥을 같이 한다. 근대과학은 이성과 합리주의의 힘으로 인간의 내적, 외적 조건을 개선하고 무한한 진보를 가져올 수 있다는 신념을 바탕에 두고 있다. 이러한 현실의 한계를 초월한 삶에 대한 욕망은 고대의 신화로부터 오랫동안 내려오다가 근대 이후 이성, 과학, 진보의 이름으로, 그리고 계몽과 휴머니즘의 정신으로 비약적인 발전을 거듭해 나가면서 최근에 와서는 트랜스휴머니즘에서 현실화 될 가능성을 맞이했다. 닉 보스트롬(Nick Borstrom)은 트랜스휴머니즘을 "실행 가능한 근거에 입각하여, 특히 노화를 방지하고 인간의 지적 신체적 심리적 능력들을 크게 향상시키기 위해, 광범위하게 활용할 수 있는 기술들을 개발하고 만들어냄으로써 인간의 조건을 근본적으로 개선하는 일이 가능하고 또한 바람직하다고 확신하는 지적 문화적 운동"(4)으로 정의한다. 트랜스휴머니즘은 인간 향상과 진보를 위해 기술과 과학을 활용하는 것을 당연히 따라야 할 도덕적 당위성을 지닌 정언명령으로 본다.

트랜스휴머니즘이라는 용어는 줄리언 헉슬리(Julian Huxley)가 1927년 처음으로 사용했으며, 그의 가까운 친구였던 존 홀데인(John Burden Sanderson Holdane)과 존 버널(John Desmond Vernal)은 1920년대에 지금의 트랜스휴머니즘의 특징이라 할 만한 관점들을 옹호했다. 인간 종의 끊임없는 진보적 진화에 대한 믿음, 인간 조건의 개선을 위한, 그 당시에는 우생학으로 알려진 유전공학에 대한 옹호, 진실의 중재자로 과학의 종교 대체, 인간 개입으로 인지능력 확장, 완벽한 미래를 만들어낼 과학과 기술의 능력에 대한 끝없는 믿음이 그것이었다(More 29). 그러나 인류의 개선을 위한 이 야심찬 프로그램은 나치의 우생학 이용과 제2차 세계대전으로 가로막혔고 1920년대의 우생학 운동은 종막을 고했다(More 30). 현대에 와서 트랜스휴머니스트들은 자녀의 형질을 부모가 선택할 권리를 인정해야 한다는 일종의 자유주의 우생학을 지지하고 있다.[1]

1) 트랜스휴머니스트들 간에도 약간의 차이는 있어서, 현재 시장 자유주의적 관점의 휴머니티 플러스와 IEET(Institute Ethics & Emerging Technologies)로 크게 두 가지 흐름으로 진행되고 있다. 엑스트로피 연구소(Extropy Institute)를 설립한 막스 모어(Max More)나 FM-2030(페레이돈 에스판디어리: Fereidoun M. Esfandiary)와 같은 1970년대부터 1990년대까지 주로 활동한 2세대 트랜스휴머니스트들은 이성과 과학의 힘에 과도한 신뢰를 보이는 개인주의적 자유주의와 무정부적 시장 중심 자본주의의 특징을 보인다. 이들은 과학기술의 발전이 내포하거나 야기할 수 있는 문제들에 대해 너무 순진한 태도를 보인다는 비판을 받았다(신상규 116). 반면 1998년

허랜드의 유토피아 기획은 인종주의 이데올로기와 결합하여 유사 과학이 아닌 진짜 과학으로 위력을 떨치던 20세기 초반의 우생학에 기대고 있다. 허랜드의 세계는 교육을 통한 진보와 성장을 절대적으로 신뢰하고 이를 최대 신조로 삼는다는 점에서 홀데인과 버널의 이상을 상당 부분 공유하고 있다. 외부 세계인 자연을 인간에게 유익하도록 완벽하게 통제하고자 하는 욕망은 궁극적으로는 인간 종을 더 높은 단계로 끌어올리고자 하는 의식적인 진화를 향해 나아간다. 허랜드에서는 전문가의 교육과 관리를 통해 "최상의 인간을 만들어내는 것"(61)이 가장 중요한 국가적 과제가 되며, 양육의 궁극적인 목표는 "위대한 인종의 건설"(95)이다. 허랜드의 여성들이 모두 아리아인의 혈통을 가지고 있으며, 한 어머니로부터 단성생식으로 자손이 번성해 왔으므로 다른 민족이나 인종의 피가 혼합될 위험이 없다.

또 허랜드에서는 모든 여성이 평생 한 명만의 아이를 낳도록 엄격한 산아제한을 실시하며, 어머니가 되기에 적합지 않은 자질을 가진 여성의 경우에는 아이를 갖지 않도록 설득하여 단념시킨다. 열등한 유전자를 자연 도태시킴으로써 전체 종의 개량을 꾀하는 소극적 우생학을 도입한 식인데, 이러한 결정이 어떤 기준으로, 누구에 의하여 내려지는지에 대해서는 설명이 없다. 애매모호하게 '사회 전체의 합의'에

설립된 세계 트랜스휴머니스트 협회는 자유주의에 경도되지 않고 다양한 정치적 스펙트럼을 포괄하려 하며, 새로운 기술이 재앙을 초래할 가능성을 인정하고 시장 원칙이 아닌 공공 정책을 통한 조정과 개입의 필요성을 인정한다(신상규 117). 그렇지만 계몽에 입각한 근대 휴머니즘을 계승하며, '진보'에 대한 계몽주의의 기획을 수용하고 있다는 점에서는 동일하다.

따라 열성 유전자를 가진 사람조차 대부분 설득되고 동의하는 것으로 처리된다. 한 예로 허랜드의 여성들은 섹슈얼리티를 결여한 존재들로 그려지는데, 성적 욕망이 있는 여성의 경우 어머니가 되기에 부적격자로 간주된다. 열등한 종의 도태를 결정하거나, 부적격자로 판정된 여성이 전체의 결정에 반하여 아이를 낳는 개인의 권리를 행사한 경우 나라가 아이를 어머니로부터 빼앗아 가서 대신 양육한다는 허랜드의 방식은 우생학이 대중적으로 엄청난 지지를 받으며 정책 결정에까지 영향을 미쳤던 당대의 상황을 반영한다. 당시 유전적으로 결함 있는 사회 구성원의 재생산 예방을 목표로 하는 찰스 대븐포트(Charles Davenport)의 소극적 우생학 연구가 큰 영향을 끼쳐 1920년대에는 강제적 불임 조치가 법제화되기에 이르렀다(Cuddy 12-14).

미셸 푸코(Michel Foucault)는 근대로 넘어오면서 생사 여탈권으로 특징 지어졌던 군주의 권력이 생명권력으로 변형되었고, 생명에 대한 권력의 조직화는 육체의 규율과 인구의 조절이라는 두 극을 중심으로 전개되었다고 주장한다(150). 푸코는 생명권력의 작동에서 법이 규범처럼 작동하고 사법 제도가 특히 조절 기능을 갖는 기관(의료, 행정 등)의 연속체에 갈수록 통합되는 경향을 보인다고 말한다(156). 생명권력이 거의 완벽하게 개인을 통제하고 지배하는 허랜드에서는 사법체계가 더 이상의 필요성을 잃고 의료체계로 대치된다. 그들은 애초에 출생 단계에서 결함 있는 유전자를 걸러 냄으로써 범죄자가 나올 가능성을 최소화하며, 범죄자가 나올 경우 이를 처벌하기보다는 '치료해야 할 대상'으로 본다. 허랜드에서는 여성이 "인간의 창조자"(the maker of human, 184)로서 출산에서의 선택을 통해 이러한 생명권력을 손에 쥐고 실행하는 주체가 된다.

대나 세틀러(Dana Seitler)는 길먼이 우생학 이론을 통하여 사회적 신체와의 관계에서 젠더와 권력의 다른 배치를 상상하는데, 이로써 푸코가 '통치성'(governmentality)이라고 부른 것, 섹슈얼리티와의 관계에서 사회적 책임의 시스템에 백인 여성이 동화되는 내러티브가 구성된다고 본다(69). '통치성'이란 삶·생명에 관한 통계학적 계산을 통해 인간들을 '인구' 단위로 관리하는 동시에 이들의 행위와 품행에 개입해 '개인' 단위로도 관리하는 형태의 권력을 말한다(파스퀴노 32). 그의 비판은 길먼이 우생학 이데올로기를 페미니스트가 사회를 구원하고 재생하는 근원으로 재현함으로써 페미니즘의 언어를 인종화하는 오류를 범했다는 것이다(66).[2] 허랜드에서 여성은 주체의 위치를 획득했으나, 이는 남성 대신 생명을 통제하는 배제와 차별의 권력을 행사함으로써 가능하게 된 것이다. 그런 점에서 허랜드의 유토피아적 비전이 단지 가부장제의 "불만족스러운 거울"(discontented mirror, 2)을 보여주는 데 그쳤다는 토마스 페이저(Thomas Peyser)의 비판은 적절한 지적이다.

2) 길먼은 1927년『북아메리카 리뷰』(*North American Review*)에 쓴 기사에서 "많은 인종"의 출생률은 "순전히 경제적이고 정치적인 필요성"을 위해 규제되어야만 한다고 주장했으며, 1908년『미국 사회학 저널』(*American Journal of Sociology*)에 기고한「흑인 문제에 대한 제언」("A Suggestion on the Negro Problem")에서는 아프리카계 미국인들의 현재 상태가 우리에게 사회적으로 해로우므로 강제적으로 전체 인구에서 제거해야 한다고 주장했다(Seitler 68 재인용).

이처럼 과학과 이성에 의한 진보를 강조함으로써 개인에 대한 통치성이 강화될 위험은 트랜스휴머니즘이 비판받는 문제 가운데 하나이다. 보스트롬은 '트랜스휴머니즘이 다양성을 해칠 것인가?'라는 질문에 각자의 취향에 따라 능력을 발전시킨다면 인간 종의 개선이 동질화로 이어지는 것은 막을 수 있으리라 예견한다. 그러나 모두가 고르게 좋은 두뇌, 외모, 인성을 갖출 수 있도록 인류를 진화시킴으로써 동질화되는 것은 『허랜드』에서도 사실상 피할 수 없는 결과이다. 또한 트랜스휴머니즘은 우생학과 달리 개인의 자율적인 결정에 의한 인간 향상을 지지하지만, 실상 개인의 정체성은 독립적이며 개별적인 것이기보다는 타인과의 관계맺음 속에서 존재하고 영향을 주고받는 상호주체성이다. 유전자를 개선하고자 하는 나의 결정은 후손의 미래에도 영향을 미치게 되며, 이 결정이 타인의 미래를 규정짓고 제한을 가할 위험이 생기게 된다.

존 맥그레거(Joan L. Mcgregor)는 유전자를 향상시킴으로써 개인의 능력과 기회를 확대해 주려는 선의에서 비롯된 것이라 해도 부모의 인간 향상 시도가 자식의 미래를 규정짓는다는 점에서 '열린 미래'의 가능성을 부정하고 제한한다고 비판한다. 또한 장애 이론가(disability theorist)들의 입장을 빌어 트랜스휴머니스트들이 뭐라고 차별성을 주장하건 장애인으로서의 삶은 살 가치가 없으며 '좋은 부모'라면 마땅히 자식들을 위해 '올바른 선택'을 해야 한다는 점을 분명히 한다는 점에서 결국 과거의 우생학과 그다지 다르지 않다고 말한다(411). 허랜드에서 아이를 낳을 자격이 없는 여성에 성적 욕망이 있는 여성도 포함되었음을 생각한다면, 인간 향상을 위한 '올바른 선택'의 기준이 무엇인가를 결정하는 문제는 치열한 사회적, 정치적 논쟁의 장이 될 수밖에 없다. 인간 향상 프로세스를 실행하는 데 가치판단이 개입될 수밖에 없다는 점은 결국 과학이 모든 인간을 이롭게 할 진보의 필요성을 도덕적 당위로 내세운다 해도 그 자체로 윤리가 될 수는 없음을 뜻한다. 이처럼 『허랜드』는 트랜스휴머니즘에 뿌리를 둔 휴머니즘적 신념으로 완벽한 미래를 향한 일직선적 진보의 이상을 설파하며 그러한 진보가 실현된 완벽한 세계로서 허랜드를 제시한다.

길먼은 레스터 워드(Lester Ward)의 사회철학에서 깊은 영향을 받아 인간의 지적 진화를 믿었으며, 여성이 출산과 양육의 주체로서 그러한 의지적 진화를 추동하고 국가의 진보를 이끄는 역할을 담당해야 한다고 보았다. 『허랜드』는 바로 그러한 여성의 주도로 인류 진화의 정점에 다다른 완벽한 세계를 그린다. 허랜드는 진화의 정점에 이르러 모든 갈등과 반목이 해결된 평화롭고 완벽한, 정적인 유토피아로 묘사된다. 국민들은 모두 거의 비슷하게 우수한 지성과 훌륭한 성품을 갖춘 완벽한 개인이 되었고, 사회 전체에 어떤 결핍도, 오염도, 위험도 없다. 테리는 허랜드인들을 "하나의 여왕벌에서 나온 벌이나 개미들과 다를 바 없는 존재," "집단으로만 존재하고 개인은 없는 여성들"(80)이라고 비난하고, 허랜드를 "영원히 계속되는 주일학교"(99)라고 불평을 늘어놓으며 허랜드의 평화롭고 목가적인 삶에 불만스러워한다. 허랜드는 과학과 이성의 힘으로 구축된 가난도, 질병도 없는 완벽한 유토피아적 세계이다.

> 개척의 세월은 이제 다 지나갔다. 그들의 문명은 초기의 어려움을 오래 전에 다 극복했다. 안정된 평화로움, 변함없는 건강, 크나큰 선의, 모든 것을 질서있게 유지하는 매끄러운 관리, 극복해야 할 것은 아무것도 남지 않았다. 그곳은 오래되고 잘 확립된, 완벽하게 운영되는 시골의 즐거운 가족과 같았다. (99-100)

허랜드는 어둠이 없고 빛만이 존재하는 곳, 인생의 그 어떤 어두운 면이나 비극도 없는 곳이다. 안락하고 평화롭지만, 더 이상의 변화나 발전의 가능성도 없다. 허랜드의 이러한 정적인 모습은 알레사 존스(Alessa Johns)가 페미니스트 유토피아의 특징 중 하나로 든 과정 지향적 유토피아주의(process-oriented utopianism)와 배치되며(174), 오히려 페미니스트들이 비판하는 모어 식의 정적인 완벽함을 지닌 유토피아, 너무나 이상적이어서 더 이상 나아갈 데가 없고, 완벽한 질서를 유지하기 위해 엄격한 위계질서에 의존하며 강제력을 이용하는 사회들에 더 가깝다. 완벽하고 이상적인 진화의 최종 상태로서의 유토피아를 유지하기 위하여 외부와의 접촉을 차단하고 통제와 관리를 강조하는 허랜드의 모습은 역설적으로 개인이 전체의 이익을 위해 개성을 잃고 종속되는 디스토피아의 그림자를 띠게 된다.

허랜드는 이성과 과학에 의한 인류의 진보를 확신하고 지지한다는 점에서 트랜스휴머니즘의 이상을 페미니즘의 관점에서 전유하고자 했다고 볼 수 있다. 20세기 초반에 과학에 대한 이와 같은 적극적인 태도는 길먼이 주장한 여성의 경제적 자립과 더불어 성 평등을 위한 물적 조건을 마련하고자 했다는 점에서 의의가 있다. 그러나 한편으로 길먼의 자유주의 페미니즘은 이성과 과학에 의한 진보와 이상의 실현을 개인적 선택의 문제로 돌림으로써 현실에서는 그러한 이상이 젠더, 인종, 계급에 따라 다른 양상으로 나타날 수 있다는 점을 간과하는 트랜스휴머니즘의 한계를 공유하고 있다.『허랜드』는 국가 차원에서 정책적으로 인종 개량을 시행한다는 점에서 개인의 자유로운 선택을 중시하는 트랜스휴머니즘보다도 우생학에 경도된 한계가 나타난다.

타자로 주체성을 확산하고, 지배보다는 상호주체성에 근거한 관계를 맺는 것이 페미니스트 사상과 생태주의적 사상이 겹쳐지는 핵심 지점이라는 수잔 스트래튼(Susan Stratton)의 말을 고려한다면, 허랜드에서 타자에 대한 개방과 포용으로 주체의 경계를 넘어 타자와의 상호관계 속에서 상호주체성을 구성하려는 노력이 결여되어 있다는 점은 백인 여성으로서 길먼의 페미니즘의 한계를 보여주는 부분이다. 타자와의 관계맺음은 타자에 대한 책임 또한 받아들인다는 의미이다.『허랜드』의 이방인 방문자이자 허랜드를 관찰하고 기록하는 사회학자 밴은 허랜드 사회의 우수성과 진보에 감화되지만, 그는 결국 떠나야 할 방문객일 뿐이며 그 사회에 변화를 일으키거나 관여하지 못한다. 허랜드는 세 남성과의 만남을 통해 나라를 개방하고 다른 나라들과 교류를 시작할지 논의하지만, 결국 외부인들을 미국으로 되돌려 보내고 고립 상태를 유지하기로 결정한다. 허랜드는 인종적 동일성과 혈통의 순수성을 유지하기 위하여 외부로부터 어떠한 오염이나 침범도 허용하지 않고 경계를 관리하며 폐쇄된 세계로 유지된다. 이는 20

세기 초반 미국 사회에 만연했던 인종 혼합과 피의 오염, 그로 인한 열등화에 대한 길먼의 공포를 반영한다고 할 수 있다.

허랜드에는 남성이 아예 없기 때문에 남성의 '나쁜 과학'과의 대립이 그려지기보다는 여성의 손에서 공동체 전체의 복지를 위하여 과학이 선용되는 양상만 묘사된다. 『허랜드』는 아리안 인종만으로 이루어진 국가를 제시함으로써 유토피아에서 인종의 문제를 처음부터 배제하고, 열등한 유전자를 가진 여성은 교화하고 단종시킴으로써 불평등의 문제를 해소하고 유토피아를 성취할 수 있다고 보는 것이다. 샌드라 하딩(Sandra Harding)은 여성의 경험이 남성들의 성적 고정관념의 허위성을 밝혀낼 유리한 지점이 될 수 있으리라는 페미니스트 본질론을 경계해야 한다고 지적한 바 있다(451). 하딩은 주변인인 여성들의 삶의 관점과 타자들(제3세계 여성들, 레즈비언들 등)의 위치가 덜 왜곡된 지식을 산출할 수 있는 장소가 된다고 본다(452). 그러므로 타자의 삶의 관점에서 연구를 시작함으로써 체계적으로 지배당하고 착취당하는 자들을 위한 과학 지식을 생산하려는 노력이 필요하다는 것이다. 이는 다시 말하면 지식을 생산하는 주체로서의 위치를 절대화하고 싶은 욕망에 저항해야 하며, 여성이라 할지라도 끊임없이 자신을 소수화하려는 노력이 필요함을 의미한다. 하딩의 지식 생산에서 이러한 위치성에 대한 강조는 과학과 지식을 여성이 활용함으로써 효율성을 높이고 인류의 진보를 촉진할 수 있다는 길먼의 믿음에 내포된 위험성을 지적한다.

4. 나오며

길먼의 유토피아는 생태주의적 특성과 과학기술에 대한 낙관적 기대를 보여주고 있으나, 『허랜드』가 집필된 시기의 1세대 자유주의 페미니즘의 과학기술에 대한 인식을 반영하고 있다. 『허랜드』의 합리적 이성과 과학기술에 의한 자연과 인간의 개선은 당대 유행했던 우생학적 기획으로 나아가며, 현대의 트랜스휴머니즘의 맥락 속에 있다. 과학기술이 가져올 진보에 대한 믿음과, 우생학적 기획에서 드러나는 인종주의의 문제는 페미니스트로서 길먼에 대한 평가를 복잡하게 만드는 지점이다. 애그네스 말리노브스카(Agnes Maliwaska)는 길먼의 진화론적 페미니즘이 모든 자연의 정글을 허랜드의 정원으로 변화시키려는 기술관료적 담론에 의존한다고 비판한다. 길먼의 글에 나타난 효율성, 진화론, 페미니즘 담론 간의 연결은 인간뿐 아니라 동물과 식물의 삶까지 정치적으로 규제하는 생명정치적 기능을 공유하며, 특히 그녀의 자연주의적 페미니즘은 비인간을 무엇보다도 자원으로 다루는 기술관료적 정치로 나아간다는 것이다. 페이저는 "허랜드는 인간 조건을 최적화하도록 완벽히 설계된 미래 세계의 합리적 계획에 의존하는 서구 현대성의 가장 암울한 전체주의적 프로젝트와 유사하다" (88)라고 말한다. 크리스텐슨의 비판은 이보다도 더 나아가서, 길먼을 생태여성주의의 선구자나 과학 비판적 여성주의자로 해석하려는 시도는 근거가 없으며 불필요하기까지 하다고 주장한다. 그는 오히려, 허랜드를 베이컨식 과학적 유토피아의 연장선상에서 바라보면서, 기술적 디스토피아로의 전환을 암시하는 작품으로 읽는 것이 더 적절하다고 본다.

길먼에 대한 이러한 비판들은 20세기 초반이라는 당시의 역사적 맥락을 고려하지 않은 과도한 비판으로 보일 수도 있다. 이러한 비판에 맞서 허랜드의 여성들이 이루어낸 과학적 발전은 분명한 페미니즘적 선언으로, 길먼은 이를 통해 그녀의 시대뿐만 아니라 유토피아 전통에서도 명시적으로 드러났던 오랜 성별 고정관념을 효과적으로 반박한다는 옹호론이 존재한다. 힐러리 로즈(Hilary Rose)는 허랜드의 줄거리가 길먼에게 "남성 중심적 과학적 합리성을 조롱할 수 있는 기회를 제공한다"(7)라고 지적한다. 도나워스는 이 소설에서 "유전학이 전통적으로 남성적인 사냥, 경쟁, 개인주의적 가치에 의해 적용되는 것이 아니라, 양육과 더 넓게는 누구도 해를 입지 않는 환경을 조성하는 것과 같은 전통적으로 여성적인 가치에 의해 적용된다"(72)라고 긍정적인 평가를 내린다. 이처럼 과학에 대한 오랜 성별화된 고정관념에 허구의 서사를 통해 도전한 길먼의 시도는 평가되어야 할 것이다. 그러나 정화에 대한 인종주의적 강박과 비인간 자연에 대한 생명정치적 통제는 지금까지도 환경과 비인간에 대한 미국적 사고와 태도의 주요한 축을 이루며 현실의 문화와 정치 속에서 작동하고 있다는 점에서 비판적 성찰이 필요하다.

참고문헌

김경옥. 「아나키에서 희망의 여행으로: 『빼앗긴 자들』에 나타난 어슐러 르귄의 휴머니즘」. 『영어영문학 연구』 57.2 (2015): 69-89.

김덕규. 「아동문학에 나타난 환경 디스토피아」. 『영어영문학 연구』 53.3 (2011): 65-84.

고든, 콜린, 그래엄 버첼, 피터 밀러. 『푸코 효과』(*The Foucualt Effect*). 이승철 외 옮김. 서울: 난장, 2014.

신상규. 『호모 사피엔스의 미래』. 서울: 아카넷, 2014.

와이즈먼, 주디. 『테크노페미니즘』(*Technofeminism*). 박진희, 이현숙 옮김. 서울: 궁리, 2009.

푸코, 미셸. 『성의 역사 1』(*Histoire de la Sexualite*). 이규현 옮김. 서울: 나남, 2010.

하딩, 샌드라. 『누구의 과학이며 누구의 지식인가』(*Whose Science? Whose Knowledge?*). 조주현 옮김. 서울: 나남, 2009.

Bostrom, Nick. "Transhumanist FAQ v2.1." *Nick Bostrom's Homepage*. 15 Feb. 2016. Web.

Chang, Li-Wen. "Economics, Evolution, and Feminism in Charlotte Perkins Gilman's Utopian Fiction." *Women's Studies* 39.17 (2010): 319-48.

Christensen, Andrew G. "Charlotte Perkins Gilman's *Herland* and the Tradition of the Scientific Utopia." *Utopian Studies* 28.2 (2017): 286-304.

Cuddy, Luis and Claire M. Roche, eds. *Evolution and Eugenics in American Literature and Culture.* Lewisburg: Bucknell UP, 2003.

Donawerth, Jane L., *Utopian and Science Fiction by Women: Worlds of Difference.* Syracuse, New York: Syracuse UP, 1994.

Egan, Kristen R. "Conservation and Cleanliness: Racial and Environmental Purity in Ellen Richards and Charlotte Perkins Gilman." *Women's Studies Quarterly* 39. 3&4 (2011): 77-92.

Fitting, Peter. "Utopia, Dystopia, and Science Fiction." *The Cambridge Companion to Utopian Literature.* Cambridge: Cambridge UP, 2010. 135-53.

Gilbert, Sandra M. and Susan Gubar, eds. *The Norton Anthology of Women: The Tradition in English.* New York: Norton, 1985.

Gilman, Charlotte Perkins. *Herland.* New York: Penguin, 2009.

Graham, Amanda. "*Herland*: Definitive Ecofeminist Fiction?" *Very Different Story:*

Studies on the Fiction of Charlotte Perkins Gilman. Liverpool: Liverpool UP, 2004.

Haraway, Dona. "Cyborg Manifesto." *Simians, Cyborgs and Women: The Reinvention of Nature.* New York: Routledge, 1991.

Johns, Alessa. "Feminism and Utopianism." *The Cambridge to Utopian Literature.* Ed. Gregory Claeys. New York: Cambridge UP, 174-99.

Kessler, Carol Farley. "Fables Toward Our Future: Two Studies in Women's Utopian Fiction." *The Journal of General Education* 37.3 (1985): 189-202.

Marx, Leo. *The Machine in the Garden.* London: Oxford UP, 1964.

McGregor, Joan L. "Transhumanism and Obligations to Future Generations." *Building Better Humans?: Beyond Humanism: Trans- and Posthumanism.* Ed. Hava Tiroshi-Samuelson and Kenneth Mossman. New York: Peter Lang, 2012.

More, Max. "The Philosophy of Transhumanism." *The Transhumanist Reader.* Molden: Wiley-Blackwell, 2013. 3-17.

Moylan, Tom. *Demand the Impossible.* New York: Peter Lang, 2014.

Peyser, Thomas. "Reproducing Utopia: Charlotte Perkins Gilman and *Herland.*" *American Fiction* 20.1 (1992): 1-16.

Plumwood, Val. *Feminism and the Mastery of Nature.* London: Routledge, 1993.

Russ, Joanna. "Recent Feminist Utopias." *Future Females: A Critical Anthology*. Ed. Marleen S. Barr. Ohio: Bowling Green U Popular P, 1981. 71-85.

Seitler, Dana. "Unnatural Selection: Mothers, Eugenic Feminism, and Charlotte Perkins Gilman's Regeneration Narratives." *American Quarterly* 55.1 (2003): 61-88.

Stratton, Susan. "Intersubjectivity and Difference in Feminist Ecotopia." *Femspec* 3.1 (2001): 33-43.

Woolmark, Jenny. "Time and Identity in Feminist Science Fiction." *A Companion to Science Fiction.* Ed. David Seed. Malden: Blackwell, 2005. 156-70.

* 이 글은 『영어영문학 연구』 58권 2호(2016년)에 발표한 논문을 일부 수정한 것이다.

한국근대영미소설학회
필진

박형신

경북대학교에서 버지니아 울프와 토니 모리슨의 트라우마 서사의 정치학과 미학에 관한 연구로 영문학 박사학위를 취득하고 현재 경북대학교 인문 학술원 소속 연구원이다. 에코페미니즘 비평의 시각에서 정원의 서사적 위치성에 관한 논문을 썼으며, 최근에는 다양한 포스트휴머니즘 비평 이론을 통해서 20세기 대중문화 아이콘을 재해석하는 것과 기후 위기 시대에 인문학적 상상의 재현이 갖는 의미에 관심을 가지고 연구하고 있다. 연구 논문으로 울프의 「『등대로』의 정원과 에코페미니즘」, 「『플러쉬』: 여성과 반려동물의 의미심장한 타자성」, 「버지니아 울프의 비인간 등장인물과 포스트휴머니즘」, 「생태주의 비평의 관점에서 본 꽃 이데올로기의 의미와 한계: 버지니아 울프와 존 러스킨을 중심으로」, "The Gardens in Virginia Woolf's *Mrs. Dalloway* and Ecofeminism", "Virginia Woolf's Modernist Narratives and Cosmopolitanism Focused on *Three Guineas* and *Mrs. Dalloway*" 등이 있다.

김소연

서울대학교 영어영문학과에서 학사와 석사 학위를, 미국 텍사스 A&M 대학교에서 박사학위를 받았다. 현재 명지대학교 인문콘텐츠학부 영어영문학전공 부교수로 재직중이다. 주요 관심 분야는 19세기 항해소설과 아동문학이며, 최근에는 특정 공간(온실, 정원, 박물관, 동물원 등)의 조성에 관련된 문화사를 문학텍스트 읽기에 접목하려 시도 중이다. 저서로는 『근대의 여행과 모험 그리고 서사』(공저)가 있고, 2024년 『영어영문학』에 발표한 논문 「"카탈로그 빠진 밀랍인형": 『오래된 진귀품 가게』 속 물화된 인간의 개별성」으로 제8회 이상섭·김정매 논문상을 수상했다.

전세재

고려대학교 영어영문학과를 졸업하고, 미국 뉴욕주립대학교(Buffalo)에서 'At the Borders of Humanity'라는 주제로 영문학 박사학위를 취득하였다. 주요 논문으로는 「인간의 빈곤」, 「대중문화와 동물의 재현」, 「데리다와 동물」, 「포스트휴먼: 의인화와 동물되기의 기법」 등이 있으며, 현재 숙명여자대학교 영어영문학부 교수로 재직 중이다. 영미시와 생태비평을 중심으로 연구 활동을 이어가는 한편, 외국인 유학생들을 위한 한국학 강의에도 깊은 관심을 갖고 있다.

최성희

부산대학교 영문과를 졸업하고 동 대학원에서 현대영미희곡으로 석·박사학위를 받았으며 영국 워릭 대학교에서 '철학과 문학' 과정 석사 학위를 받았다. 현재 부산대학교 영문과에서 가르치며 인문학연구소 학술연구교수로 재직 중이다. 영국 현대극에 나타난 폭력과 타자성을 주제로 박사논문을 썼으며 이후 이를 동물 및 동물철학에 대한 관심으로 넓혀서 이어가고 있다. 또한 근래에는 정동이론에 대한 관심을 번역과 논문으로 풀어내고 있다. 옮긴 책으로 『정동 이론』(공역), 『젠더와 모빌리티』 등이 있고, 최근 논문으로 「동물성과 정동: 베케트와 데리다」, 「정동과 동물의 응답」, 「용서의 정동과 애도: Rabbit Hole의 경우」, "Mobility and the Affectivity of *Home*" 등이 있다.

서정은

연세대학교 영어영문학과와 동대학원 비교문학과를 졸업하고 뉴욕주립대 버팔로 캠퍼스에서 19세기 영국 문학에 나타난 사회적 공감에 대한 논문으로 박사 학위를 받았다. 국립한국교통대학교 부교수로 재직하며 19세기 영미 문학을 강의중이다. 최근 연구 주제는 소수자 생애 서사와 증언 및 이런 소수자 생애 서사와 증언에서 청자가 담당하는 역할이며 논문으로 「자기 검열 서사와 자기 발명 서사: 루이자 메이 올컷의 감상 소설과 선정 소설」, 「여성 고딕에 재현된 공포의 대상으로서의 집과 엄마: 『힐 하우스의 유령』 원작 소설과 넷플릭스 미니시리즈 비교를 중심으로」, 「사회적 고통: 고통, 언어, 소통」 등이 있다.

김선재

미시건 주립대학에서 19세기 영국 소설 속 여성 노동자들에 관한 연구로 박사학위를 받았으며, 현재 건국대학교 영어영문학과 교수로 재직하고 있다. 전공 분야는 19세기 영국 소설과 여성 서사이며, 장애, 소리, 사물, 동물, 식물 등의 주제에 관심을 가지고 연구하고 있다. 공저자로 참여한 저서로는 *New Directions in Literature and Medicine Studies, Women's Emancipation Writing at the Fin de Siècle*과 *Mobility and Corporeality in Nineteenth-to Twenty-First-Century Anglophone Literature* 등이 있고, 최근 논문으로는 "Insensibility and Imagined Objects in Lucy M. Montgomery's *The Blue Castle*"과 "An Acoustic City: Noise, Crowd, and Echo in Charles Dickens's *Oliver Twist*" 등이 있다.

박선화

건국대학교 글로컬캠퍼스 KU글로컬혁신대학 부교수로 재직 중이고, 2025년 79주년 개교 기념일 학술상을 수상했으며, 한국근대영미소설학회 회장과 한국현대영미소설학회 부회장, 한국문학과종교학회 총무부회장 및 한국중앙영어영문학회 이사로 활동하고 있다. 소설과 자서전을 중심으로 그리고 최근에는 아카이브에 근거한 영국 작가 도리스 레싱의 작품 분석을 집중적으로 다루고, 동시에 근·현대영국소설과 부커상 수상작을 다각적 시각으로 연구하고 있다. 최근 논문으로는 「가즈오 이시구로의 『남아있는 나날』과 포스트제국주의 우울증」, "Recollection of Memory and Stupidity of Love in Julian Barnes's *The Sense of an Ending*", 「도리스 레싱의 「노파와 고양이」에서의 도덕적 행위자와 도덕적 수동자」, 「도리스 레싱의 「빅토리아와 스테이브니 가족」에 재현된 인종 담론」, 「퍼킨스 길먼의 『허랜드』에 드러난 인종주의와 우생학적 이데올로기」, 「낙관주의적 성품과 종교: 더글러스 스튜어트의 『셔기 베인』에서의 행복과 구원」, 「『내면의 개인적 목소리』에 나타난 도리스 레싱의 정치적 글쓰기」 등 다수의 논문이 있다.

임지원

미국 피츠버그대학교에서 영미 대중문화와 생태인문학을 다루는 논문으로 박사 학위를 취득했다. 현재는 서울대학교에서 강사로 일하며, 한편으로는 기계문명 속 동물 윤리, 한편으로는 기후변화의 시대의 실천적 생태윤리에 대한 연구를 이어 나가고 있다. 동물연구 논문으로는 "'A Way to Save a Pig's Life': The Impossibility of Animal Rescue in *Charlotte's Web*," "Finding Home for Winnie-the-Pooh and Other Bears", 「인류세 속 비인간동물 서사의 불가능성과 그 이면: 리처드 아담스의 『플래이그 도그(*The Plague Dogs*)』를 중심으로」 등이 있으며, 생태윤리 논문으로는 「종말론과 기쁨: 『침묵의 봄(*Silent Spring*)』의 생태 수사 다시 읽기」 등이 있다.

송은주

이화여자대학교 영문과를 졸업하고 동 대학원에서 박사학위를 받았다. 현재 이화인문과학원 학술연구교수로 재직중이며, 주요 연구 주제는 인류세 문학담론과 포스트휴머니즘, 생태비평이다. 저서로 『인류세 시나리오』, 『포스트휴먼으로 살아가기』 등이 있고, 역서로 『포스트휴먼 지식』, 『나의 어머니는 컴퓨터였다』 등이 있다. 주요 논문은 「포스트휴먼 페미니즘과 정보이론: N 캐서린 헤일스의 사이버네틱스 연구를 중심으로」, 「인류세에 부활한 가이아: 가이아의 이름을 재정의하기」 등이 있다.

근대의 시선에서 보는
식물, 동물, 행성 서사

초판 1쇄 발행 _ 2025년 7월 10일

저 자 • 한국근대영미소설학회
발 행 인 • 정 현 걸
발 행 • 신 아 사
인 쇄 • 부건애드
출판등록 • 1956년 1월 5일 (제9-52호)
주 소 • 서울시 은평구 통일로 59길 4 (2F)
전 화 • 02)382-6411 · 팩스 02)382-6401
홈페이지 • www.shinasa.co.kr
E-MAIL • shinasa@daum.net

ISBN 979-11-7342-093-1 (93840)

정가 18,000원